겁 없이
도전하라

돌파의지와
목적의식이
있는 **삶**의
5가지 원칙

겁 없이 도전하라
_돌파의지와 목적의식이 있는 삶의 5가지 원칙

지은이 | 진 케이스
옮긴이 | 이주명

1판 1쇄 펴낸날 | 2019년 5월 15일

펴낸이 | 이주명
편집 | 문나영

펴낸곳 | 필맥
출판등록 | 제2003-000078호
주소 | 서울시 서대문구 경기대로 58 (충정로2가) 경기빌딩 606호
홈페이지 | www.philmac.co.kr
전화 | 02-392-4491   팩스 | 02-392-4492

ISBN 979-11-6295-012-8 (03320)

* 잘못된 책은 바꿔드립니다.
* 값은 뒤표지에 있습니다.

이 도서의 국립중앙도서관 출판예정도서목록(CIP)은 서지정보유통지원시스템 홈페이지(http://seoji.nl.go.kr)와 국가
자료종합목록시스템(http://www.nl.go.kr/kolisnet)에서 이용하실 수 있습니다. (CIP제어번호 : CIP2019016347)

겁 없이
도전하라

돌파의지와
목적의식이
있는 삶의
5가지 원칙

진 케이스 지음
이주명 옮김

필맥

BE
FEARLESS

"이제 네가 나서야 할 때가 됐어."

누군가가 이렇게 속삭이는 목소리가 마음속으로 들려와

그 부름에 귀를 기울이게 된 모든 사람에게,

그리고 겁 없이 도전하는 삶을 살아가도록

나를 격려하고 지지해준 모든 사람에게 이 책을 바칩니다.

하는 일마다 실패에 실패만 거듭하고
언제나 노력한 만큼 성과를 얻지 못했어도,
그래도 당신은 또다시 도전하겠는가?

실패가 못 넘을 한계를 의미하는 것이 아니라면?
위험을 무릅쓰는 것이 당연히 주어진 몫이라면?
그렇다면 당신은 어떤 세상을 꿈꾸겠는가?

앞에 놓인 과제가 우리를 압도할 때에는
새로운 발상과 새로운 시도가 필요한 법이니,
의외의 협력관계를 창출하고 과감하게 목표를 설정하라.

더 나은 세상을 건설하기 위해서는,
그리고 진정한 변화를 만들어내기 위해서는
더 큰 위험을 짊어지고 통 큰 베팅을 해야 한다.
가다가 넘어지고 또 넘어져도
곧바로 다시 일어나 더 큰 꿈을 꿔야 한다.

살 만한 세상에서 살기 위해서는
난관이 우리에게 도전정신을 불러일으키게 해야 한다.
우리는 위험을 기꺼이 무릅쓰고 용기를 내야 하며,
실패를 하면서 그것을 통해 앞으로 나아가야 한다.
그러니 우리 모두 겁 없이 도전하자.

제인 구달의 추천사

내가 세계를 돌아다니면서 사람들에게 전하는 중요한 메시지 가운데 하나는 우리는 각자가 해야 할 어떤 역할이 있고, 각자가 환경과 우리의 공동체에 매일 어떤 영향을 미치고 있다는 것이다. 그리고 각자가 어떤 종류의 변화를 만들어내고자 할지를 선택할 수 있다.

내셔널 지오그래픽 협회의 이사회 의장인 진 케이스가 쓴 이 책 《겁 없이 도전하라》를 읽어보면 그녀가 독자들에게 전하고자 하는 주된 메시지 가운데 하나도 바로 이것임을 알게 될 것이다. 우리에게 겁 없이 도전하라고 하는 그녀의 촉구에는, 달리 말해 우리가 옳다고 생각하는 것을 하기 위해 필요하다면 두려움을 극복해야 한다는 그녀의 조언에는 바로 이런 메시지가 담겨 있다.

겁 없이 도전하라는 촉구는 나의 삶 전체를 관통해온 것이고, 그래서 나는 이 메시지의 중요성을 잘 알고 있다. 나는 운이 좋았다. 나는 열 살 때에 나 자신이 아프리카로 가서 야생동물들과 함께 살면서 그들에 관한 책을 쓰고 싶어 한다는 것을 깨달았다. 나를 적극적으로 지원해주는 훌륭한 엄마가 나에게 있다는 것은 행운이었다. 그때 우리에게는 돈이 거의 없었고, 2차 세계대전이 한창 격렬하게 진행되고 있었고, 아프리카는 매우 먼 곳으로 여겨졌고, 나는 어린 여자아이일 뿐이었다. 주위의 모든 사람이 나에게 무엇이든 내가 실제로 달성할 수 있을 만한 것에 대해서만 꿈을 꾸어야 한다고 했지만, 엄마는 공부든 일이든 열심히 하면서 모든 기회를 잘 활용해야 하며 결코 포기를 해서는 안 된다고 하셨다. 엄마가 지금까지 살아계셔서 얼마나 많은 사람이 나에게 "고마워요, 제인. 당신이 할 수 있는 일이라면 나도 할 수 있다는 것을 당신은 나에게 가르쳐주었어요." 하고 말하는지를 아셨다면 얼마나 좋을까.

어쨌든 내가 실제로 아프리카로 갔고, 거기에서 우리와 가장 비슷한 동물인 침팬지들과 함께 살면서 그들로부터 배움을 얻을 놀라운 기회를 누렸다는 것은 널리 알려져 있다. 그동안 이렇게 한 사람은 아무도 없었다. 종종 사람들이 나에게 "그곳의 숲 속에 혼자 있을 때에 두렵지 않았어요?" 하고 묻는다. 물론 때로는 두려웠다. 우리는 두려움을 느끼게 돼있는 존재다. 두려움이 우리의 혈관 속으로 아드레날린이 흐르게 해서 불가능해 보이는 것도 해보려고 하는 용기를 우리에게 준다는 점을 생각해보면 그렇다는 것을 알 수 있다. 아침에 침팬지들이 잠에서 깨어날 때에 그들과 가까운 곳에 있기 위해서 별이 총총한 하늘 아래

숲 속에서 혼자 잠을 자다가 한밤중에 표범의 울음소리를 듣고 깨어나곤 했다. 그럴 때면 아직 귀에 익지 않은 그 으르렁거리는 소리에 나는 두려움을 느꼈고, 나 자신에게 괜찮을 거라고 말해주면서 담요를 끌어올려 머리 위로 뒤집어썼다! 수놈 들소 두 마리가 덤불에서 튀어나왔을 때에도 나는 두려웠다. 그때 내가 도저히 오를 수 없을 것 같았던 나무를 오를 수 있었던 것은 아드레날린이 갑자기 많이 분비된 덕분이었다. 조금 뒤에 나는 그 나무를 내려와야 했는데, 내려오는 데에 더 많은 용기가 필요했다. 그 두 마리의 들소가 내가 내려오기를 기다리면서 근처의 어딘가에 여전히 숨어 있을지도 모른다고 생각했기 때문이었다. 그러나 다행히도 그렇지는 않았다! 한 무리의 침팬지들이 나를 보고는 저희를 잡아먹을 포식자로 여기면서도 나에 대한 두려움을 잃은 듯이 소리를 지르고 나뭇가지를 흔들어대면서 공격해올 때에 나는 두려웠다. 나는 그들에게 아무런 관심도 없는 것처럼 행동하면서 땅바닥에 작은 구멍을 파거나 나뭇잎을 먹는 시늉을 했다. 그러자 마침내 그들이 다른 데로 갔다!

나중에는 결국 모든 침팬지가 나에게 익숙해져서 내가 그들에게 바로 다가갈 수 있었다. 나는 이내 그들을 하나하나 따로 알아보게 되어 각자에게 이름을 붙여주었고, 하나하나가 매우 다른 개성을 가지고 있음을 알게 됐다. 그리고 나는 그들 사이에서 사용되는 의사소통의 몸짓, 즉 서로 입을 맞추거나 끌어안거나 쓰다듬거나 손을 뻗어 뭔가를 요구하거나 하는 등의 몸짓이 우리 인간의 몸짓과 거의 같으며 인간의 경우와 똑같은 맥락 속에서 사용된다는 사실을 알게 됐다. 나는 그들이 흰개미를 잡을 때에 풀의 줄기를 사용해 낚시하듯 잡는 것을 관찰했다. 나는 그들의 감정도 행복, 슬픔, 두려움, 분노, 침울, 비통 등으로 나타난다는 점에서 우리 인간의 감정과 비슷하며 어쩌면 똑같을 수도 있다는 데 주목했다.

그때는 나의 인생에서 마법이 작용한 듯이 황홀한 시기였다.

그런데 침팬지들과 같이 지낸 지 1년여 만에 나는 동물행태 분야의 박사과정을 밟기 위해 케임브리지 대학으로 갔다. 나는 대학에 다닌 적도 없는데 그렇게 됐다. 케임브리지에 가보니 나는 겁 없이 도전해야 하는 입장이었고, 게다가 그동안 겪은 두려움과 매우 다른 종류의 두려움을 극복해야 했다. 내가 경외하는 교수님들이 내가 그동안 한 모든 것이 잘못한 것이라고 말했을 때에 내가 어떤 느낌을 가졌을지 상상해보라. 그들에 따르면 나는 침팬지들에게 이름을 붙여주어서는 안 됐다. 숫자를 붙여주는 것이 더 과학적이었을 것이다. 나는 그들의 개성, 마음, 또는 감정에 대해 이야기해서는 안 됐다. 그러한 것들은 인간만이 갖는 특질이다. 나는 대학에 다닌 적이 없었으므로 나에게 그런 이야기를 해주는 사람이 그동안 아무도 없었던 것이 행운이었다! 게다가 나에게는 어린 시절에 훌륭한 선생님이 있었다. 그 선생님은 바로 나의 개 '러스티'였다! 누구라도 어떤 동물과든 의미 있는 방식으로 함께 살면서 우리 인간이 마음, 개성, 그리고 무엇보다도 감정을 가진 유일한 존재가 아님을 깨닫지 못하는 일은 없다. 나의 엄마는 언제나 나에게 스스로 옳다고 믿는다면 그런 자기의 신념에 대해 용기를 가져야 한다고 말했다. 그러므로 내가 스스로 두려움을 극복하고 그러한 교수들에게 맞설 수 있었던 것은 러스티와 나의 엄마가 도움이 되어준 덕분이었다.

오늘날 '어머니 자연'은 우리의 도움을 필요로 한다. 우리에게 많은 것을 가르쳐준 침팬지들은 그들이 살아온 곳인 숲이 사라지면서 다른 많은 멋진 동물, 식물과 함께 절박한 곤경에 처했다. 삼림, 습지, 초원을 포함해 사실상 모든 동식물 서식지도 그렇다. 우리는 생물다양성을 잃어가고 있다. 우리는 땅, 강, 바다를 오염시키고 있다. 인류 전체와 우리의 행성 지구가 이러한 방향에서 여러 가지 어려운 문제에 시달리고 있고, 그래서 우리가 미래를 위해 지속가능한 해결책을 찾아내야 할 필요성이 크다.

위와 같은 이유에서 이 책의 출판은 시의적절하다고 본다. 겁 없이 도전하는 것, 즉 기존의 상태에 대한 우리 자신의 수용적인 태도를 극복하는 것, 그리고 우리의 세계에 변화를 일으키기 위해 우리가 각자 앞으로 나서서 행동하는 것이 지금보다 더 중요했던 적은 역사에서 찾아볼 수 없다. 우리는 모두 악화된 상황을 개선하고 잘못됐다고 인식된 것을 바로잡는 일에 힘을 모아야 한다. 이 책은 정확하게 그런 종류의 행동을 고무하고 모든 사람으로 하여금 힘을 내어 그렇게 하도록 할 수 있는 도구와 이야기들을 모아놓은 것이다.

나는 1991년부터 '제인 구달 연구소'를 통해 전 세계의 유치원생부터 대학생까지 어린이와 젊은이들이 참여하는 '뿌리와 새싹(Roots &

Shoots)'이라는 환경 및 인류애 운동을 벌이고 있다. 나는 이 운동을 통해 위와 같은 메시지의 가치를 매일 확인하고 있다. 오늘날에는 뿌리와 새싹 운동에 동참하고 있는 조직이 70개 국가에 걸쳐 10만 개 이상에 이르며, 어린이와 젊은이들로 구성된 이들 조직이 사람과 동물, 그리고 환경을 위해 개선해야 할 것들을 개선하는 활동을 펴고 있다. 뿌리와 새싹 운동의 가장 중요한 메시지는 모든 개인이 매일 변화를 만든다는 것이다. 그런데 그렇게 하는 행동이 두려움을 극복하는 것을 의미하는 경우가 많다. 우리가 올바른 선택을 하기 위해서는 자기가 믿는 것을 나서서 옹호하기를 두려워하지 말아야 한다. 그리고 점점 더 많은 사람이 윤리적인 선택을 한다면 우리는 더 나은 세상으로 점점 더 많이 나아가게 될 것이다.

그러니 진 케이스가 쓴 이 책 《겁 없이 도전하라》를 집어 들고 읽기 시작한 당신이 아직 어떤 활동에도 참여하고 있지 않다면 나는 당신에게 이렇게 말하고 싶다. "당신도 앞으로 행동에 나서게 하는 부름을 받게 되어 당신 역시 세상을 변화시킬 수 있음을 알게 되기를 바란다." 진 케이스가 겁 없는 도전의 원칙에 생기를 불어넣기 위해 이 책에 모아놓은 이야기들은 누구나 변화를 만들 수 있음을 증명한다. 그 변화가 지구를 뒤흔드는 것이어야 할 필요는 없다. 당신이 중요하다고 느끼는 지역이나 영역에서 활동하고 있는 조직을 돕는 일에 자발적으로 나서보라. 이를테면 쓰레기를 치우고 청소를 하는 것, 가족에게 버림받은 노인을 방문하는 것, 버려진 개나 고양이를 위한 동물보호소에 가서 일을 거들어주는 것 등이 그런 일일 수 있다. 개발이나 채굴에 의해 위협받고 있는 환경을 보호하기 위한 운동에 적극적으로 참여해보라. 당신의 주위에서, 또는 시야를 넓혀 이 세상에서 어떤 일이 벌어지고 있는지를 좀 더 많이 알아보려고 노력해보라. 그러다 보면 머지않아 진정으로 당신의 내면에 격정을 불러일으켜 당신을 슬프게 하거나 분노하게 하는 문제가 눈에 띌 것이다. 그러면 팔을 걷어붙이고 행동에 나서라. 그리고 겁 없이 도전하라.

제인 구달

제인 구달 연구소 설립자, 유엔 평화사절

www.janegoodall.org

차례

원칙 5 절박함이 두려움을 물리치게 하라 · 280

프롤로그: 겁 없는 사람들을 찾아서

이 책은 남다른 삶을 살고자 하는 사람들에게 행동에 나서도록 격려하기 위한 것이다. 당신도 그런 사람들 가운데 하나일지 모르겠다.

당신은 보기 드문 천재, 특권층에 속하는 사람, 돈 많은 조직만이 혁신적인 제품을 내놓거나 세상을 변화시키는 운동을 일으킬 수 있다고 생각하는가? 그렇다면 내가 이 책에서 소개하는 각계각층의 겁 없는 사람들을 보라. 그들은 상상할 수도 없었던 것을 가능하게 만들었다. 당신은 그들이 성취한 것들을 보고 현기증을 느낄지도 모르겠다. 그러면서 열심히 노력은 하지만 그 정도로 성취한 것은 없는 보통 사람들과는 다른 특출한 능력이나 남들보다 유리한 점을 그들이 갖고 있었으리라고 쉽게 생각할 수도 있겠다. 하지만 나는 당신에게 새로운 사실을 알려주겠다. 그들의 공통된 특징은 이 세상을 더 나은 곳으로 만드는 일에 열정을 갖고 있었다는 것 하나뿐이다. 그들은 각자 어떤 기회를 포착했고, 그런 다음에 앞길을 가로막는 난관, 도중에 흔히 겪게 되는 실패, 시끄럽게 제기되는 반대의견에도 불구하고 그 기회를 붙잡고 놓지 않았으며, 결국에는 성공했다. 우리가 가장 우상시하는 창조자인 그들을 바라보노라면 그들의 기여가 없었다면 과연 지금과 같은 세상이 존재할 수 있었겠는가 하는 생각이 든다. 그러나 당신이 이 책을 읽어 보면 알게 되겠지만, 그들의 이야기 가운데 다수는 우리 모두가 어떻게 하면 삶의 모든 측면에 더 큰 영향을 미치고 다른 사람들에게 겁 없는 도전의 등댓불 역할을 해줄 수 있는지에 대한 영감과 유익한 암시를 제공해준다.

오늘날에 이 세상은 빈곤, 사회적 불안, 정치적 교착, 경제적 격차, 기후변화와 같은 난제들로 가득하다. 이러한 글로벌한 문제들은 우리의 일상생활을 배경으로 하여 생겨나 전개되고 있다. 이러한 문제들은 해결하기가 어렵고 복잡해 보이며, 우리는 그것들을 해결하려고 하기보다 무시해버리기 일쑤다. 그러나 우리가 이러한 문제들을 해결하는 일에 나서기에 지금보다 더 좋은 시기는 없었다. 폭발적인 기술혁신이 우리가 살아가는 방식에 큰 변화를 가져오고 있기 때문이다. 그리고 그 빠른 속도의 변화를 좇아가려면 기존의 행동방식을 재검토할 필요도 있다.

나는 남편 스티브와 함께 1997년에 '이 세상에 변화를 가져올 수 있는 사람과 생각에 투자하자'는 겁 없는 소명의식을 가지고 케이스 재단(Case Foundation)을 출범시켰다. 이 재단은 아직 알려지지 않은 최선의 생각, 최선의 지도자, 최선의 혁신모델을 찾아내기 위해 조사를 하고 실험을 하기 위한 조직이다. 몇 년 전에 우리는 전문가팀을 구성해서 그러한 보기 드문 지도자, 조직, 운동이 성공을 거둔 '비법'이 무엇인지를 알아보는 작업을 벌였다. 그 팀의 전문가들은 변혁적 돌파가 일어날 때에 언제나 일관되게 작용하는 다섯 가지 원칙을 가려냈다. 그것은 그러한 종류의 변화를 일으키려면 반드시 지켜야 하는 원칙인데, 간략히 요약하면 다음과 같다.

원칙 1 통 큰 베팅을 하라.

조심스러워하면서 당연히 그래야 하는 듯한 태도로 신중하게 행동하는 사람이나 조직이 아주 많다. 그들은 과거에 효과를 본 것으로 여겨지는 행동에 주목하고 그런 행동을 더 많이 하려고 한다. 그러나 이렇게 하는 것은 점진적인 발전만 가져다줄 뿐이다. 진성으로 역사를 만들어온 변혁은 모두 누군가가 혁신적인 변화의 길로 나아가기로 작정한 때에 일어났다.

원칙 2 대담하게 위험을 무릅써라.

새로운 것이나 아직 입증되지 않은 것을 배짱 있게 시도하고, 엄격한 태도로 실험을 계속해나가라. 위험을 무릅쓰는 것은 눈을 감은 채 무턱대고 절벽 아래로 뛰어내리는 것이 아니라 기나긴 시행착오의 과정을 밟아가는 것이다. 그리고 그 과정은 어떤 하나의 제품을 출시하거나 어떤 하나의 운동을 발족하는 것으로 끝나는 것이 아니다. 괜찮은 또 다른 생각을 갖게 됐다면 그것이 기존의 상황을 뒤흔들 수 있다고 하더라도 그 생각을 기꺼이 실천에 옮겨볼 필요가 있다.

원칙 3 실패를 의미 있게 만들어라.

커다란 성취를 이룬 사람들은 실패를 성공으로 나아가는 과정의 필수적인 부분으로 간주했다. 일부러 실패를 추구하는 사람은 아무도 없다. 그러나 새로운 일을 해보려고 한다면 그 결과는 애초부터 불확실할 수밖에 없다. 위대한 혁신가는 실패를 하게 되면 그 실패로부터 얻은 교훈을 실천에 적용하거나 다른 사람들과 공유함으로써 그 실패를 의미 있는 것으로 만든다.

원칙 4 울타리 밖으로 나가라.

우리의 사회는 고독한 천재라는 신화에 사로잡혀 있다. 그러나 혁신은 교차점에서 일어난다. 다양한 경험을 가진 사람들이 서로 의외의 새로운 협력관계를 맺는 데서 가장 독창적인 해법이 찾아지는 경우가 많다.

원칙 5 절박함이 두려움을 물리치게 하라.

생각이나 분석을 너무 많이 하지 말라. 어떤 문제에 대해서든 누구나 모든 각도에서 살펴보고 싶어 하는 것이 당연하다. 그러나 '우리가 틀렸다면?', '더 나은 방법이 있다면?'과 같은 질문에 붙잡혀 있는 것은 두려움으로 마비된 상태를 지속시키는 원인이 될 수 있다. 행동에 나서야 할 절박한 필요성으로 하여금 모든 의심과 있을 수 있는 차질을 제압하게 하라.

이 다섯 가지 원칙은 '겁 없이 도전하라(Be Fearless)'는 한마디로 요약될 수 있다. 다섯 가지 원칙을 연결해서 하나로 보면 각계각층의 모든 사람에게 변화를 효율적으로 이루어내기 위한 로드맵이 된다. 그러나 그것이 꼭 지켜져야 하는 '법칙'은 아니라는 점에 주목하는 것이 중요하다. 다섯 가지 원칙이 언제나 동시에 작용하거나 순차적으로 작용하는 것은 아니며, 그 가운데 어느 하나가 다른 하나보다 더 중요한 것도 아니다. 그것은 언제 겁 없는 결정이 이루어지게 되는지를 알려주는 것으로 볼 수도 있다.

우리는 이 다섯 가지 원칙을 친구와 동료들에게 이야기해주었다. 그러자 그것을 자기가 하는 일에 도입해 적용해보고 싶어 하는 사람들이 민간 부문, 공공기관, 비영리단체, 필랜스로피(philanthropy) 부문 등에서 생겨나 우리에게 그런 뜻을 전하며 도움을 요청해오기 시작했다. 우리는 그제야 비로소 우리가 뭔가 괜찮은 것을 찾아냈구나 하는 생각을 하게 됐다.

내가 겁 없이 도전하기에 관한 강연을 할 때마다 청중은 우리의 다섯 가지 원칙이 손에 만져진다고 할 수 있을 만큼 구체적이라는 점에 흥미를 느끼는 반응을 보였다. 어떤 사람은 나에게 "이런 것이라면 나도 얼마든지 할 수 있겠네요!" 하고 말했다. 그가 말한 대로 많은 사람이 그

다섯 가지 원칙을 실천해보기라도 한 듯이 나에게 자기가 겁 없이 도전한 이야기를 들려주었다. 그런 사람들의 이야기는 나의 상상력에 불을 지피고 나로 하여금 놀람과 감탄을 금치 못하게 했다. 어떤 열네 살짜리 여자아이는 사용하고 남은 처방의약품이 깨끗하게 폐기처리되게 하기 위한 비영리조직을 만들었다. 어떤 남자는 빵을 만드는 공장을 열고 교도소에서 풀려난 지 얼마 안 되어 '고용될 수 없는 상태'에 있는 사람들을 고용했다. 어떤 쿠바 출신 이주민은 거동이 불편한 사람들을 위한 저렴한 생활지원형 거주시설 공급 방법을 기획했다. 어떤 라이베리아인 활동가는 외딴 시골마을 주민들이 의료서비스를 쉽게 이용할 수 있도록 돕는 프로그램을 설계했다. 어떤 젊은 농부는 지구의 가장 소중한 자원 가운데 하나인 땅을 위기에서 구해내는 데 기여할 무경운 농법을 고안했다. 워싱턴 디시의 어떤 요리사는 곤경에 빠진 허리케인 피해자들이 굶주림에 시달리지 않도록 대량으로 식사를 공급하는 방안을 제시했다.

그들은 모두 꿈을 크게 꾸었고, 그러면서도 그들 가운데 대부분은 낯설지 않은 방식으로 작은 걸음을 내딛는 것으로 실천을 시작했다. 그들의 이야기는 우리에게 마치 이정표와 같다. 그들은 전화를 걸었고, 문을 두드렸다. 그들은 끊임없이 대화했고, 지칠 줄 모르고 돌아다녔다. 그들은 도와주겠다는 사람들을 찾아냈다. 그들은 거부하는 대답을 들어도 물러서지 않았다. 그들은 누구나 할 수 있는 일을 했다.

당신이 막 창업한 회사에서 일을 하고 있든, 개인적인 선택의 기로에 놓여 있든, 잘 자리 잡은 기존 조직에서 일을 하고 있든, 자신의 삶을 변화시켜줄 영감을 필요로 하고 있든 그건 상관없다. 겁 없는 도전의 다섯 가지 원칙은 당신이 다음 걸음을 어떻게 내디뎌야 할지를 고민할 때에 당신에게 지침이 되어줄 수 있다. 그리고 그렇게 다음 걸음을 내디딜 때 는 바로 지금이다.

자기 자신과 주위의 다른 사람들에게 "두려움이 없다면 무엇을 하겠는가?"라는 질문을 던지며 도전 정신을 부추기는 사람을 보게 되면 나는 언제나 고무되어 힘이 난다. 이 책에서 나는 이 질문에 말보다 행동으로 대답한 혁신가나 활동가, 예술가나 기업가, 과학자나 탐험가, 그리고 조직이나 기업에서 일하는 사람들의 이야기를 당신에게 들려주려고 한다. 그들 가운데는 누구나 잘 아는 유명한 사람도 있지만, 당신이 이름도 들어본 적이 없는 사람도 있을 것이다. 그들의 이야기를 읽으면서 당신 자신도 그들과 함께하고 있다고 상상해보기를 바란다.

내 이야기: 노멀을 뒤로하고

나 자신이 '도전하기를 두려워하지 않기'에 이르기까지의 과정은 '노멀 (normal)'하게 시작됐다. 이 낱말 그대로 나는 미국 일리노이 주에 있는 작은 마을 '노멀(Normal)'에서 자라났다. 그곳은 미국 내륙의 한복판에 위치해 있다. 1960년대에 노멀은 일리노이 주립대학 캠퍼스와 스테이트팜 보험회사 본사가 있는 곳이었고, 캐주얼 레스토랑 '스테이크 앤 셰이크'의 첫 점포도 그곳에 있었다. 스테이크 앤 셰이크는 '눈에 보인다면 그것은 틀림없이 괜찮은 것!'이라는 슬로건을 내걸었다. 그것은 투명성이라는 자사의 장점을 자랑스레 내세운 것이었다. 스테이크 앤 셰이크의 점포에서는 고객이 주문한 버거가 요리되는 과정이 다 공개되어 고객이 자기 눈으로 그 과정을 직접 볼 수 있었다.

　미국 중서부 지역의 다른 여러 마을과 마찬가지로 노멀도 블루칼라 노동자, 소규모 자영업자, 교육자, 기업 경영자, 봉급생활자 등이 뒤섞여 사는 곳이었다. 우리 집은 찻길 가에 있었는데, 그 찻길 가에 죽 늘어선 집들에는 일리노이 주립대학 교수, A&W 드라이브인 레스토랑 점주, 공장 노동자, 그리고 우리 아빠와 같은 장거리 트럭 운전사 등이 살고 있었다.

노멀은 이웃끼리 서로 이름을 알고 지내는 곳이었다. 우리 집 뒤에는 옥수수 밭이 있었다. 나는 그 옥수수 밭 가운데로 난 좁은 길을 달려 그 너머에 있는 들이나 작은 강에 가서 돌아다니곤 했다. 짧게 깎은 머리와 헐렁하게 입은 트레이닝복을 보고 나를 남아자이로 잘못 생각하는 사람도 종종 있었다. 나는 이리저리 뛰어 돌아다니거나, 그렇지 않으면 같은 동네의 남자아이들과 미식축구나 농구 같은 공놀이를 했다. 내가 쿼터백 자리를 맡게 되면 우리 오빠 둘이 앞에 서서 나에게 달려드는 상대편 아이들을 막아주었다. (그 아이들이 나에게 "너를 좋아하게 만들고 싶은 남자아이가 있으면 경기를 하다가 그 남자아이와 일대일로 맞서는 상황이 됐을 때 네가 져 줘야 해"라고 말했던 것이 기억난다.)

우리 가족은 시카고에서 살다가 노멀로 이사했다. 아빠와 엄마가 아이들을 키우는 데는 큰 도시인 시카고보다 작은 시골마을인 노멀이 환경상 낫다고 생각했기 때문이었다. 노멀로 가서 한동안은 우리 가족이 문제없이 잘 살았다. 그러나 엄마는 아이들이 자라는 것을 보면서 그 마을이 아이들에게 제공할 수 있는 기회가 한정돼 있다는 점을 점점 더 걱정하게 됐다. 엄마는 아이들의 장래에 대해 큰 꿈을 꾸고 있었고, 그래서 그 마을에 계속 머물러 있어서는 아이들이 거기에 갇혀버릴 것이라고 걱정했다.

엄마가 아이들의 장래를 걱정하기 시작한 지 얼마 지나지 않아 나는 나의 삶을 변화시킬 일을 처음으로 겪었다. 그것은 부모님의 이혼이었다. 싱글맘이 되어 혼자서 네 아이를 기르게 된 엄마는 생계를 이어가기 위해 밤에 여관의 웨이트리스로 일했다. 그때는 우리에게 힘겨운 나날이었다. 그런데 다행스럽게도 엄마의 부모님이 엄마에게 도움을 주셨다.

외할아버지와 외할머니는 대공황이 일어나기 직전에 독일에서 미국으로 건너온 이민자였다. 두 분은 영어로 말할 줄도 몰랐지만, 어떤 일이든 할 수 있는 일을 찾아서 해야 했다. 외할아버지는 엘리베이터가 설치되지 않은 건물의 위층으로 계단을 통해 피아노를 짊어지고 올라가 배달해주는 일도 마다하지 않았고, 외할머니는 집에서 욕조를 이용해 맥주를 만들어 인근에 사는 다른 독일인 이민자들에게 팔기도 했다(당시는 금주법이 시행되던 시절이었다). 두 분은 영어 실력이 늘어나면서 점점 더 나은 일자리를 얻게 됐다. 두 분은 미국에 온 지 10년 만에 소규모 자영업자로 자리를 잡았다. 처음에는 시카고에서 커튼 세탁소를 차렸고, 나중에는 노멀과 인접한 블루밍턴(두 도시는 블루밍턴노멀이라고 합쳐 불리기도 한다)에 정착해 그곳 중심가 근처에 있는 여관을 구입해 운영했다.

내가 직장생활이란 어떤 것인가에 관한 감을 얻게 된 것은 바로 그 여관에서였다. 엄마는 밤에는 자신이 여관에 가서 웨이트리스로 일했고,

낮에는 우리 형제들을 여관에 보내어 뭐든지 그곳에 도움이 되는 일이 있으면 능력껏 하도록 했다. 남자형제 둘은 난로에 석탄을 갈아 넣는 일을 맡아 했고, 나와 여자형제 하나는 심부름을 하거나 이런저런 잔일을 도왔다. 나는 커다란 안내 데스크의 안쪽에 앉게 됐을 때 마치 그곳의 담당자인 것처럼 폼을 잡으면서 이 세상의 모든 아이 가운데 내가 가장 운이 좋은 아이라고 생각했다. 안내 데스크의 카운터 위에는 손님이 필요로 하는 소모품 등이 사탕과 함께 담긴 커다란 유리함이 놓여 있었다. 그런데 내가 거기에 앉아 있을 때 그 유리함에 들어 있는 것이 더 많이 팔렸다. 이런 사실을 눈치 챈 외할머니는 거기에 아이가 앉아 있으면 손님들이 아이를 귀여워해서 물건이 더 많이 팔리는 것이라고 생각했다. 그 뒤로 외할머니는 자신이 안내 데스크 안에서 일할 때면 나에게 옆에 앉아 있게 하거나 새로 온 손님에게 어서 오시라고 인사하게 했다.

외할아버지와 외할머니가 겁 없이 미국으로 건너와 지칠 줄 모르고 열심히 일했던 삶의 태도는 내 마음속에 하나의 교훈을 심어주었고, 나는 그 뒤에도 그 교훈을 잊은 적이 없다. 그 교훈은 누구나 자본, 인맥, 기술을 많이 갖고 있지 않더라도, 심지어는 사용하는 언어가 다른 곳으로 가게 되더라도 삶을 새로이 시작해서 삶의 성과를 만들어낼 수 있다는 것이다. 외할아버지와 외할머니는 우리 가족의 생계에 도움을 주었을 뿐만 아니라 우리가 사는 마을의 시민사회 지도자로서 그 마을에 많은 기여를 해 폭넓게 존경받았다.

하지만 엄마는 우리 가족이 보다 더 발전하고 잘살기 위해서는 그러한 보호막이 쳐져 있는 노멀을 떠나야 한다는 믿음을 점점 더 굳혀 갔다. 그래서 결국 엄마는 벌어놓은 돈도 별로 없는 상태에서 돌봐야 할 네 아이를 데리고 완전한 미지의 세계로 뛰어들기로 결심했다. 어느 날 우리가 노멀에서 수천 마일 떨어진 플로리다 주의 포트로더데일로 이사할 것이라고 엄마가 선언하던 장면을 나는 지금도 기억한다. 그때 나는 열한 살이었다. 엄마는 우리가 새로 살게 될 그곳을 얼마나 좋아하게 될 것인지를 이야기했고, 나는 그런 엄마의 말을 귀 기울여 듣기는 했지만 그대로 믿지는 못했다. 포트로더데일과 그 주위의 지역에는 우리가 아는 사람이 한 명도 없었다. 그러나 엄마의 낙관적인 태도가 우리 형제에게 전염됐다. 엄마는 우리가 하려는 이사가 신나는 모험인 것처럼 느껴지게 하는 데 어느 정도 성공했다. 그리고 지금 와서 돌이켜 보면 그 이사는 실제로 신나는 모험이었다.

나는 노멀에서도 공립학교에 다녔지만, 포트로더데일의 북쪽 외곽에 있는 공립학교인 폼파노비치 중학교에 가보고는 놀라서 입이 다물어지지 않았다. 내가 새로 다니려고 한 그 중학교에 엄마와 함께 들어선 순간 베니어판으로 막아놓은 교실 창문, 건물 벽에 온통 스프레이로 그려진 그라피티, 이리저리 순찰하는 경찰관이 우리 눈에 들어왔다. 플로리다 주정부의 조세수입이 워낙 적다 보니 공립학교들이 재정지원을 제대로 받지 못하고 있었던 것이다. 엄마가 나를 데리고 몇 걸음 더 걸어 들어가다가 갑자기 내 팔을 잡아당겼다. "돌아가자!" 엄마는 나를 출구 쪽으로 돌려 세우며 이렇게 말했다. "너는 여기보다는 더 좋은 학교에 다

녀야 해."

그 뒤로 엄마는 분주하게 움직였다. 우리는 어느 가톨릭 학교에 찾아가 보았지만 그곳에서는 우리를 별로 환영하지 않는 눈치였다. 아마도 엄마가 네 아이가 딸린 이혼녀이기 때문인 것 같았다. 우리는 조금 먼 곳의 사립학교를 몇 군데 찾아다니다가 반가운 소식을 들었다. 내가 일리노이 주에서 교육을 잘 받은 덕분에 동급생들보다 학력수준이 높다는 판정을 받았고, 이에 따라 플로리다 주의 감리교회가 새로 세운 학교에 장학금을 받고 입학할 기회를 얻게 된 것이었다. 그 학교는 그때 막 문을 연 곳이어서 지켜야 할 전통이나 관례가 없었기에 나 같은 아이도 선뜻 받아들일 수 있었다. 나중에 나는 엄마의 재정적 지원만으로는 결코 받을 수 없는 훌륭한 교육을 다른 사람들의 관대한 지원에 힘입어 받게 되는데, 그 과정에서 그 학교가 중요한 징검다리가 되어 주리라는 것을 당시의 나로서는 상상도 할 수 없었다.

나는 그 학교에 다니면서 정신적인 자극을 받으며 성장했다. 그 학교에서 6학년을 담당했던 21살의 미혼 여자선생님 닐(Neal)을 나는 여전히 기억하고 있다. 닐 선생님은 매일 학교수업이 끝날 때면 자기와 함께 어디에 갔다 와야 한다든가 어떤 일을 해야 한다든가 하는 말을 하면서 나를 학교에 남아 있게 했다. 그것은 그 마을에 새로 이사 온 아이를 방과 후에도 돌봐주기 위한 그 선생님 나름의 방법이었다는 사실을 나는 훗날에야 깨달았다. 그녀는 오늘날까지도 나에게 절친한 친구로 남아 있다.

우리가 포트로더데일로 이사한 뒤에도 나는 해마다 여름에는 일리노이 주로 가서 외할아버지, 외할머니와 함께 지냈고, 그래서 그 두 분과 점점 더 가까워졌다. 외할머니가 돌아가셨을 때 나는 큰 상실감을 느꼈다. 사실 나뿐 아니라 우리 가족 모두가 그랬다. 하지만 외할아버지가 우리 집에서 몇 집 건너의 아주 가까운 곳에 있는 집을 사서 이사해 오셔서 우리는 활기를 되찾았다. 나는 열여섯 번째 생일날에 스스로의 결심으로 외할아버지 집에 들어가 살기 시작했다. 외할아버지와 한 집에서 같이 산 것은 나에게 완전히 새로운 교육이 되는 경험이었다. 나는 매일 아침 학교에 가기 전에 외할아버지와 함께 커피를 마셨고, 방과 후에 집에 돌아와서는 그날 학교에서 있었던 일을 가지고 외할아버지와 대화를 나눴다. 외할아버지와 나는 종종 같이 거리를 걸어 내려가 뱃길이 지나는 강가로 가서 낚시를 하곤 했다. 나는 외할아버지와 함께 지낸 그 시절에 대한 기억을 소중하게 간직하고 있다. 외할아버지는 나에게 자기규율 의식도 심어주었는데, 나는 이에 대해 오늘날까지도 외할아버지에게 감사하는 마음을 가지고 있다. 외할아버지는 내가 아침에 7시까지도 침대에서 일어나지 않으면 내 방 앞으로 와서 방문을 두드리기를 습관적으로 했다. 주말에도 그랬고, 정해진 일과가 없는 여름방학 때에도 그랬다. 외할아버지는 방문을 두드리면서 굵고 낮은 목소리에 독일어 억양을 섞어 넣으며 "벌써 일곱 시야! 하루 종일 잠만 잘 테냐?" 하고 크게 외쳤다. 그때 할아버지가 나에게 하고 싶었던 말은 사실은 이런 것이 아니었을까 하고 지금 나는 생각한다. "새로운 날이 밝았어. 해야 할 일이 많아. 시간을 낭비하지 마." 나는 평생 할아버지 덕분에 갖게 된 그러한 정신을 실천하려고 노력해왔다.

나는 법률가가 되겠다는 꿈을 가지고 있었는데, 고등학교 시절에 E. 클레이 쇼 2세 판사의 사무실에서 인턴으로 일하게 되는 행운을 얻었다. 그는 나중에 시장이 되고, 이어 연방 하원의원이 된다. 그의 사무실에서 내가 해야 하는 일의 대부분은 서류정리와 타이핑과 같은 사무적인 일이었다. 매일 오후에 쇼 판사의 사무실에서 그런 일을 하면서 보내는 시간은 나에게 진정한 전문직 종사자의 근무환경을 처음으로 맛볼 기회였다. 그곳 사람들은 정장을 입고 일했고, 나로서는 그동안 들어보지도 못한 언어로 말하고 접해보지도 못한 태도로 행동했다. 한 주의 업무가 끝날 때마다 쇼 판사는 나를 자기 방으로 불러들여 벽난로 앞에 놓인 두 개의 의자(이는 플로리다 주의 남부에서는 보기 드문 광경이었다) 가운데 하나에 앉게 한 뒤에 나에게 이런 질문들을 던졌다. "이번 주에는 무슨 일을 했어?" "이번 주에 배운 것은 뭐지?" "학교 성적은 어땠어?" "도덕적 원칙에 맞게 살고 있는 거지?" 그는 나에게 멘토의 역할을 해준 것이었다. 나는 매주 금요일 저녁에 그의 사무실을 나서면서 절대로 그를 실망시키지 않으리라고 다짐하곤 했다.

나는 대학생 시절에 하원의원 선거에 출마한 쇼 판사의 선거운동을 자원해 도왔다. 그가 1980년에 하원의원으로 당선된 뒤에 나는 보좌진의 일원으로 그의 팀에 합류해서 낮에는 그를 위해 일하고 밤에는 대학에 다녔다. 이 경험 덕분에 나는 레이건 행정부에 정무직 공무원으로 취직하게 됐다. 내가 워싱턴으로 거처를 옮기기로 한 날에 큰오빠가 워싱턴까지 먼 거리를 같이 가주었다. 워싱턴에 도착하자 그는 백화점 업체 시어스(Sears)의 로고가 찍혀 있는 자신의 신용카드를 나에게 빌려주었고, 나는 그 신용카드를 가지고 다리미 세트부터 샀다. 지금도 나는 그와 자주 아침에 전화로 대화를 나눈다. 엄마가 아이들을 길러서 새로이 만들어낸 우리 가족은 그냥 혈연상의 가족이기만 한 것이 아니었다. 우리는 서로 돌봐주는 한 부족과도 같았다.

내 인생은 그 궤도로 순조롭게 달려갈 것 같았다. 그러나 얼마 지나지 않아 나는 민간부문으로 자리를 옮기게 됐다. 그때는 인터넷 시대의 초기였고, 나를 고용한 스타트업은 미국 최초의 순전한 온라인 서비스 회사였다. 나는 생각과 정보와 통신수단에 대한 접근을 민주화하고 그렇게 함으로써 모든 사람의 능력을 강화하는 일을 하게 된 것에 흥분의 감정을 느꼈다. 내가 어릴 적에 엄마는 내가 볼 수 있도록 백과사전을 할부로 사서 집에 들여놓은 뒤에 거의 2년 동안이나 그 할부대금을 내야 했다. 그런데 그때부터는 누구나 그와 같은 방대한 백과사전에 실렸던 모든 지식을 버튼 클릭 한 번만으로 들여다볼 수 있게 됐다. 민간부문에서 내가 맡게 된 역할이 공공부문에서 내가 일하면서 실현할 수 있었을 공적 편익보다 더 많은 편익을 사람들에게 가져다줄 수 있을 것이라고 생각하니 가슴이 뛰었다.

다시 얼마 지나지 않아 나는 제너럴 일렉트릭(GE)에 들어가 그 전에 하던 일과 비슷한 일을 하게 됐고, 이어 20대 후반의 나이에 또 다른 스타트업으로 자리를 옮겼다. 그 스타트업은 나중에 아메리카 온라인(AOL)이 됐다. 나는 AOL에서 거의 10년 동안 일하면서 AOL이 인터넷 혁명을 선도하는 과정을 도왔다. 우리가 제공하는 서비스에 'AOL'이라는 이름을 붙인 것은 우리가 품은 큰 생각, 즉 '미국을 온라인화한다(Getting America Online)'는 생각에 따른 것이었다. AOL은 그 절정기에 미국 전체 인터넷 트래픽의 50%를 소화했다. AOL에서 일한 것은 나에게 대단히 보람 있는 경험이었다. 미국이 그동안 거쳐 온 가장 위대한 혁신의 시기들 가운데 한 시기의 혁신에 내가 참여할 수 있었던 것은 엄청난 행운이었다.

AOL에서 일하던 그 시기에 나는 중요한 의미가 있을 뿐 아니라 꿈에 그리기도 했던 또 하나의 역할을 갖게 됐다. 내가 엄마가 된 것이었다. 나의 두 딸은 내가 이 세상을 바라보는 방식에 영구적인 변화를 가져왔다. 나중에 우리가 혼합가족으로 확대되면서 세 명의 아이가 추가된 것도 나에게 축복이었다! 일하는 엄마의 역할도 아이들을 기르는 과정에서 나름대로 겁 없는 도전의 정신을 요구한다는 것을 내가 깨닫는 데는 시간이 별로 걸리지 않았다. 당시에 내가 금방 알아차리지 못하고 세월이 좀 지나서야 알게 된 것은 내가 아이들로부터 얼마나 많은 것을 배우게 되는가와 나의 삶에서 아이들이 얼마나 영감의 원천이 되는가였다.

그때까지 내가 경력을 쌓고 능력을 발휘하는 동안에 언제나 나의 초점은 다른 사람들의 능력을 강화하는 데 맞춰졌다. 나는 스스로 기대했던 수준 이상의 성취를 거두었다. 그러나 나는 여전히 훨씬 더 큰 영향력을 발휘하기를 원했기에 거기에서 멈추고 싶지 않았다. 그래서 나는 1997년에 AOL을 떠났고, 남편 스티브와 함께 케이스 재단을 설립했다. 나는 그 재단의 최고경영자(CEO)가 됐다. 우리는 다른 사람들에게 편익을 가져다주는 일에 우리가 쌓은 부의 대부분을 기부하겠다고 서약했다. 그것은 나로서는 원을 한 바퀴 돌아 출발점으로 되돌아온 느낌을 갖게 하는 경험이었다. 과거에 필랜스로피의 수혜자가 되어 그 덕분에 기회의 세계로 나아갈 수 있었던 내가 이제는 다른 사람들을 더 높이 들어올려주는 일을 도울 수 있게 된 것이었다.

나에게 케이스 재단은 단지 부를 다른 사람들과 나누기 위한 것만이 아니었다. 케이스 재단과 같은 가족형 재단은 성공적으로 살아온 삶의 종결부로서 가치 있는 대의를 위해 돈을 쓰는 방법으로 설립되는 경우가 많다. 그러나 케이스 재단에 대한 우리의 비전은 이 재단이 변화를 위한 활기찬 실험실이 되게 한다는 것이었다. 그것은 내 인생에서 가장 야심찬 추구였다. 나는 그동안 내가 겪어온 모든 경험이 어떻게 나로 하여금 그러한 도전에 나서도록 준비시켰는지를 알 수 있을 것 같았다.

케이스 재단의 CEO가 된 것은 곧 내 인생에서 가장 도전적인 노력의 첫걸음을 내디딘 것이라는 점을 나는 잘 알고 있었다. 그렇기에 그것은 나에게 겁 없는 사고방식을 받아들이기를 요구했고, 그 뒤로 지금까지 나는 바로 그러한 마음가짐으로 일하려고 노력해 왔다. 나는 내셔널 지오그래픽 협회의 여러 위원회에도 10년 넘게 참여하다가 2017년에 한 걸음 더 나아가 영광스럽게도 이 협회의 이사회 의장이 됐다. 여성으로서 이 협회의 이사회 의장이 된 것은 내가 처음이었다. 내가 오래전부터 좋아해온 내셔널 지오그래픽 협회는 설립된 지 130여 년 동안 과학, 탐험, 스토리텔링의 힘으로 많은 사람의 삶에 변화를 일으켰다. 그동안 이 협회와 관계를 맺고 겁 없는 도전의 활동을 한 사람들은 맨 앞줄에 서서, 그리고 때로는 엄청난 위험을 무릅쓰면서 미지의 영역으로 대담하게 나아갔고, 그 과정에서 자신이 얻은 경험과 지식을 다른 사람들과 나누었다. 미지의 영역으로 나아가는 모험에는 자금과 지원조직이 필요한데, 이 협회는 그러한 모험에 나서는 사람들이 필요한 자금과 지원조직을 확보할 수 있도록 도왔다. 나는 이와 같은 훌륭한 조직의 일원이 되어 활동하면서 나 자신도 겁 없이 도전하는 삶을 살아가려는 마음가짐이 점점 더 강화되는 것을 느꼈다. 나는 이 협회의 탐험가인 제인 구달의 모토 '사람은 누구나 매일 변화를 일으킬 수 있다'를 기꺼이 나의 좌우명으로 삼았다. 실제로 당신이 이 협회를 자세히 관찰해 본다면 내가 앞에서 소개한 '겁 없이 도전하는 삶의 5가지 원칙'이 전 세계에 걸치는 그 조직의 모든 부분에서 매일같이 작동하고 있음을 알게 될 것이다.

나는 케이스 재단과 내셔널 지오그래픽 협회에서 일할 때에도 그렇지만 나의 마음에 가까이 다가온 어떤 목적이나 대의를 위해 그 밖의 다른 활동을 할 때에도 나에게 겁 없이 도전하는 삶이 어떤 것인지를 처음으로 가르쳐주고 가장 오랫동안 그러한 삶의 롤 모델이 돼주신 엄마를 자주 회상한다. 그분은 10여 년 전에 돌아가셨지만, 그분의 관대한 성품과 맹렬한 결의는 지금도 여전히 나에게 자극이 되고 있다. 위험을 무릅쓰라고, 가능성을 바라보라고, 다른 사람들에게 선한 사람이 되라고 엄마는 나에게 가르쳤다. 그분은 '필랜스로피'라는 고상한 말을 사용한 적은 없지만 그분을 알고 지낸 모든 사람에게 좋은 영향을 주었다. 이 책에서 나는 통 큰 베팅을 하는 것에 대해 이야기한다. 그런데 나 자신이 그분의 통 큰 베팅이었음을 나는 이제야 깨닫고 있다. 엄마는 내가 삶의 목적과 성공에 이르는 길을 찾도록 돕는 일에 자기의 인생을 바쳤다. 누구나 훌륭한 일을 해낼 수 있다는 것과 그러기 위해서 때로는 안락한 노멀의 울타리를 벗어나야 할 필요가 있다는 것을 나는 그분에게서 배웠다.

통 큰 베팅을 하라

Be Fearless

01 지금 있는 자리에서 시작하라

2005년의 어느 날 오후에 나는 바버라 반 달렌(Barbara Van Dahlen) 박사의 심리상담소에 찾아가서 대기실 의자에 앉아 흥분을 가라앉히려고 애쓰며 시계를 들여다보고 있었다. 나는 바버라를 만나기 위해 약속한 시간보다 좀 일찍 거기에 가 있었다. 바버라는 우리 가족과 서로 알고 지내며 우리에게 심리상담도 해주는 사람으로 마음씨가 따뜻하고 임상 심리학자로서의 능력도 탁월했다. 며칠 전에 어떤 행사에서 만났을 때 그녀는 나에게 따로 한번 만나고 싶은데 시간을 내줄 수 있느냐고 물었다. 나는 호기심이 일어났다. 그녀는 "내가 어떤 생각을 하게 됐는데 그것을 당신에게 이야기해주고 당신이 그것에 대해 어떻게 생각하는지를 듣고 싶어요"라고 말했다. 그래서 내가 그곳에 가게 된 것이었다. 대기실에서 나는 그녀가 나와 의논하고 싶다고 한 것이 과연 무엇일지 궁금해 하고

40

있었다.

마침내 바버라의 사무실 문이 열리고 그녀가 나와서 나를 반갑게 맞아들였다. 그녀는 곧바로 이렇게 말했다. "내가 어떤 문제에 관심을 갖게 됐는데, 나와 같은 분야에서 일하는 다른 사람들도 그 문제를 심각하게 보고 있어요." 그녀는 그즈음에 남녀 병사들과 그들의 가족으로부터 심리상담 서비스를 요청하는 전화를 많이 받고 있었다. 아프가니스탄과 이라크에서 '테러와의 전쟁'이 벌어지게 되자 거의 20만 명에 이르는 병사들이 동원됐고, 그 가운데 현지의 작전에 두 번 이상 투입되는 경우도 많았다. 바버라는 나에게 그러한 현지에서의 삶이 병사들에게 정신적 외상을 얼마나 많이 입히는가를 설명했다. 임무를 마친 병사들은 그렇게 입은 정신적 외상을 그대로 가지고 귀국했고, 그들 가운데 '외상후 스트레스 장애(PTSD)'가 많이 발생했다. 특히 현지의 작전에 여러 번 투입됐던 병사들의 외상 후 스트레스 장애는 그들의 가족에게도 큰 고통을 안겨주고 있었다. 그런데 유감스럽게도 연방정부의 퇴역군인부는 이 문제의 규모와 심각성에 압도당해 제대로 대응하지 못하고 있다고 그녀는 말했다. 퇴역군인부가 정신보건 서비스에 대한 수요를 따라가지 못해 너무나 많은 병사와 그들의 가족이 필요한 지원을 받지 못한 채 방치되고 있다는 것이었다.

바버라는 그러한 처지에 놓인 몇 가족을 개인적으로 스스로 맡아 무료로 정신보건 서비스를 제공하면서 같은 분야의 다른 심리치료 전문가들에게도 그렇게 하도록 권유했다. 일주일에 한 시간만 무료로 그러한 서비스를 제공하는 것은 각각의 전문가에게 그리 크게 부담스러운 일이 아니었다. 그리고 그녀의 권유를 받은 전문가들은 대부분 그 정도의 시간을 내어 고통 속에 있는 병사와 그 가족을 도울 수 있다면 기꺼이 그렇게 하겠다고 했다.

"그래서 내가 이런 생각을 갖게 됐어요"라고 그녀는 말했다. "심리치료나 그 밖의 돌봄 서비스를 제공할 수 있는 사람들의 전국적인 네트워크를 만들고 싶어요. 외상 후 스트레스 장애가 방치되는 문제를 해결하는 일에 기여하고자 하는 사람들을 충분히 많이 모아낸다면 퇴역군인과 그 가족에 대한 정신보건 서비스가 부족한 문제를 해결하는 데 도움을 줄 수 있을 거예요."

나는 그녀가 하는 이야기를 몰입해 듣고 있다가 그녀에게 질문을 쏟아내기 시작했다. "그런 전국적인 네트워크를 어떻게 만들 수 있다는 거죠?" "그런 일을 하는 데 어떤 종류의 지원이 필요한가요?" "그런 일을 해서 효과를 보려면 시간이 얼마나 걸릴 것으로 생각하세요?" 그리고 나는 마침내 가장 까다로운 질문을 던졌다. "왜 다른 사람도 아닌 당신이, 조직을 구축하는 일에는 아무런 경험도 없는 한 명의 심리치료 실무자에 불과한 당신이 그런 일을 추진해 성공시킬 수 있다고 생각하시는 건가요?"

그녀는 조금도 주저함 없이 이렇게 말했다. "이런 일을 해야 할 필요성이 절박하기 때문이에요. 지금 많은 가족이 고통 속에 있는 것을 보고 이 문제에 대한 해법을 찾아 실현시키는 일에 열정을 갖게 됐어요."

외상 후 스트레스 장애와 관련해 고통을 겪는 사람들에게 도움이 되기에 충분한 심리치료 전문가와 돌봄 서비스 제공자들의 네트워크를 군, 정치권, 민간부문의 지도자들과 함께 만들어내는 일을 자기가 해낼 수 있으리라고 생각한 것 자체가 바로 바버라의 통 큰 베팅이었다. 그리고 '한 시간만 내라'는 그녀의 미끼 구호는 변화를 만들어내는 일에 동참하고 싶지만 그런 일을 하기 위해 낼 수 있는 시간이 많지 않은 사람들에게 호소력을 발휘했다. 나는 그녀의 비전을 믿게 됐고, 그녀의 그러한 생각이 실현되도록 나도 도와야겠다는 흥분된 마음을 가지고 그녀의 사무실에서 나왔다. 그 뒤로 얼마 지나지 않아 '기브 언 아워(Give an Hour)' 운동이 시작됐다.

내가 바버라의 사무실을 방문한 날 이후로 미국 전역에서 수천 명의 시간 기부 희망자들이 그녀의 호소에 응답했다. 이에 따라 자격을 갖춘 전국의 심리치료 전문가와 돌봄 서비스 제공자들이 그녀가 구축한 네트워크를 통해 거의 25만 시간을 기부했다. 심리상담 서비스의 요율로 환산하면 이는 거의 2500만 달러에 이르는 서비스가 무료로 제공되는 것과 같았다. 시사주간지 〈타임〉은 2012년에 '세계에서 가장 영향력이 큰 인물 100명'에 바버라를 포함시켰다. 그리고 자선단체 평가기관으로는 미국에서 가장 권위가 있는 '채리티 내비게이터(Charity Navigator)'는 바버라가 구축한 네트워크 조직에 '별 네 개'를 부여했다. 별 네 개란 해당 분야의 평균 수준을 넘는다는 뜻이다.[1]

그런데 바버라는 거기에서 멈추지 않았다. 그녀는 정신보건 분야의 지도자로 인정받게 되자 외상 후 스트레스 장애를 겪는 사람들에 대한 사회적 낙인 현상을 줄이기 위한 노력을 선도하는가 하면 자신을 돕기로 한 유명 연예인을 앞세워 자신의 메시지를 널리 전파해서 자신이 촉발한 운동을 훨씬 더 폭넓게 확장하는 활동을 펼치기도 했다. 2017년 후반에는 그녀의 활동을 소개하는 다큐멘터리가 PBS 방송에 나왔다.

바버라의 이야기는 이 세상을 변화시키기 위해 한 개인이 할 수 있는 일이 어떤 것인가에 대한 주목할 만한 증언이다. 조직을 구축하는 일에 아무런 경험도 없고, 뒷받침해주는 인력도 전혀 없으며, 필요한 자금과 인적 네트워크도 없는 상태에서 그녀는 통 큰 베팅을 하고 한 걸음 한 걸음 앞으로 나아갔다. 자기가 있었던 자리에서, 다시 말해 일주일에 한 시간을 낼 수 있는 한 명의 심리상담 전문가라는 위치에서 출발한 그녀는 다른 사람들에게 자기와 똑같이 행동하면 의미 있는 일을 할 수 있음을 보여주었다. 그녀는 단지 아주 작은 기여만을 다른 사람들에게 요구했는데, 이에 열렬한 호응이 있었던 것은 그녀가 제시한 계획의 건전성을 입증해주는 것이었다.

자기가 지금 있는 자리에서 출발하면 된다는 것은 모든 사람을 동등하게 만들어준다. 대부분의 경우에 통 큰 베팅은 그 가능성이 입증되고 성공을 거두어 그 결과가 세상에 널리 알려지기 전에는 대중이 그것에 관한 이야기를 듣지 못한다. 그러나 성공을 거둔 통 큰 베팅의 출발점을 돌아보기만 한다면 우리는 그 기원이 얼마나 단순한지를 알고 놀라게 되는 경우가 많을 것이다. 이런 점은 변화를 일으키고 싶지만 경험이나 재원이 없거나 부족한 탓에 스스로 위축됨을 느끼는 사람들을 고무시킨다.

혁신과 발명에 대해서도 똑같은 말을 할 수 있다. 미국 사람들은 혁신가란 혼자 차고에서 뭔가를 만지작거리다가 갑자기 뭔가를 깨닫고 "아하!" 하고 소리치는 사람이라고 생각한다. 그런데 이런 생각은 스토리텔링에 좋은 소재가 될 수 있을지는 몰라도 진실과는 거리가 멀다. 혁신적인 돌파가 이렇게 이루어지는 경우는 매우 드물다는 것이 진실이다. 오히려 현실적인 좌절을 겪으면서 살아가는 사람들 가운데서 '더 나은 방식이 틀림없이 있을 것'이라고 깨닫는 사람이 나오는 경우가 흔하다. 그렇게 깨달은 사람은 새로운 것을 창조하는 일에 나선다. 예를 들어 식기세척기, 가정용 방범장치, 자동차 윈도 와이퍼 같은 새로운 아이디어 제품을 생각해보자. 이런 종류의 최신 제품 가운데 집 마당의 차고 속에서 홀로 외롭게 뭔가를 만지작거리며 노는 남자아이가 창안한 것은 없다. 사실 그 모든 것은 여성이 창안한 것이다.

이러한 역동성의 두드러진 한 사례로 100년도 더 된 과거의 이야기를 들 수 있다. 그것도 역시 해결해야 할 필요가 있는 문제에 관심을 갖고 기업을 설립해서 탁월한 성공을 거둔 여성 기업가의 이야기다. 그 여성 기업가는 C. J. 워커 부인(Madam C. J. Walker)이다. 그녀는 부모가 다 노예였고 자신도 극심한 고난 속에서 살았지만 기업가가 되겠다는 꿈을 가지고 있었고, 마침내 용기를 내어 기업을 세워 운영해서 스스로 변화를 만들어냈다. 그녀의 통 큰 베팅에 관한 이야기는 워낙 감동적인 것이어서 2018년에 르브론 제임스(LeBron James)의 영화제작사가 오스카상을 받은 여배우 옥타비아 스펜서에게 주인공 역할을 맡겨 그녀에 관한 영화 시리즈물을 제작하겠다는 계획을 발표하기도 했다.

워커 부인이 어린 시절에 겪은 고난의 수준은 지금의 우리로서는 단지 상상만 할 수 있을 뿐이다. 그녀는 미국 남북전쟁이 끝난 직후인 1867년에 루이지애나 주의 어느 대농장에서 태어났고, 이름은 사라 브리들러브(Sarah Breedlove)였다. 그녀의 부모는 물론이고 언니와 오빠들도 모두 그 대농장의 노예였다. 그녀만 노예해방선언 덕분에 자유인으로 태어났지만 그녀의 어린 시절은 비극과 고난으로 얼룩졌다. 부모가 모두 세상을 떠난 뒤인 일곱 살 때에 그녀는 미시시피 주에 사는 언니 부부의 집으로 보내졌고, 고작 열 살이 됐을 때에 언니 부부가 그녀를 남의 집에 가정부로 보내어 일을 하게 했다. 열네 살 때에는 언니 부부의 집에서 당하게 된 학대에서 벗어나기 위해 도망치듯 결혼했다. 열일곱 살에 아이를 낳아 엄마가 됐지만 스무 살에 남편이 죽어 과부가 됐다. 그녀는 세탁부로 일하면서 일주일에 1.5달러를 벌었다. 그녀의 인생에 극적인 전환이 일어날 것임을 알려주는 징조는 거의 없었다. 오늘날에는 기업가가 되겠다는 꿈이 실현되는 경우가 드물지 않지만, 당시에 그녀가 산 삶의 환경은 오늘날 우리가 사는 삶의 환경과 크게 달랐다. 재산이라고 할 만한 것이 전혀 없는 가난한 여성에게는 기회가 오지 않을 것이 분명해 보였다. 그러나 그녀는 그냥 스스로 시작했다. 훗날에 그녀가 "그냥 스스로 시작한 것이 나의 시작이었다"고 술회한 그대로였다.

통 큰 베팅이 흔히 그렇듯이 브리들러브의 통 큰 베팅도 개인적인 문제를 해결해보려는 노력에서 비롯됐다. 그녀의 개인적인 문제는 머리카락이 빠지는 것이었다. 그녀는 그러한 자신의 상태를 개선시켜줄 것을 시장에서 찾았으나 아무것도 발견하지 못했다. 그 시대에는 흑인 여성들 사이에 두피질병과 그로 인한 대머리가 흔했는데, 이는 대체로 머리를 감는 데 유독성 화학물질을 사용한 탓이었다. 그녀는 자신의 곤경을 어쩔 수 없는 것으로 받아들이고 마는 대신에 이발사인 오빠들의 조언을 들어가며 집에서 스스로 만든 혼합용액을 가지고 실험에 들어갔다. 자기가 제조한 머리약으로 매일 두피를 씻어내는 처방을 자기 머리에 적용한 것이었다. 그러자 그녀의 머리에 다시 검은 머리카락이 자라났다. 그녀는 자기가 개발한 그 머리약으로 다른 여성들을 도울 수 있는 방법을 찾기 시작했다.

브리들러브는 언론인인 찰스 조지프 워커(Charles Joseph Walker)와 결혼하면서 'C. J. 워커 부인'으로 알려지게 됐다. 그녀는 '워커 부인의 신기한 발모제'라는 제품을 포함한 '워커 시스템' 세트를 들고 가가호호 방문해 여성들에게 머리카락을 관리하는 방법과 자기의 제품을 사용하는 방법을 가르쳐주었다. 그녀는 수요가 확인된 자신의 모발관리 사업을 보다 확장하기 위해 남편과 함께 미국의 곳곳을 돌아다니며 판로를 넓혀갔다. 그 과정에서 그녀의 노력은 하나의 제품을 판매하는 수준을 훨씬 넘어서게 됐다. 그녀는 미국의 전역에서 수많은 젊은 흑인 여성을 판매원으로 훈련시켜 채용했다. 당시가 20세기 초였음을 고려하면 이는 대단한 일이었고, 이를 통해 그녀는 기회를 거의 얻지 못한 여성들에게 취업능력을 길러주어 그들 스스로 일해서 소득을 올릴 수 있게 해주었다. 그녀는 '워커 부인 머리미용 조합'을 설립했고, 매달 25센트의 회비를 내기로 하고 가입한 조합원들에게 사업과 교육의 기회를 제공하는 동시에 생명보험을 비롯한 그 밖의 여러 가지 편익도 제공했다. 그녀는 그 네트워크를 통해 젊은 사업가들에게 각자의 지역사회에서 필랜스로피를 실천할 것을 권장했고, 매년 여는 조합원 총회에서는 자기가 사는 지역사회에서 가장 관대한 태도로 필랜스로피를 실천한 조합원들에게 상을 주고 특별히 격려했다. 그녀는 이렇게 말했다. "나는 나 자신을 위해 돈을 버는 것으로 만족하지 않습니다. 나는 나와 같이 흑인인 여성들에게 많은 일자리를 제공하려고 노력합니다."

워커 부인은 51살까지 사는 데 그쳤는데, 그녀의 인생에서 마지막 10년 동안에 인기 있는 동기부여 연설가, 백만장자, 필랜스로피로서 활동했다. 그녀는 청중에게 이렇게 말하곤 했다. "나는 스스로 생계수단을 벌지 않으면 안 됐고, 스스로 기회를 만들지 않으면 안 됐습니다. 그러나 나는 둘 다 해냈습니다! 앉아서 기회가 오기를 기다리지 마십시오. 일어서서 기회를 만드십시오." 워커 부인은 하나의 제품을 만들어내는 데 그치지 않고 그 이상의 일을 해냈다. 그녀는 자신의 통 큰 베팅은 다른 사람들을 위한 기회를 만드는 것이라고 말하곤 했다.[2]

"그냥 스스로 시작한 것이 나의 시작이었다."
- C. J. 워커 부인

지금 있는 자리에서 출발한다는 것이 때로는 바버라 반 달렌처럼 핵심적인 지식과 경험을 이미 가지고 있다는 것을 의미하기도 한다. 그러나 때로는, 특히 지금과 같은 혼돈의 시대에는 사전 지식이나 관련 경험이 없는 상태에서 자기 나름의 창조적 발상에 이르게 된 사람들이 통 큰 베팅에 나서기도 한다.

1990년대 후반에 로드아일랜드 디자인스쿨을 갓 졸업한 브라이언 체스키(Brian Chesky)와 조 게비아(Joe Gebbia)는 기세 좋게 샌프란시스코를 향해 떠났다. 당시에 샌프란시스코는 여러 분야의 젊은 전문가들이 너도나도 몰려드는 곳이었다. 그러나 브라이언과 조는 생활비가 많이 드는 샌프란시스코에서 지내기 시작한 지 얼마 안 되어 집세를 내는 것도 힘든 상황에 처하게 됐다. 두 사람은 돈을 좀 더 많이, 그것도 빨리 벌 수 있는 방법을 찾아야 한다고 생각했다. 그런데 바로 그때 샌프란시스코에서 머지않아 열리게 돼있는 디자인 분야의 대규모 콘퍼런스 행사로 인해 그 도시의 호텔 방이 동이 났다는 사실을 알게 됐다. 그 행사에 참석하려는 사람들 가운데 다수가 예약을 일찍 서두르지 못해 호텔 방을 구하지 못하고 숙소 걱정을 하며 투덜거리는 소리가 두 사람의 귀에 들려온 것이었다. 두 사람은 자기들이 임대해 살고 있는 아파트의 일부를 머물 곳이 없는 그런 사람에게 재임대하는 것이 어떨까 하고 생각했다. 두 사람은 간단한 웹사이트를 하나 만들어서 거기에 자기네 아파트의 다락방과 새로 구입한 에어매트리스 석 장의 사진을 찍어 올리고 '빌려드립니다'라고 써 놓았다. 거기에 와서 숙박하는 사람에게는 집에서 요리한 음식을 아침식사로 제공하겠다는 약속도 걸어 놓았다. 얼마 지나지 않아 첫 숙박 예약자가 확보됐다. 애리조나 주립대학 졸업생 하나가 저렴한 숙소를 애타게 찾고 있었던 것이다. 에어매트리스 임대료로는 장당 80달러를 물리기로 했다. 곧이어 콘퍼런스 행사에 참석할 예정인 두 명이 추가로 예약을 했다. 에어비앤비(Airbnb)는 이렇게 탄생했다.

이와 같이 숙소 임대를 시도해서 거둔 작은 성공에 고무된 브라이언과 조는 그런 자신들의 발상을 뭔가 좀 더 영속적인 것으로 전환시키기로 결심했다. 두 사람은 과감하게 투자자를 찾아 나섰다. 그러나 두 사람이 투자자로 삼으려고 접촉한 사람들은 대부분 낯선 사람의 집에 숙박하려는 사람들이 얼마나 있겠느냐며 말도 안 된다는 표정을 지었다. 게다가 두 사람이 그런 사업을 시작하기에는 시기적으로도 그리 좋지 않았다. 금융위기가 곧 닥칠 것 같은 분위기가 가능성이 입증되지 않은 사업구상에 대한 자본시장의 투자의욕을 가라앉히고 있었다.

브라이언과 조는 그래도 굴하지 않고 영리하게도 사업계획 가운데 아침식사 부분에서만 우선 새로운 시도를 해보기로 했다. 두 사람은 2008년 민주당 전당대회가 열리기로 돼있는 덴버 시에 사업계획 추진의 교두보를 마련하려고 애쓰다가 시리얼을 특별히 제작한 박스에 담아 전당대회 행사장 주위에서 팔아보자는 생각을 하게 됐다. 이는 자기들의 사업계획에 관한 소문을 내는 동시에 추가적인 수입을 올리기 위한 아이디어였다. 두 사람은 나중에 공화당 전당대회가 열린 미네소타 주의 세인트폴 시에서도 똑같이 했다. 그들이 내놓은 '오바마 오(Obama

O)' 시리얼과 '캡틴 매케인(Cap'n McCain)' 시리얼은 날개 돋친 듯이 팔려 나갔다. 이로써 그들은 그렇게도 원하던 자본금을 3만 달러나 손에 쥐게 됐다.

에어비앤비는 2009년 1월에 창업초기 기업을 대상으로 한 와이콤비네이터(Y-Combinator)의 액셀러레이터 프로그램에 응모해 높은 경쟁률을 뚫고 그 지원대상으로 선정됐다. 이로써 에어비앤비는 와이콤비네이터의 공동창업자인 폴 그레이엄(Paul Graham)으로부터 2만 달러의 투자를 받게 됐다. 알지도 못하는 사람의 집에 가서 에어매트리스를 깔고 자도록 하고 돈을 내게 한다는 아이디어는 처음에는 그레이엄의 마음을 별로 움직이지 못했다. 브라이언과 조는 그레이엄의 사무실에서 그와 첫 인터뷰를 하고 나서 자리에서 일어섰다. 그때 그 사무실에서 나오기 직전에 조가 그레이엄에게 '오바마 오' 시리얼 한 박스를 건네면서 그것과 얽힌 이야기를 간단하게 말해주었다. 그것을 받아든 그레이엄은 이렇게 말했다. "우와! 자네들 둘은 바퀴벌레처럼 끈질기군. 웬만해선 죽지 않겠어. 자네들이 사람들로 하여금 시리얼 한 박스에 40달러를 내게 할 수 있었다면 남의 집에서 남의 에어매트리스를 깔고 잠을 자게 해주는 대가로 돈을 내게도 할 수 있을 것 같아." 결국은 기발한 시리얼 상품 덕분에 두 사람은 그레이엄의 투자를 받게 됐다.

에어비앤비는 많은 인력을 고용하지도 않았고, 마케팅과 광고에 많은 돈을 지출하지도 않았다. 사실 브라이언과 조는 스스로에게 이런 질문을 던졌다. "우리의 이 구상을 사업화해 성공시킬 수 있을지를 확인하기 위한 실험에 우리가 투입할 수 있는 최소한의 시간과 노력은 어디까지일까?" 그들은 자기들의 사업이 자리를 잡기까지는 날렵한 상태를 유지하면서 건전한 수익구조를 만들고 떠받치는 데 도움이 될 만한 기회들을 포착해야 한다고 생각했다.

> *"나의 가장 큰 강점 가운데 하나는 바로 내가 아는 것이 거의 없다는 것이었다."*
> *- 브라이언 체스키*

에어비앤비가 아무런 문제도 없이 순탄하게만 성장한 것은 아니었다. 어디에서든 누군가가 새로운 발상을 하고 실천에 옮기면 저항하고 나서는 사람들이 있기 마련이다. 에어비앤비는 호텔업계의 강력한 반대 로비에 부닥쳤다. 단독주택이나 아파트의 집주인이 자기 집을 임대용으로 에어비앤비에 내놓는 것을 마을 주민들이 방해하는 경우도 여기저기에서 생겨났다. 자기 집에 낯선 사람을 묵게 하면 그 사람이 집을 엉망으로 만들어놓을 것이라고 걱정하는 사람도 많았다. 그러나 에어비앤비는 인기를 끌었다. 여행하는 사람들이 찾고 있었던 것을 에어비앤비가 콕 짚어내어 제공했기 때문이었다. 중요한 것은 가격이 아니었다. 사람들은 여행을 하면서도 어딘가에 소속된 느낌을 갖기를 원했고, 무미건조한 호텔 방에 묵기보다는 자기를 환영해주는 분위기가 느껴지는 숙소에서 묵기를 원했다. 게다가 높은 재산세를 납부해야 하는 문제로 고민하고 있었거나 자식들이 성장해 떠난 뒤에 빈 둥지를 지키고 있었던 집주인들에게 에어비앤비는 손쉽게 돈을 벌 수 있는 방법을 제시해 주었다. 이제는 에어비앤비의 숙소예약 네트워크가 191개 나라의 8만여 개 도시에 걸쳐 있다. 그리고 에어비앤비에 게시되는 예약가능 숙소는 매일 300만 개가 넘으며, 매일 50만 명 이상의 여행자들이 에어비앤비를 통해 예약한 숙소에서 묵는다.[3]

*

이제 당신은 통 큰 베팅은 누구라도 할 수 있으며 그 첫걸음은 "나라고 못할 이유가 뭔가?"라는 단순한 질문을 스스로에게 던져보는 것으로 내딛게 되는 경우가 많음을 알게 됐을 것이다. 당신 자신이 지금 대학생이라고 상상해보라. 어쩌면 당신은 지금 실제로 대학생이어서 이렇게 상상할 필요가 없을지도 모르겠다. 당신은 하루하루 학교에 가서 강의를 듣거나 이런저런 활동을 하고 가족이나 친구들과 어울려 지내고 있을 것이다. 그러는 가운데 어떤 계기로든 당신이 캠퍼스 안에 존재하는 굶주림을 종식시키는 일과 같은 어떤 과제를 스스로 떠안을 수 있을까? UCLA의 여학생 레이첼 수멕(Rachel Sumekh)과 남학생 브라이언 페제슈키(Brian Pezeshki)는 바로 그렇게 했다. 지금은 활동범위가 미국 전역에 걸치는 비영리조직 '스와이프 아웃 헝거(Swipe Out Hunger)'는 2010년에 풀뿌리 운동으로 시작됐다. 이 운동은 브라이언이 먹을 것을 기부해 달라는 호소를 접하고 몇몇 친구들에게 알리면서 "돕고 싶으면 나에게 연락해"라고 알린 것에서 비롯됐다. 레이철은 "나도 도울게"라며 나섰는데, 알고 보니 그렇게 나선 사람이 자기 혼자뿐이어서 당황하기도 했다. 그러나 어쨌든 레이철은 브라이언과 함께 토요일에 그동안 기부받은 먹을 것들을 들고 다섯 시간 동안 캠퍼스 안을 돌아다니면서 돈이 없어 먹을 것을 제대로 사 먹지 못하는 대학생들에게 나누어주었다.

그들이 해결해보려고 한 문제는 새삼스러운 것은 아니었지만 오랫동안 해결해야 할 문제로 인식되지 않은 것이 틀림없었다. 대학 캠퍼스 안에 굶주리는 대학생들이 있다고 생각할 사람은 별로 없을 것이다. 그러나 나 자신의 경험이 이에 대한 하나의 개인적 증언이 된다. 나는 대학생 시절에 학자금 지원의 수혜자였지만 그 학자금은 식사비까지 포함한 것이 아니었다. 내가 버는 얼마 안 되는 돈은 대부분 지원받은 학자금으로 해결할 수 없는 책값 등 다른 비용을 지출하는 데 사용됐다. 그러다 보니 나는 돈이 없다는 이유만으로 끼니를 거르는 경우가 종종 있었다. 우리 가족의 가까운 친구들이 근처에 살고 있어서 정기적으로 나를 저녁식사에 초대해주고 가끔은 저녁식사를 한 뒤에 남은 음식을 다음날 점심으로 먹으라면서 기숙사로 돌아가는 나의 손에 들려주곤 했으니 그래도 나는 운이 좋은 편이었다. 그때를 회상하다 보니 눈가에 눈물이 조금 맺힌다. 내가 살아오면서 관대함과 애정이 담긴 보살핌으로 나에게 크게든 작게든 전환적인 영향을 준 사람들이 많이 있었으니 나는 얼마나 운이 좋았던가.

오늘날 미국 전역의 대학생 일곱 명 가운데 한 명은 '불안정 취식(food insecure)' 상태에 있는 것으로 추정되며, 그런 대학생들은 무료 급식소를 찾아간다. 몇몇 주에서는 불안정 취식 상태에 있는 대학생의 비율이 최근 네 명 가운데 한 명으로 높아지기도 했다. 바로 이런 사회적 관심의 빈틈에 스와이프 아웃 헝거가 끼어든 것이다. 레이철과 브라이언의 노력은 안내용 간판을 세우고, 일회용 음식용기를 마련하고, 몇몇 친구들에게 음식 수집을 부탁하는 것으로 시작됐다. 그런데 얼마 지나지 않아 두 사람은 교내 식당들의 항의에 부닥쳤다. 교내 식당 주인들이 두 사람의 그런 활동에 자기네 고객을 빼앗길 수 있다는 걱정을 하게 된 것이었다. 한 교내 식당 주인은 레이철에게서 음식이 든 용기를 빼앗아 내던지면서 "이 근처에서는 이런 같잖은 짓을 하지 마!" 하고 외쳤다.

스와이프 아웃 헝거 운동을 더 발전시켜 나가려면 뭔가 다른 방식을 도입해야 할 필요가 있는 것이 분명했다. 그때 레이철과 브라이언의 눈에 대학 캠퍼스 안에서 학생들이 사용하는 식비 결제용 카드가 들어왔다. 그것은 ATM 카드와 비슷하게 생긴 것이었다. 미국의 많은 대학에서 운영되는 그 카드는 학기가 시작될 때 학부모가 돈을 넣어주면 학생이 캠퍼스 안에서 식사를 할 때 대금을 간편하게 결제하는 용도로 사용하는 것이었다. 한 해가 끝날 때에 학생들이 가지고 있는 그 카드에 잔액이 남아 있는 경우가 많았는데, 대부분의 학교는 카드에 남아 있는 잔액을 그 다음 해로 이월해 사용하는 것을 허용하지 않고 있었다.

규모가 큰 대학에서는 연말에 학생들의 식비 결제용 카드에 이렇게 쌓이는 잔액이 몇십만 달러에 이르기도 한다. 레이철은 이런 생각을 했다. '이 카드를 사용하는 학생들이 식사를 제대로 하지 못하는 학생들에게 미사용 잔액을 평소에 결제를 하는 것과 같은 방식으로 손쉽게 기부할 수 있게 하면 어떨까?' 그것은 매우 훌륭한 아이디어였다. 게다가 그런 방식은 아주 간단하기 때문에 대학들이 받아들일 수 있을 것으로 여겨졌다. 그런데 그냥 놔두면 수입으로 잡을 수 있는 그 많은 돈을 잃어버리게 될 처지에 놓인 UCLA 당국이 소극적인 태도를 취했다. 나중에 레이철은 이렇게 말했다. "그때 우리는 마치 우리 자신이 학교 규칙에 위반되는 행동을 하려는 학생인 것처럼 느껴졌다." 그러나 스와이프 아웃 헝거를 이끄는 학생들은 이 조직을 통해 하고자 한 일을 끈기 있게 밀고 나갔다. 이 조직의 명성은 점점 더 높아졌고, 2012년에는 백악관이 그들의 노력을 인정해 그들을 '변화의 챔피언'으로 선정했다. 이 조직의 리더 역할을 한 캘리포니아의 대학생 15명은 명예로운 '변화의 챔피언' 상을 받기 위해 워싱턴으로 초청받아 가서 오바마 대통령으로부터 직접 격려와 축하의 말을 들었다.

스와이프 아웃 헝거를 초기에 이끈 대학생들은 학교를 졸업한 뒤에 각자의 길을 가기 위해 흩어졌다. 그 가운데 레이철은 사회사업 분야로 진출했다가 얼마 지나지 않아 스와이프 아웃 헝거로 돌아왔다. 스와이프 아웃 헝거는 그동안 자원봉사자들에 의해서만 운영됐는데, 해야 할 일이 많아지면서 그 규모가 커져서 이제는 풀타임 지도자가 필요하게 됐다는 판단이 내부에서 내려졌다. 이 소식을 전해들은 레이철은 그렇다면 자기가 그 역할을 맡을 수도 있다고 제안했다. 그녀와 가까이 알고 지내던 어떤 사람이 그녀에게 "당신은 너무 사람이 좋아서 조직을 이끄는 지도자가 되기에는 적합하지 않다"고 했지만, 그녀는 이 말에 괘념하지 않았다. 스와이프 아웃 헝거는 레이철의 지휘 아래 이제는 미국 전역의 30개 대학 캠퍼스로 활동범위를 넓혔고, 이 운동의 각 대학 학생 지도자들의 주인의식을 높이기 위해 프랜차이즈 방식을 도입했다. 스와이프 아웃 헝거는 그동안 식사 지원을 필요로 하는 대학생들에게 모두 130만 끼 이상의 식사를 공급했다. 이제는 스와이프 아웃 헝거가 UCLA를 비롯한 여러 대학 캠퍼스에서 음식창고(food pantry)도 운영하고 있다. 먹을 것이 필요한 대학생이면 누구나 음식창고로 걸어 들어가서 거기에 있는 것 가운데 아무거나 집어 들고 나오면 되며, 그렇게 한다고 해서 안 좋은 사회적 낙인이 찍히거나 수치감을 느껴야 할 필요가 전혀 없다. 2017년 6월에는 캘리포니아 주지사가 그 주 안에 있는 모든 대학이 이와 유사한 프로그램을 도입하도록 유인을 제공하는 내용의 법률에 서명하면서 '굶주림 없는 대학 캠퍼스'를 실현하기 위한 750만 달러의 예산 지출을 승인했다.

레이철은 고맙다는 뜻을 전하는 메시지를 종종 받는다고 한다. 한 젊은 여성은 대학에 등록하고 다니는 데 필요한 돈은 학자금 지원을 받아 마련했지만 먹을 것을 살 돈은 구할 방법이 없는 많은 대학생 가운데 하나였다고 자신을 소개하면서 스와이프 아웃 헝거의 도움이 없었다면 대학을 다니기 어려웠을 것이라고 말했다. 레이철은 식사 한 끼의 비용은 적은 금액이지만 누군가가 대학에 등록하지 못하거나 등록하고 대학에 다니다가 중도에 탈락해서 사회가 입는 손실은 아주 크다고 말한다. 그녀는 굶주리는 대학생은 없어져야 함을 사람들에게 언제나 상기시킨다. "대학생에게는 불안정한 것이 아주 많은데, 적어도 먹을 것은 그런 것 가운데 하나여서는 안 됩니다."[4]

파키스탄인 이민자와 탄자니아인 이민자의 딸로 태어난 샤지 비스람(Shazi Visram)도 레이철 수멕과 매우 흡사하게 컬럼비아 대학에서 MBA 과정을 밟는 학생이었을 때에 건강에 좋은 유아식 브랜드에 관한 아이디어를 떠올렸다. 그때에 그녀는 엄마가 아니었지만 두 아이의 일하는 엄마인 학교친구가 유아식에 선택의 여지가 없다고 불평하는 이야기를 듣고 마음이 움직였다. 그 친구는 두 아이에게 먹일 만한 음식을 집에서 만들 시간이 없어서 건강에 좋은 재료로 만들어진 유아식 제품을 찾을 수 있게 되기를 원했다. 자기는 부모가 심어준 무한한 자신감을 가지고 있다고 자부하는 샤지가 그 문제를 해결해보기로 마음먹었다. 그녀는 시장에 대한 연구도 해보고 이미 부모가 된 친구들의 의견도 조사해보고는 유아식 시장이 몇십 년 동안 발전하지 못하고 제자리걸음을 하고 있다는 사실을 알게 됐다. 건강에 좋은 재료로 만들어진 유기농 식품에 관심을 갖는 인구가 갈수록 늘어나는 상황에서 유아식 시장이 그렇게 정체되어 있다는 것은 놀라운 일이었다. 그녀는 나름의 통 큰 베팅을 하기로 결심했다.

투자자들을 찾는 것이 가장 어려운 부분이었다. 그녀는 아직 학생이기 때문이었다. 그러나 그녀는 자기 엄마로부터 2만 달러의 첫 투자를 얻어낸 데 이어 본격적으로 투자자 찾기에 나서서 마침내 자신의 음식 회사를 설립하는 데 충분한 금액인 50만 달러를 모았다. 그녀는 그 자본을 가지고 2006년에 '해피 패밀리(Happy Family)'를 설립했다. 그 뒤로 다소의 우여곡절이 있었다. 처음에는 그녀의 제품이 냉동식품이었다. 그러나 슈퍼마켓에서 유아식 제품을 사려는 사람들은 냉동식품 구역에는 멈춰 서지 않고 그냥 지나가버린다는 사실을 알게 됐다. 그래서 그녀는 2009년에 방향을 바꾸었다. 봉지에 담아 유아식 구역의 선반 진열대에 올려놓아도 되는 제품을 내놓은 것이었다. 그녀의 제품은 그때부터 빠르게 팔려나가기 시작했다.

　이상은 물론 샤지의 이야기를 간단하게 요약한 것이다. 사실은 조사와 연구, 제품 검증, 투자자 찾기 등의 작업이 몇 년 간에 걸쳐 진행됐다. 그녀는 가진 돈이 별로 없었고 가족을 통해 자금을 동원할 여지도 없었다. 그러다 보니 처음 몇 년 동안에는 투자자를 찾는 것이 그녀가 하는 일에서 상당히 큰 부분을 차지했다. 그녀는 먼저 자기의 아이디어를 주로 남성 투자자들에게 알리고 그들을 설득해 투자를 하도록 유도해야 했다. 그러나 정확히 말해 그들은 엄마들에게 친화적인 제품에 대해 관심을 갖게 되기를 바랄 수 있는 대상이 아니었다. 그러나 어쨌든 결과적으로는 '임팩트 투자자'로 불리는 새로운 투자자들이 그녀에게 반응을 보였다(임팩트 투자가 늘어나는 현상에 대해서는 나중에 다시 논의하겠다). 그들의 관심을 끌어당긴 것은 샤지의 회사가 성공할 것이 분명하다는 점만이 아니었다. 그 회사가 아이들의 건강에 좋은 일을 할 기회를 준다는 점도 그들에게 매력으로 작용했다. 샤지는 2013년에 프랑스에 본부를 두고 건강을 증진하는 제품을 만드는 것을 사시로 내세운 다국적기업 다논(Danone)에 회사를 매각했다. 그녀의 초기 투자자들은 30배의 수익을 실현했다. 그녀는 지금도 여전히 해피 패밀리의 최고경영자로 남아 있지만, 좋은 일을 하려고 하는 다른 기업들에 자본을 대주는 투자자이기도 하다. 아기와 어린이들의 건강과 복리를 증진하기 위해 할 수 있는 모든 일을 다 한다는 것이 넓게 본 그녀의 사명이다. 그녀 자신이 엄마가 된 뒤에는 그러한 사명의 절박성이 더 커졌다. 그녀의 아들이 자폐증으로 진단받게 됐을 때에 그녀가 인생의 과제로 해온 일과 그녀의 개인적인 삶이 하나로 합쳐졌다. 최근에는 좀 더 나이 많은 어린이를 위한 제품과 임신한 여성을 위한 제품도 내놓고 있는 데서 확인되듯이 그녀의 사명이 가족 전체의 건강으로 확장되고 있다. 그녀의 관점은 단순하다. 그것은 이 세상을 더 나은 곳으로 변화시키는 데 도움이 될 만한 프로젝트에만 관심을 갖는다는 것이다. 그리고 해피 패밀리가 많은 이익을 내고 있기는 하지만 그녀는 "이익보다 아기들이 먼저"라고 말하곤 한다.

*

'지금 있는 자리에서 시작하라'는 말은 더 나은 미래를 꿈꾸는 사람들 모두에게 주문과 같은 것이 될 수 있다. 나에게는 이 말이 언제나 운동트레이너인 젠(Jen)에게서 내가 얻은 교훈을 되새기게 한다. 나는 어느 해 여름에 젠과 함께 육체적 한계를 넓히기 위한 운동을 했다. 젠은 젊은 여성인데 몸이 탄탄하고 강건했다. 그녀는 철인삼종 경기에서 여러 번 우승한 기록을 가지고 있었다. 우리가 함께 운동을 한 그 여름에 나는 그녀에게서 여러 모로 자극을 받았는데, 그녀 앞에서 위축되는 느낌도 들었다. 나는 그 전에 복싱도 해봤고 태권도도 검은 띠를 딸 작정으로 해봤지만 달리기 경주에 나가거나 산악지대에서 장시간 달려본 적은 없었다. 그 여름에 나는 언덕과 굴곡진 산길이 많은 버지니아 주의 산림 속 농장에서 지냈다. 그런데 그 여름이 끝나갈 무렵에 갑자기 그곳의 산길을 3마일 정도 달릴 수 있다면 얼마나 좋을까 하는 생각이 들었다. 달리기를 즐기는 사람들은 대부분 3마일이라면 그리 대수롭지 않은 거리로 여길 것이다. 그러나 나는 그때까지 그런 거리를, 게다가 언덕을 오르내리면서 달려본 적이 없었다.

젠이 나에게 가장 먼저 한 조언은 "짧게 끊어가며 달리세요"였다. 그녀는 이 말을 다시 이렇게 설명했다. "앞으로 다음 3피트만 바라보며 달리세요. 앞으로 1마일을 바라보면 '저기까지는 도저히 단번에 달릴 수 없을 거야'라고 생각하게 될 거예요. 그러나 3피트만 더 달리는 것은 당신도 언제나 할 수 있어요." 그녀의 말은 옳았다. 3피트만 더 달린다고 거듭해서 생각하면서 달리다 보니 다음 우체통이 있는 곳에 이르렀고, 이어 길의 다음 굽이에 이르렀다. 그리고 그 각각의 거리는 갈수록 조금씩 더 길어졌다. 처음에는 몇 분씩만 속도를 내어 달릴 수 있었던 내가 그 여름이 다 갈 무렵에는 언덕을 오르내리면서 3마일을 단번에 달릴 수 있게 됐다.

통 큰 베팅에도 '짧게 끊어가며'라는 지혜가 적용된다. 살아가면서 만나게 되는 다른 모든 것과 마찬가지로 큰 성취도 작은 걸음으로 시작된 경우가 많다. 작은 걸음을 충분히 많이 걸으면 큰일을 이룰 수 있다. 그래서 나는 당신에게 '불가능'해 보이는 일이 있다면 어떻게 하면 그 일을 짧게 끊어가며 할 수 있을지를 생각해보기를 권한다.

나는 젠에게서 겁 없이 도전하는 노력에 언제나 적용되는 또 하나의 교훈을 얻었다. 운동의 단계가 어느 정도 올라간 뒤의 어느 날에 나는 갑자기 정말로 힘들어서 운동을 계속하기가 어렵겠다는 생각이 들었다. 물론 그동안에도 어떤 날에는 날아갈 듯이 몸이 가벼웠지만 어떤 날에는 한 걸음 한 걸음 옮기는 것도 힘들 정도로 몸이 무거웠는데, 그날은 그 이상으로 힘들었다. 그때 젠이 나에게 이렇게 말했다. "나도 철인 삼종 경기에서 이기고 나서 그렇게 느끼곤 했어요. 어떤 날은 힘들게 느껴지고 어떤 날은 그렇지 않죠. 그렇더라도 운동은 어쨌든 계속해야 해요." 나는 젠의 이 조언을 보다 넓게 인생에서의 도전에 적용할 수 있는 말로 받아들였다. 인생에서 과업을 계속 해나가고, 내 안으로 더 깊이 파고 들어가 거기에 있는 에너지를 끌어올리고, 목적지를 향해 계속 나아가는 과정에서 어떤 날은 다른 날보다 힘들게 느껴진다. 그럴 때에 중요한 것은 내일은 그렇게 힘들지 않을 것임을 스스로에게 상기시키는 것이다.

세상을 변화시키는 통 큰 베팅도 어느 한 사람이 개인적인 삶에서 시도한 나름의 통 큰 베팅에서 시작될 수 있다는 점에 대해 나는 가끔 생각해본다. 나는 우리 엄마가 가족을 부양하기 위해 애쓰는 모습을 지켜보면서 어린 나이에도 그런 노력이 얼마나 힘든 일일 수 있는지를 이해했다. 어떤 날에는 내가 학교에 갔다가 집에 돌아온 시점과 엄마가 밤에 일하기 위해 집에서 나간 시점 사이의 짧은 시간 동안에만 엄마를 볼 수 있었다. 그래서 나는 나 자신을 위해 재정적 안정을 충분히 확보해야겠다고 생각하고 그런 방향의 통 큰 베팅을 인생의 이른 시기에 시작했다. 내가 결혼을 해서 가정을 꾸리게 되면 직업에서는 어느 정도 신축성을 가질 수 있어야 한다고 생각한 것도 그런 베팅의 바탕에 깔려 있었다. 나는 그동안 이런 생각을 중심으로 내 마음속에 형성된 삶의 기준에 맞춰 모든 판단과 결정을 내려왔다. 그렇게 하는 것은 나에게 주어진 사명과 같은 것이었고, 그래서 직장에서 봉급인상을 요구하는 것도 그리 어려운 일로 여겨지지 않았다.

또한 나는 어려서부터 다른 사람들의 능력을 강화하는 데 나의 시간과 재능을 사용하고자 했다. 전액 장학금을 지원받아 사립학교에 다니면서는 사람에 따라 삶이 제공하는 기회에 격차가 있다는 점에 눈을 떴다. 나는 원래는 법률가가 되어 공공부문에서 일하겠다는 꿈을 꾸었다. 그러나 재미있게도 이리저리 구부러진 삶의 길은 나를 그 대신에 민간부문으로 이끌었다. 민간부문에서 일하는 동안에 나는 디지털 혁명과 인터넷을 통해 수많은 사람이 자신의 능력을 강화하도록 도울 수 있는 특혜적 기회를 누렸다. 그 기회는 다시 나에게 재단을 설립할 수 있을 정도의 재원을 나에게 가져다주었고, 그 재단은 오늘날 세상을 변화시킬 수 있는 사람과 생각에 투자를 하고 있다. 어떤 일이 있더라도 다른 사람들을 돕겠다는 나의 큰 목표에 나 스스로가 계속해서 집중해야 한다는 내적 신념이 나에게 없었다면 어땠을까? 그랬어도 내가 공공부문에서 일하다가 위험을 무릅쓰고 그곳을 떠나 민간부문으로 넘어왔을지는 확언할 수 없다.

당신의 마음속에 어떤 통 큰 베팅이나 큰 발상이 불타오르고 있지 않은가? 지금 있는 자리에서 시작하고 자기 나름의 전향적인 통 큰 베팅을 하라는 말이 당신에게는 어떤 의미로 들리는가? 이 장에서 소개된 이야기들은 그 하나하나가 통 큰 베팅을 하는 데에는 많은 돈이나 증명된 전문성이 필요한 것도 아니고 대규모 기업이나 조직의 뒷받침이 필요한 것도 아님을 보여준다. 그렇게 하는 데 필요한 것은 자기의 현재 상황에서 자기의 아이디어를 밀고나가기 위해 활용할 수 있는 것, 즉 자기가 지금 가지고 있는 것에 대해 제대로 평가할 줄 아는 능력이다. 바로 거기에서 시작하라.

02 과감하게 나서라

미국은 달에 갈 것이라고 존 F. 케네디 대통령이 선언했을 때에 나는 아주 어렸기 때문에 그때의 기억이 지금 나에게 남아 있지 않다. 그러나 탐사선을 달에 보낸다는 생각이 존재하는 세상에서 내가 성장했다는 것은 내가 기억한다. 또한 우리가 그런 일을 하려는 것은 "그것이 쉬운 일이기 때문이 아니라 오히려 그것이 어려운 일이기 때문"이라는 케네디 대통령의 기념비적인 말도 내 기억 속에 박혀 있다. 탐사선을 로켓에 탑재해서 달을 향해 쏘아 올리는 것을 의미하는 '문샷(moonshot)'이라는 단어는 오늘날에는 거대하고 대담한 노력을 가리키는 데에 사용된다. 그렇지만 1961년에 케네디 대통령의 그러한 통 큰 베팅이 얼마나 대담한 것이었는지를 우리가 과연 정확하게 파악하고 있는지에 대해 나는 의문을 갖고 있다.

인간을 달에 착륙시킨다는 것은 성공할 가능성이 거의 없는 일이었다. 당시에 미국은 그러한 위업을 달성할 수 있다고 생각할 정도의 준비가 돼있지 않았다. 케네디 대통령이 그렇게 하겠다는 결의를 선언했을 때 미국은 달까지 갈 수 있는 우주선을 만드는 데 필요한 기술과 경량부품은 고사하고 로켓을 만드는 데 필요한 물질도 가지고 있지 않았다. 우리에게는 우주선 내부의 비좁은 공간에 들어맞도록 기계나 장비를 축소시킬 능력도 없었고, 우주를 여행하는 우주선의 궤적을 추적할 수 있을 만큼 발전된 통신수단도 없었다. 그리고 우주선을 쏘아 올려 달에 보내고 그런 다음에 지구로 되돌아오게 하려면 어떻게 해야 하는지를 우리에게 알려줄 수학적 노하우도 물리학적 노하우도 우리는 가지고 있지 않았다. 그러나 "우리는 10년 안에 달에 가기로 결심했다"는 케네디 대통령의 말과 같이 우리는 그렇게 하겠다고 결심했다. 그리고 우리는 해냈다.[5]

오늘날 우리가 살아가면서 누리는 것 가운데 얼마나 많은 것이 당시 문샷 도전의 직접적인 결과인지를 우리는 충분히 인식하지 못하고 있다. 위성통신, 지구적 기후예측 시스템, 혹독한 환경에도 견디는 플라스틱, 첨단기기의 소형화(1960년대의 컴퓨터는 우주선에 싣기에는 너무 컸다) 등이 바로 그런 것들이고, 대기권의 밖으로 나갔다가 다시 그 안으로 들어오는 로켓 궤도를 어떻게 잡아야 하는지를 계산하는 데 필요한 수학 공식들도 마찬가지다. 오늘날 아이폰을 들고 그것의 지피에스(GPS) 기능을 사용하거나 아이폰으로 날씨예보를 알아보고 이메일을 보낼 때 케네디 대통령을 떠올리는 사람은 거의 없을 테지만, 이런 혁신들도 그의 통 큰 베팅에 힘입은 바가 크다.

케네디 대통령의 문샷 도전과 관련해 내가 거듭해서 상기하게 되는 점은 그 도전이 얼마나 과감했던가. 통 큰 베팅은 의도된 직접적인 혁신 외에 수없이 많은 다른 혁신도 일으키는 엔진이다. 그것은 우리의 문화, 지리, 심리, 정치에 변화를 가져올 수 있다. 그 증거는 많이 있다. 더 나은 세상을 실현하기 위해서는 우리가 더 큰 위험을 무릅쓰고 더 큰 베팅을 해야 한다.

1969년 7월 20일에 벌어진 사건, 즉 실제의 문샷을 살아서 목격한 사람들의 대다수에게 그렇겠지만 나에게도 그것은 특별한 울림을 가진 것이었다. 그것은 나의 마음속에 매우 소중한 기억으로 남아 있다. 그날 나는 어린아이였다. 엄마가 자고 있었던 나를 깨우고는 그 순간이 왔다고 말해주었고, 나는 침대에서 벌떡 일어나 달려가 거실에서 빛을 발하고 있는 텔레비전 앞에 모여 앉아 있는 가족들 사이로 끼어 들어갔다. 텔레비전 화면에는 유명한 뉴스진행자 월터 크롱카이트가 나와 있었다. 잠시 뒤에 그 장면이 나왔다. 다소 흐릿한 흑백의 영상 속에서 닐 암스트롱이 달착륙선의 사다리를 걸어 내려가 달 표면에 인류의 첫 걸음을 내디딘 것이다. 미국인 전부와 전 세계의 사람들이 동시에 한숨을 토하는 듯한 느낌이 들었다. 달의 표면에 미국의 국기가 꽂힐 때 우리 가족은 모두 환호성을 질렀다. 정말이지 역사가 만들어지는 순간이었다. 나는 나이가 얼마 안 되는 어린아이였음에도 그때의 달 탐험이 겁 없는 도전임을 느낄 수 있었다.

그로부터 며칠 뒤에 나는 겉에 우주인이 그려진 도시락통과 보온병을 손에 넣게 되어 학교 구내식당에서 자랑스럽게 그것을 친구들에게 내보였다. 나는 아무도 가보지 못한 곳에 대담하게 간 용감한 사람들과 똑같은 사람이 되고 싶었다. 그 사건이 대중문화와 소비재 제품에 끼친 영향과 그 사람들이 전파한 영감이 어디에서나 느껴졌다. 내가 친구들에게 자랑한 도시락통은 '스페이스 푸드 스틱'이라는 것과 우주인들이 우주에서 마신 분말식 오렌지주스와 똑같은 '탕(Tang)' 등의 '우주식품'과 함께 포장된 제품이었다.

나 자신을 포함해 수없이 많은 어린이와 젊은이들이 존 F. 케네디의 대담한 꿈이 실현되는 것을 보고 크게 동기부여되는 경험을 했다. 우리는 그 대담성의 결과를 보면서 우리 자신도 대담성을 가질 수 있다고 생각했다. 오늘날에도 우리는 그렇게 어린이와 젊은이들을 고무할 수 있을 만한 어떤 일을 할 수 있다. 그렇게 하는 우리 자신의 모습을 상상해 보자.

> *"자기 발을 내려다보지 말고 하늘의 별을 올려다보기를 잊지 마십시오."*
> *- 스티븐 호킹*

오늘날 '구글 X'(지금은 그냥 'X'라고만 한다)만큼 위와 같은 생각을 잘 체현하고 있는 조직은 찾아보기 어렵다. '문샷 공장'이라고 자칭하는 X는

2010년에 문을 열었는데, 거의 무제한적인 창조와 발명의 산실이라고 할 수 있다. 이것에 대해 데릭 톰슨(Derek Thompson)은 잡지 〈애틀랜틱〉에서 "즉흥연극 공연단의 본능을 가진 싱크탱크"라고 묘사했다. 그런데 사실은 그 이상이다.

이 모험조직을 이끄는 사람은 애스트로 텔러(Astro Teller)다. 별이나 우주를 뜻하는 그의 이름 '애스트로'는 그의 삶에 뭔가 특별한 점이 있을 것임을 운명적으로 예고한 것으로 여겨질지도 모르겠다(사실은 '에릭'이 그의 원래 이름이었다). 그는 특이한 이름을 가지고 있다는 점 외에 특출한 조상의 후손이라는 점에서도 사람들의 눈길을 끈다. 그의 외할아버지는 노벨상을 받은 경제학자 제라르 드브뢰(Gérard Debreu)이고, 친할아버지는 '수소폭탄의 아버지'로 불리며 핵물리학과 분자물리학의 발전에 크게 기여한 물리학자 에드워드 텔러(Edward Teller)다. 게다가 그는 엘리트의 학력을 가지고 있다. 그래서 만찬회 같은 곳에서 그의 옆자리에 앉게 된 사람이면 누구나 경외심에서 그를 다시 쳐다보게 된다. 어느 콘퍼런스에서 X의 리더인 그를 처음 만났을 때 나도 그랬다. 그런데 턱수염을 기른 그 매력적인 혁신가의 태도가 무척 개방적이라는 점이 나를 놀라게 했다. 그는 나에게 "권위는 그리 존경할 만한 것이 아니다"라고 말했다. 그의 목표는 성층권에 올라가 있었지만 그의 태도는 친절하고 쾌활했다.

X는 세 가지 과제에 중점을 둔 단순한 청사진에 따라 사업을 기획해 추진하고 있다. 그 세 가지 과제는 이렇다. (1) 몇백만 또는 몇십억 명의

사람들에게 영향을 미치는 거대한 문제를 찾는다. (2) 그 문제에 대한 근본적이고 혁신적인 해법을 제안한다. (3) 그 해법을 적용하는 데 필요한 기술이 개발될 수 있다고 믿게 해주는 근거를 확보한다.

X는 모든 것을 뒤섞으려고 한다. 애스트로는 '테드(TED; Technology, Entertainment, Design) 강연'을 할 때에 이렇게 말했다. "우리가 일하는 곳에 오면 우주공학 기술자가 패션 디자이너와 함께 일하고, 군사작전 지휘관을 지낸 사람이 레이저 전문가와 브레인스토밍을 하는 광경을 보게 될 겁니다. 거기에서는 그들과 같은 발명가, 기술자, 제작자 등이 이 세상을 아주 멋진 곳으로 만들 수 있다고 기대하게 해주는 기술을 생각해내고 있습니다." 애스트로의 기본원칙 가운데 하나는 "사람들을 기존의 장소에 몰아넣고 규칙을 어기지 못하게 하는 대신에" 사람들의 열정에서 시작되는 발견이 가능한 환경을 조성한다는 것이다.

X의 프로젝트 가운데 많은 것이 비밀리에 추진되고 있지만 '프로젝트 룬(Project Loon)' 등 몇 가지는 세상에 어느 정도 알려져 있다. 프로젝트 룬은 풍선 모양의 열기구를 하늘에 띄워 올리고 그것을 통해 모든 사람에게 인터넷 서비스를 제공하기 위한 것이다. 이를 두고 애스트로는 X의 프로젝트 가운데 "가장 미친 짓"이라고 말하기도 했지만, 2017년에 허리케인 마리아가 지나간 뒤에 푸에르토리코에서 실험해서 성공을 거두었다. X가 일하는 방식은 어떤 프로젝트든 추진하다가 실패하면 그것으로 그만이고, 성공하면 그것을 '졸업'시켜 구글의 독립적인 사업이 되게 하는 것이다. X가 졸업시킨 프로젝트 가운데 하나로 '웨이모(Waymo)'

를 들 수 있는데, 이 프로젝트는 구글의 자율주행차 개발 프로젝트에서 발전돼 나온 것이다. X는 실패로부터 위대한 성취를 얻어내는 노력의 탁월한 모델인데, 이 점에 대해서는 우리가 나중에 다시 살펴볼 것이다. 여기에서는 통 큰 베팅을 하는 사람이나 조직이면 언제나 그렇듯이 X도 매일 틀을 깨뜨리고 있다는 점에 주목하는 것으로 충분하다.[6]

*

미국의 건국은 그 자체가 통 큰 베팅이었다고 말할 수 있다. 구성도 다양한 시민군의 힘으로 그 당시에 세계에서 가장 강력한 나라인 영국으로부터 통치권을 빼앗아올 수 있다는 생각은 겁 없는 것이었고, 반역에 나선 인민이 자유, 평등, 평화, 번영의 원칙을 기초로 한 새로운 나라를 세울 수 있다는 생각도 역시 겁 없는 것이었다. 영국의 다른 식민지에서 그랬듯이 영국 정부와 개별적인 고충에 대해 하나하나 꾸준히 지속적으로 협상해 조금씩 양보를 얻어내기로 했다면 그것은 쉬운 일이었을 것이다. 그러나 미국 건국의 아버지들은 그렇게 하는 대신에 그들 자신의 신념을 지키기 위한 혁명에 나섰고, 새로운 형태의 정부를 만들어내기를 선택했다.

이런 것이 통 큰 베팅을 하는 사고방식이다. 그것은 어떤 하나의 제품만 개발하면 된다는 식의 사고방식이 아니라 탐색해볼 만한 새로운 영역의 전부를 열어젖히겠다는 사고방식이다. 일론 머스크라는 혁신가가 자신이 설립한 기업 '스페이스엑스(SpaceX)'에 관해 이야기할 때에 그 기업이 점진적인 노력을 여러 가지로 기울이고 있다는 것을 인정하면서도 자신은 화성에 인간을 보내는 것, 그것도 2030년까지는 그렇게 하는 것을 사명으로 삼고 있음을 전 세계 사람들에게 상기시키기를 결코 잊지 않는 것도 그가 그러한 사고방식을 갖고 있기 때문이다. 그가 스페이스엑스와 테슬라(Tesla)를 통해 달성하고자 하는 목표는 "지상과 우주에서 우리가 여행하는 방식을 다시 정의하는 것"이다. 이것이 그가 벌이고 있는 통 큰 베팅의 핵심이다. 통 큰 베팅이 추구하는 대담한 목표는 사람들을 고무해 모이게 해서 하나로 뭉치게 한다. 스페이스엑스는 2018년 1월에 자사의 로켓을 쏘아 올리는 실험을 했다. 일론은 이 첫 실험에서 '미친 꿈'의 가능성을 입증했다. 앞으로 일론이 비틀거리면서 금고를 바닥내거나 비전을 달성하는 데 실패할 것이라고 예상하는 사람들이 많다. 그리고 그의 방법과 당돌한 태도, 그리고 그가 비판자들과 싸우는 방식에 대한 의문 제기와 이해할 만한 비판이 많이 있다. 그러나 그러한 타당한 우려에도 불구하고 일론이 자신의 비전을 추구하는 과정에서 실패의 교훈을 완전히 파악하고 적용할 줄 아는 태도에서 우리가 배울 수 있는 교훈은 있다.[7]

우리는 놀라운 대담성이 분출되는 시대에 살고 있다. 그리고 그 가운데 얼마나 많은 부분이 젊은이들에게서 나오는지를 알게 되면 새삼스레 놀라지 않을 수 없다. 오늘날의 젊은이들이 소리 높여 자기주장을 하는 법과 질서를 흔들어 파괴하는 법을 잘 안다는 것은 누가 봐도 분명하다.

그런데 그런 그들이 조직을 만들어내는 법과 자신들의 대의를 널리 알리는 법도 잘 아는 것을 보면 감동적이기까지 하다.[8]

'파클랜드#네버어게인' 운동을 생각해보자. 이 운동은 총기폭력에 대한 사회적 반응이 일반적인 궤도, 즉 '단기간의 전국적 분노 표출에 이은 몇 주 만의 일상 복귀'라는 궤도에서 벗어나도록 그 궤도의 틀에 돌파구를 냈다. 2018년 2월 14일에 플로리다 주의 파클랜드 시에 있는 마조리 스톤맨 더글러스 고등학교에서 총기난사 사건이 벌어진 뒤에 학생들은 소셜미디어를 통해 미국총기협회(NRA)에 항의하고 워싱턴까지 대규모 행진을 벌였다. 그러면서 그들은 미국에서 이루어지는 모든 총기 거래에 대해 거래자 신원 확인과 의심스러운 거래 금지를 포함한 강도 높은 규제를 도입할 것, 총기 구입이 허용되는 최저 연령을 21살로 높일 것, 공격용 무기 거래를 금지할 것 등을 요구했다. 또한 그들은 미국총기협회로부터 거액의 기부금을 받은 선출직 공무원들에 대한 퇴진 촉구 운동을 벌이겠다고 선언했다. 보수적인 정치인인 릭 스콧(Rick Scott) 플로리다 주지사가 자동화기 금지법에 서명하게 된 데에도 학생들이 기울인 그러한 노력이 영향을 미쳤다. 플로리다 주의 자동화기 금지법 발효는 진심으로 통 큰 베팅을 하고 나서는 사람들이 있었기에 달성될 수 있었던 역사적 변화였다.[9]

> *"나는 두렵지 않다. … 나는 이 일을 하려고 태어난 사람이다."*
> *- 잔 다르크*

물론 파클랜드에서 고교 총기난사 사건이 일어나기 전에도 학생들이 사회적 발언을 하고 나서는 경우가 적지는 않았다. 사실 케이스 재단에서 일하는 우리는 다음 세대를 이끄는 젊은이들로부터 계속해서 자극을 받는다. 우리는 언젠가 전국적인 경연대회를 주최한 뒤에 조든 스카라(Jordyn Schara)라는 이름의 소녀로부터 온라인 편지를 받았다. 거기에는 이렇게 씌어 있었다. "사용하고 남은 의약품을 수거해 안전하게 처리하는 조치를 취하라는 요구를 우리 정부가 거부하는 것을 보고 내가 나서기로 했습니다. 나는 14살밖에 안 됐기 때문에 겁이 없습니다. 나는 연방 소득세법 501(c)(3) 항의 면세 규정이 적용되는 비영리조직을 직접 만들었고, 이 조직을 통해 매일 24시간 가동되는 의약품 수거 프로그램을 실현하기 위한 지역사회 공공서비스 프로젝트를 시작했습니다." 조든은 미국에서 매년 열두 살부터 열일곱 살까지의 청소년 가운데 210만 명 이상이 의약품을 남용하고 있다는 사실을 알게 되면서 그러한 생각을 하게 됐다고 했다. 조든은 각 가정에서 사용하고 남은 의약품을 수거해 안전하고 환경친화적으로 처리하는 방법을 제시하고 싶었다. 그래서 조든은 자기가 사는 위스콘신 주의 경찰서들에 의약품 수거함을 설치했고, 의약품 남용의 문제점을 널리 알리고 의약품 수거함의 활용도를 높이기 위해 안내전단을 돌리고 많은 사람과 만나 대화를 나누었다.

어린 소녀가 자신의 비전을 실현하도록 도와줄 만한 사람들의 주목을 얻어내는 일은 그리 쉽지 않았다. 조든은 지역사회가 의약품 수거 프로그램을 시작하도록 돕는 주 정부 차원의 보조금 지원 제도가 있다는 사실을 알게 되자 자기가 사는 마을의 보조금 지원 신청 담당자를 찾아가 자기를 위해 보조금 지원을 신청해줄 수 있느냐고 물었다. 그 담당자는 부정적인 답변을 하면서 조든을 돌려보냈다. 그러나 조든은 이에 굴하지 않고 근처의 다른 지역사회로 가서 보조금 지원을 신청해달라고 부탁했다. 그곳의 보조금 지원 신청 담당자는 조든에게 신청하는 절차를 밟는 것은 도와주겠지만 그곳에 배정되는 예산을 그렇게 나눠 쓸 수는 없는 일이라고들 생각하니 신청이 받아들여지기를 기대하지는 말라고 했다. 그러자 열네 살짜리 소녀 조든이 직접 자기 손으로 신청서를 써서 제출했다. 얼마 뒤에 보조금 지원이 승인됐다는 통보를 받은 조든은 기쁘다 못해 어리둥절할 지경이었다. 그런데 조든은 한걸음 더 나아가 주목할 만한 행동을 했다. 그 전에 자신의 요청을 거부한 다른 두 마을에도 자기가 받게 된 보조금을 나눠 쓰겠다고 알렸던 것이다.

조든의 노력으로 시작된 '위스콘신 처방의약품 수거처리(WIP2D2)' 프로그램은 실행에 들어간 지 4년 만에 60만 파운드 이상의 처방의약품을 수거했다. 이 프로그램은 2008년에 시작된 이래 11개의 의약품 수거 프로그램을 출범시켰고, 150만 파운드 이상의 의약품이 어린이와 십대 청소년의 손이 닿지 않는 곳에 격리되도록 도왔다. 조든은 2012년에 케이스 재단의 '겁 없이 도전한 사람 찾기' 대회에서 수상자로 선정됐고, 그 뒤에 위스콘신매디슨 대학에서 방송 저널리즘 및 젠더와 여성 문제를 전공으로 선택해 공부했다.[10]

*

초콜릿 케이크를 만들어 파는 회사를 운영하는 일로도 세상을 변화시킬 수 있다. 이 말을 듣고 믿어지지 않는다는 표정을 짓는 사람이 있다면 그는 그레이스턴 베이커리(Greyston Bakery)의 창업자 버니 글래스먼(Bernie Glassman)에 대해 들어본 적이 없는 사람임이 틀림없다. 버니 글래스먼은 미국의 불교도이자 사회활동가로 널리 알려진 사람이다. 늘 변화를 추구하는 그는 자기가 사는 지역사회에서 계속되는 빈곤의 악순환을 중단시키고 싶었다. 그는 1982년에 뉴욕 주의 용커스 시에서 그레이스턴 베이커리를 창업했다. 그리고 직원을 고용할 때에 학력과 경력을 묻지 않았을 뿐만 아니라 감옥에 갔거나 홈리스로 지냈거나 마약을 사용한 사실이 있어도 그것을 문제 삼지 않았다. 다른 회사에서는 고용에 결격사유가 되는 전과 기록도 그레이스턴 베이커리에서는 문제가 되지 않았다. 36년 전에 조그마한 기업으로 시작한 이 회사가 이제는 세계적인 수준의 일류 베이커리로 성장해 벤 앤드 제리스, 홀푸즈, 델타항공과 같은 기업들에 많은 양의 초콜릿 케이크(브라우니)를 비롯한 케이크와 쿠키 등을 고정적으로 납품하고 있다.

그레이스턴 베이커리는 오늘날까지도 개방적 고용(open hiring) 정책을 유지하고 있다. 어디에 사는 누구든 이 회사에 들어가 일하고 싶다면 찾아가 공개적으로 비치된 명부에 자신의 이름과 연락처를 적어 놓기만 하면 된다. 그러면 회사 쪽에서 결원이 생기거나 직원이 더 많이 필요하게 됐을 때에 그 명부를 보고 선착순으로 연락해 출근하라고 통보한다. 그레이스턴 베이커리의 최고경영자인 마이크 브래디(Mike Brady)는 이렇게 말한다. "우리는 브라우니를 만들기 위해 사람을 고용하는 것이 아니라 사람을 고용하기 위해 브라우니를 만든다." 이 회사는 활동범위를 넓혀 지역사회의 소외집단을 돕는 프로그램도 운영하고 있다. 무료로 직업능력 계발 교육을 실시하는 '그레이스턴 러닝 센터'와 도심 지역에서 녹색공간을 제공하는 '그레이스턴 커뮤니티 가든스'가 그것이다. 이 회사는 다른 기업들에게 개방적 고용을 도입하는 방법을 알려주는 노력에도 나섰다. 그레이스턴 베이커리의 이야기는 훈훈한 방식으로도, 그리고 의외의 방식으로도 통 큰 베팅이 시작될 수 있음을 우리에게 일깨워 준다.[11]

이런 종류의 사고방식이 미국에, 그리고 더 넓게는 세계에 변화를 가져오는 것이다.

*

"칠레가 할 수 있는 일이라면 당신네도 할 수 있습니다." 이는 미첼 바첼레트(Michelle Bachelet) 전 칠레 대통령이 2018년 6월에 미국 워싱턴 디시에 와서 '내셔널 지오그래픽 플래너터리 리더십' 상을 받고 한 연설에서 한 말이다. 그 전날에 나는 내셔널 지오그래픽 협회 이사회 의장의 자격으로 그녀를 위한 초청만찬을 열었다. 그녀는 2006~2010년과

2014~2018년 두 차례에 걸쳐 칠레 대통령을 지냈다. 대통령 재임 기간의 중간에 공백이 있는 것은 칠레에서는 대통령직 연임이 허용되지 않기 때문이다. 대통령에 두 번째로 당선될 때에 그녀는 결선투표에서 유효투표의 62%를 얻었다. 그녀가 살아온 삶을 들여다보면 그녀가 그렇게 영향력 있는 자리에 오르고 적지 않은 성취도 거두게 된 것이 놀랍기도 하다. 그녀는 칠레에서 존경받는 군인의 딸이다. 그녀의 아버지는 1973년에 아우구스토 피노체트 장군이 쿠데타를 일으킨 뒤에 살바도르 아옌데 대통령을 위해 일했다는 이유로 투옥돼 고문을 받고 1년 뒤에 옥중에서 사망했다. 바첼레트와 그녀의 어머니는 가택연금 상태에서 정권으로부터 위협을 받다가 마침내 외국으로 망명했다. 그녀는 망명한 지 여러 해 뒤에야 귀국을 허락받았다. 귀국한 그녀는 칠레의 민주주주를 회복시키기 위한 활동을 지치는 줄 모르고 전개하는 동시에 공부도 계속해서 의사가 됐다. 이후 그녀는 보건장관과 국방장관을 지낸 뒤 대통령 선거에 출마했다.

바첼레트는 불리한 역경을 극복하면서 자신의 조국에 여러 가지로 기여하는 삶을 살아왔다. 그녀의 성취 가운데 내셔널 지오그래픽 협회가 주목해 상을 준 것은 그녀의 조국에만이 아니라 지구 전체에도 좋은 것이다. 그것은 바로 그녀가 대통령으로 재임하는 동안에 칠레에 5개의 국립공원이 추가로 지정되어 칠레 내 국립공원 전체의 면적이 1000만 에이커를 넘게 된 것이다. 그 가운데는 크리스틴 톰킨스(Kristine Tompkins)가 이제는 고인이 된 남편 더그 톰킨스(Doug Tompkins)와 함께 비상한 노력을 기울여 자연 그대로의 상태로 보존하다가 칠레 정부에 헌납한 100만 에이커가 조금 넘는 산림지역도 포함돼 있다.[12]

바첼레트는 2018년 3월에는 내셔널 지오그래픽의 '깨끗한 바다' 이니셔티브에서 영감을 얻어 바다의 생물다양성 보호를 위한 보존해역 9곳을 추가로 지정했다. 이로써 칠레의 보존해역은 그녀의 임기 중에 전 해역의 4.2%에서 42.4%로 대폭 확대됐다. 이는 칠레의 해역 가운데 54만 제곱마일 이상에서 해양생물이 보호를 받게 됐음을 의미한다.

환경보존에 대한 참된 리더십의 모델로서 그녀가 해온 역할에 대해 그녀 자신은 이렇게 말했다. "반드시 부유한 나라가 아니더라도 환경 분야에 변화를 가져올 아젠다를 추진해 성과를 거둘 수 있음을 우리가 증명하고 있다."

통 큰 베팅은 그것이 시작될 때에 대담하다는 성격을 가지고 있다. 당신이 어떤 괜찮은 아이디어를 갖게 되어 그것을 실행해보고 싶었지만 당신의 내면에서 "나는 결코 그것을 해낼 수 없을 거야"라는 목소리가 들려온 적이 있다면 스스로 자신을 점검해보라. 커다랗고 대담한 아이디어는 천 번의 작은 걸음을 걷는 것에 의해 현실이 된다. 처음에는 불가능해 보이는 것이 그것을 목표로 한 새로운 행동을 하나하나 쌓아 가면 그때마다 점점 더 실현의 가능성이 높아지는 경우가 종종 있다.

03 고정관념을 돌파하라

내 사무실 입구의 벽에는 특별한 사진 한 장이 누구나 볼 수 있도록 걸려 있다. 그것은 스페셜 올림픽의 창시자인 유니스 케네디 슈라이버(Eunice Kennedy Shriver)가 올림픽에 참가한 선수들과 수영장 풀 속에서 찍은 사진이다. 사진 속에서 팔순이 넘은 그녀는 즐거운 표정을 짓고 있다. 사진의 아래쪽에는 이렇게 씌어 있다. "진, 내년 여름에는 나와 함께 이 풀에 들어와요!" 그런데 슬프게도 그녀는 그 '내년 여름'이 오기 전에 세상을 떠났다.

나는 결국 그녀와 함께 수영장 풀 속에 들어갈 기회를 누리지 못했지만, 그녀가 세상을 떠나기 전의 여러 해 동안 탁월한 지도자인 그녀와 알고 지내는 행운을 누릴 수 있었다. 내가 그녀와 알고 지내게 된 뒤로 나는 그녀를 훨씬 더 좋아하게 됐고, 케이스 재단은 스페셜 올림픽의 제휴기관이 되어 스페셜 올림픽의 국제적인 활동 범위를 넓히는 일을 도왔다. 그녀의 노력은 나에게 더 멀리 나아가고, 더 높이 바라보고, 더 많은 위험을 무릅쓰도록, 그리고 더 나아가 사회에서 가장 취약한 입장에 있는 사람들을 잊지 말고, 모든 사람에게 가능성을 있음을 믿도록 고무했다. "나와 함께 이 풀에 들어와요"라는 그녀의 말은 나에게 삶이라는 풀에 뛰어들어 변화를 일으키는 노력을 하라고 권유하는 초대장인 것처럼 지금도 늘 느껴진다.

당신이 그녀가 나에게 한 그 말의 의미를 이해하려면 그녀가 겪은 일을 먼저 알아야 한다. 그녀는 1968년 여름의 어느 덥고 습한 날에 미국 시카고에서 스페셜 올림픽의 제1회 대회를 개최했다. 그로부터 불과 7주 전에 그녀의 남동생인 로버트 케네디가 암살됐다. 이는 존 F. 케네디 대통령을 포함해 그녀의 형제 가운데 3명이 이미 비극적으로 세상을 떠난 뒤에 또 다시 벌어진 비극적인 죽음이었다. 그녀가 시카고에서 스페셜 올림픽을 시작하게 된 데에는 지적 장애를 안고 태어났던 언니 로즈메리(Rosemary)의 영향이 컸다. 로즈메리와 유니스는 어릴 적에 같이 놀면서 자라서 서로 밀착된 관계를 가지고 있었다. 유니스는 지적 장애를 가진 사람들을 스포츠를 통해 건강하게 만드는 일을 자신의 사명으로 삼았다. 유니스가 이런 사명의식을 가지고 자기네 집 뒷마당에서 '캠프 슈라이버'라는 이름으로 시작한 여름철 스포츠 모임은 그 뒤로 규모가 점점 더 커져 1968년에 이르면 미국 전역은 물론이고 캐나다에서도 참여하는 북미 전체의 스포츠 운동으로 발전했다.

유니스는 '스포츠를 통해 세상을 변화시킨다'는 하나의 통 큰 베팅에 열정적으로 몰입했다. 그것이 그녀를 그해 여름에 시카고에서 스페셜 올림픽 제1회 대회를 열도록 이끈 것이었다. 햇볕이 내리쬐는 시카고의 솔저필드 경기장에 모인 1천 명의 선수들을 앞에 두고 유니스는 스페셜 올림픽 선수 선서문을 낭독했다.

내가 승리하게 해주소서.
하지만 내가 승리할 수 없다면
용감하게 도전하게 해주소서.

그날의 현장에서 유니스는 언젠가는 지적 장애를 가진 사람 100만 명이 스페셜 올림픽에 참여해 체력과 기량을 겨루게 될 것이라는 자신의 신념을 천명했다. 1968년의 그날에는 그녀의 그 말이 지나치게 과감한 것으로 들렸다. 하기야 그로부터 몇십 년 뒤에는 한때 불구자라는 잘못된 사회적 낙인의 대상이었던 장애인들이 매년 500만 명 이상 스페셜 올림픽에 참여하고 전 세계의 170여 개 나라에서 스페셜 올림픽 관련 경기가 열리게 되리라는 것을 그 당시에 누가 예상할 수 있었겠는가?

유니스의 꿈은 누구나 인간으로서 존엄성을 지킬 수 있게 하자는 것이었고, 이러한 그녀의 꿈은 스페셜 올림픽 그 자체뿐만 아니라 그것과 관련된 사업도 확장시켜왔다. 이제는 스페셜 올림픽을 주관하는 조직이

전 세계에 걸쳐 지적 장애를 가진 사람들에 대한 사회적 태도를 변화시키는 활동과 필요한 재원을 유치해 그들에게 교육과 의료 서비스를 제공하고 취업 가능성을 높이는 활동도 활발하게 펼치고 있다. 유니스의 집 뒷마당에서 시작된 이 운동으로 인해 사회적 기회와 기본적 인권이라는 개념에 큰 변화가 일어났다는 점은 널리 인정되고 있다. 도움의 손길을 필요로 하는 몇 명의 아이들에게 다가가 도움을 주려는 노력으로 시작된 이 운동은 우리의 사회가 지적 장애를 가진 사람들을 대하는 방식을 영구적으로 변화시켰다.[13]

나는 스페셜 올림픽이 낳은 탁월한 운동선수들 가운데 특히 로레타 클레이본(Loretta Claiborne)의 이야기를 하고 싶다. 로레타는 복지급여에 의존해 살아가는 흑인 여성이 낳은 자녀 7명 가운데 하나였다. 그녀가 태어난 뒤에 의사들은 그녀가 심각한 지적 장애를 가지고 태어났기 때문에 오래 살지 못할 것이라면서 그녀의 엄마에게 그녀를 보호시설에 보낼 것을 권했다. 그러나 그녀의 엄마는 의사들의 말을 듣지 않고 그녀를 집에서 기르면서 그녀를 위해 할 수 있는 일이면 무엇이든 지칠 줄 모르고 다 하고 늘 그녀에게 기회가 될 만한 것을 찾았다. 그런 기회 가운데 하나가 스페셜 올림픽이었다. 스페셜 올림픽은 그녀의 삶을 바꿔놓았고, 더 나아가 수많은 다른 사람의 삶에도 변화를 가져왔다.

로레타는 자신의 의지와 상관없이 지적 장애를 갖고 태어났지만 오늘날에는 세계적으로 뛰어난 달리기 선수이자 유능한 동기부여 연설가로 인정받고 있다. 그녀는 마라톤 경기에 스물여섯 번이나 출전했다. 마라톤에서 그녀의 개인 최고기록은 3시간 3초다. 뿐만 아니라 그녀는 가라테 4단으로 블랙벨트 소지자이고, 미국의 수화를 포함해 5개 언어를 구사할 줄 알고, 여성 스포츠인 명예의 전당에 이름이 올랐고, 2개의 명예 박사학위를 가지고 있고, 월트디즈니가 제작한 '로레타 클레이본의 이야기'라는 영화의 주인공이 됐고, 오프라 윈프리 쇼에 두 번 출연했고, 여러 차례 대통령이나 의원들 앞에서 연설했다. 로레타는 이렇게 말하곤 한다. "내 이야기를 들려주는 것이 어떤 한 사람이 다른 사람에 대해 가지는 마음가짐을 변화시킬 수 있다면, 특히 어떤 한 어린아이가 다른 어린아이에 대해 가지는 마음가짐을 변화시킬 수 있다면 내가 그렇게 하는 것은 좋은 일이라고 생각합니다."[14]

로레타는 대통령 앞에서 말할 때에나 의회에서 연설할 때에나 완전히 편안해 보였다. 언젠가 백악관의 이스트 룸에서 고위 관리들이 가득 찬 가운데 열린 행사에서 그녀가 나보다 먼저 연설을 한 적이 있다. 그녀의 연설이 매우 강력해서 그녀의 다음 차례로 연설을 해야 하는 나로서는 다소 낭패스러웠던 기억이 있다. 그녀는 사람들을 고무하는 능력에서 독보적이다.

로레타를 비롯해 장애를 가진 운동선수들은 그동안 그들 스스로가 겁 없이 도전하는 정신을 발휘하면서 유니스 슈라이버와 같은 우군의 협조를 받아 그들에 대한 각종의 고정관념을 돌파해왔다. 그 고정관념은 그동안 너무나 많은 장애인을 뒷전에 물러나 앉아 있게 했으나 이제는 그들이 그렇게 하고만 있지 않다. 그러나 스페셜 올림픽에 참여해 탁월한 육체적 성취를 거둔 선수들도 모두 처음에는 자신의 마음 속에 심어진 의심을 거부하거나 거두어내는 과정을 거쳐야 했다. 통 큰 베팅을 하는 일은 때로는 변화를 일으킬 수 있는 한 개인의 잠재력 에 대해 사람들이 생각하는 방식을 변화시키는 것에서 시작될 수 있으 며, 그러려면 누구든 자기 자신부터 그러한 변화를 해야 하는 경우가 흔히 있다.

> *"어떤 일을 하는 가장 효과적인 방법은 그 일을 하는 것이다."*
> *- 아멜리아 에어하트 (미국의 여성 비행사)*

유니스와 관련된 사실을 한 가지만 더 말한다면, 혹시 당신이 워싱턴 디시를 방문해 백악관 근처를 걸어 가다가 보도 위에 그녀의 탁월한 삶 과 기여를 인정하고 기리기 위한 커다란 청동원판 기념물이 박혀 있는 것을 보게 된다고 하더라도 놀라지 말라. 그곳의 이름은 '빛의 원점들 을 기리는 거리(The Points of Lights Monument)'인데 이보다는 '엑스트라 마일 (Extra Mile)'이라는 이름으로 더 널리 알려져 있다. 그곳의 보도 위 여기저 기에 박힌 청동원판 기념물은 미국과 세계에 전환적 변화를 가져온 행 동과 헌신적 기여를 기리기 위한 것이다. 케이스 재단이 겁 없는 도전의 정신과 그러한 행동의 진정한 모범인 유니스에게 이러한 기념물을 헌정 하는 일을 후원하게 됐던 것은 영광스러운 일이었다.

*

나는 배를 타고 바다로 나가거나 바닷가에 갈 때면 언제나 내 친구이자 내셔널 지오그래픽 전속탐험가인 엔릭 살라(Enric Sala)를 마음속에 떠올리게 된다. 그가 하는 강연을 처음 들을 때에 본 그의 모습을 나는 지금도 기억한다. 그때 머리를 뒤로 망아지 꼬리처럼 묶어 내려뜨린 젊은 엔릭은 세계에서 마지막으로 자연 그대로의 해양생태계가 유지되고 있는 수역 가운데 일부를 보호하고 구하는 작업을 돕는 일을 자신이 얼마나 열심히 하고 있는지를 스페인어 억양을 넣어가며 열정적으로 이야기했다. 나는 온몸이 얼어붙은 듯 꼼짝도 하지 못하고 집중해서 그의 강연을 들었다. 그의 통 큰 베팅은 여러 나라 정부들과 함께 2020년까지 20개의 해양보호구역을 설정하는 일을 하는 것이다. 그중에는 미국의 해역 가운데 가장 외진 곳에 있어 인간의 손을 덜 탄 청정해역 몇 군데도 포함돼 있다.

엔릭이 그러한 통 큰 베팅을 하게 된 계기는 캘리포니아 주의 라호야에 있는 스크립스 해양대학에서 교수로 재직하면서 맡은 역할이었다. 해양생태계의 취약한 상태를 조명하는 논문을 많이 발표해오던 그는 그때에 자신이 "해양의 죽음을 알리는 글을 쓰고 있다"는 사실을 깨달았다고 한다. 바다는 지구 표면의 70퍼센트 이상을 차지한다. 엔릭은 그런 바다의 중요한 부분들을 복원하고 보호하는 것은 자연의 생물 서식지와 생물종을 구하는 데 도움이 된다는 것을 잘 알고 있었다. 뿐만 아니라 바다는 우리가 들이마시는 산소의 50퍼센트 이상을 공급하고 대기를 오염시키는 탄소의 3분의 1 이상을 흡수하는 매우 중요한 역할을 한다. 해양 전문가들이 흔히 말하듯이 "바다는 지구의 허파"인 것이다.

그래서 그는 행동에 나서기로 결심했다. 새로운 해양보호구역을 설정하는 것은 전 세계 각국의 정부들과 협력해야만 할 수 있는 일임을 잘 아는 그는 우선 자신의 계획을 세상에 알리면서 내셔널 지오그래픽 협회와도 관계를 맺었다. 이어 그는 그런 일에 대한 각국 정부의 협력을 끌어내는 것은 쉽지 않은 일이라는 고정관념 또는 막연한 믿음을 하나하나 돌파해나갔다. 그는 이렇게 말하곤 한다. "나는 어느 나라에 대해서든 먼저 그 정부가 바다를 사랑하도록 만들고, 그런 다음에 그 나라의 그토록 놀라운 해역을 보호하기 위해 무슨 일이 필요한지를 그 정부에 이야기합니다."

엔릭의 노력에 힘입어 지금까지 18개가 넘는 해양보호구역이 추가로 설정됐다. 그 넓이는 모두 합쳐 500만 제곱킬로미터를 넘는다. 그는 다양한 이해관계자와 관련 조직들을 참여시키는 가운데 매우 협력적인 방식으로 그런 일을 해왔다. 그 밖에 해양보호구역 설정이 가시권이 들어온 해역도 2곳이 있다. 엔릭의 통 큰 베팅이 목표를 완전히 달성하기까지 얼마 남지 않은 것이다. 그 덕분에 많은 사람들 사이에 '해양은 중요하며 그것을 보호하는 것은 가치가 있는 일'이라는 각성이 이루어지고 있다.[15]

나는 '여왕의 정원(Gardens of the Queen)'이라는 이름으로 알려진 쿠바

연해의 원시적 수역을 엔릭이 탐사할 때에 동참해서 그의 전략이 어떻게 실행되는지를 직접 보았다. 우리는 닷새 동안 하루에 세 번씩 바다 속을 탐사했다. 쿠바인과 미국인이 섞인 공동 탐사팀은 그곳의 물고기 수를 세고 산호초의 건강도를 평가했다. 어린 시절부터 바다를 좋아해 온 나는 스쿠버다이빙을 통해 그 원시적인 바다 속을 직접 눈으로 보면서 나의 내면에서 격렬한 감정이 일어나는 것을 느꼈고, 그래서 다이빙 마스크를 쓰고 있는 상태에서 눈물을 흘릴 뻔했다. 그때에 나는 인류의 활동이 산호초의 건강을 해치기 전의 머나먼 과거에 존재했던 바다를 목격하고 있는 듯했다. 나의 키는 5피트 5인치인데, 나보다 훨씬 큰 대물 농어가 나의 옆을 헤엄쳐 지나가기도 했다. 그 수역에는 상어를 비롯해 몸집이 큰 포식어류도 많이 있었다. 나는 어디에서도 포식어류가 그렇게 많이 있는 것을 본 적이 없었다. 그 여행에서 나는 사람들의 마음을 움직여 지구상의 그러한 소중한 곳들을 보호하기 위해 할 수 있는 일을 다 하게 하는 엔릭의 능력을 목격했다.

*

큰 발상 가운데는 잘 작동하지 않는 것을 다시 제대로 이해한 데서 시작된 것이 많고, 새로운 난관돌파 가운데는 그동안 시도된 것에서 도움을 받은 것이 적지 않다. 이런 사실은 '나는 충분히 창조적이지 않다'고 생각하는 우리 모두에게 좋은 소식이다. 사라 블레이클리(Sara Blakely)는 파티에 갈 준비를 하다가 바지 안에 입는 팬티호즈가 몸매 보정을 해주는 것은 좋지만 그것의 발 부분은 없으면 좋겠다고 생각했다. 신발로 샌들을 신고 파티에 가고 싶었기 때문이었다. 그녀는 가위를 집어 들고 팬티호즈의 발 부분을 잘라냈는데, 이것이 바로 여성용 속옷 전문회사 스팽크스(Spanx)가 생겨나게 된 계기였다. 그녀는 생계유지를 위해 팩시밀리 판매원으로 일하고 있었고, 패션 디자인이나 의류 제조에는 아무런 경험도 없었다. 그녀는 틈이 나는 대로 패션과 의류에 관해 배울 수 있는 모든 것을 배우려고 노력했고, 의류 제조공장을 견학하기 위해 먼 곳까지 여행하기도 마다하지 않았다. 결국 자신의 제품을 만들어낸 그녀는 그 견본을 들고 마케팅에 나섰다. 어느 날 이른 오전에 그녀는 니만 마커스 백화점의 구매담당자를 만나 교섭하다가 여성인 그 구매담당자가 의심쩍은 표정을 지우지 않자 새로운 발상으로 그녀를 데리고 화장실로 가서 자신의 제품을 직접 입어 보이면서 그 제품의 장점을 설명했다. 니만 마커스 백화점은 결국 그녀의 첫 거래처가 됐다. 오프라 윈프리는 스팽크스의 제품을 자기가 가장 좋아하는 것 가운데 하나로 꼽았다. 이후 사라 블레이크의 사업은 순풍에 돛 단 격이었다. 그녀가 5천 달러를 투자해 시작한 회사가 오늘날에는 매년 몇억 달러의 매출을 올리고 있다. 그녀는 지금 여성 기업가들을 위한 필랜스로피를 선도하고 있기도 하다. 그녀는 이렇게 조언한다. "자신이 알지 못하는 것 앞에서 겁먹지 마십시오. 그런 것이 있다는 것이 오히려 당신에게 최대의 강점이 될 수 있고, 당신으로 하여금 확실하게 다른 모든 사람과 다르게 행동하게 합

니다." 사라는 기업가 정신이 무엇인지를 보여주는 하나의 사례다.[16]

나를 포함해 케이스 재단 사람들은 미국 전역에서 변화를 선도하는 사람들과 함께 활동하는 과정에서 기존 질서를 뒤흔들어 무너뜨려야 할 영역이 아직도 많이 남아 있음을 알게 됐다. 많은 기존 질서가 그러한 파괴의 손길을 기다리고 있는 것이다. 나는 여러 해 전에 텍사스 주의 오스틴에서 열린 연례 '사우스 바이 사우스 웨스트(SXSW) 콘퍼런스'에 참석해 젊은 두 기업가의 맞은편 자리에 앉아 그들과 대화를 나눴던 일을 기억한다. 날씨가 쾌창했던 그날 오후에 나는 이런저런 기업가들이 들락거리는 호텔 안 회의실에서 시간을 보내고 있었다. 그들 가운데 데이비드 길보아(David Gilboa)와 닐 블루멘털(Neil Blumenthal)이 단연 돋보였다. 두 사람은 안경점이라는 오래된 사업부문을 뒤흔들 구상을 가지고 있었다.

데이비드와 닐이 와튼 스쿨의 MBA 과정에서 공부할 때 데이비드의 안경알이 깨진 일이 있었다. 주머니 사정이 빠듯한 데이비드는 속상해하면서 안경점에 700달러를 주고 안경알을 새로 맞춰 끼울 수밖에 없었다. 그때 두 사람은 '더 나은 방식이 있지 않을까?' 하고 생각했다. 그렇지 않아도 데이비드는 안경과 관련된 사회활동을 하는 비전스프링(VisionSpring)이라는 비영리 조직에서 일한 적이 있었다. 이 조직은 개발도상국에 사는 가난한 여성들이 안경점 사업을 시작할 수 있도록 직업교육을 제공했다. 그 직업교육을 받은 여성들이 운영하는 안경점에서는 대체로 하루 소득이 4달러에 못 미치는 사람들이 찾아와 시력검사를 받고 적당한 안경을 저렴한 가격에 살 수 있었다. 이 조직은 10개 나라로 활동범위를 넓혀 몇천 명의 여성 사업자들을 지원하게 됐고, 그러다 보니 자체 인력도 2명에서 30명으로 늘어났다. 데이비드는 그러한 과정에서 이 조직의 활동에 힘을 보탰다. 그러나 그때에는 데이비드가 비영리 부문에서 생겨난 아이디어를 민간 부문으로 옮기면 사업 아이템이 될 수 있다는 생각은 미처 하지 못했다. 그런데 나중에 와튼에서 공부하던 중에 데이비드는 자신의 안경알이 깨진 일을 계기로 닐과 함께 안경점 사업에 뛰어들 생각을 하게 됐다. 두 사람은 처음부터 단지 안경 사업을 하는 기업 하나를 설립해 운영한다는 차원에 머물지 않고 그것은 자신들의 사회적 사명을 실천하는 길이라고 생각했다.

두 사람은 자신들에게 단순한 질문 하나를 던졌다. "안경을 온라인으로 판매하는 사람이 그동안 왜 없었을까?" 아마도 그렇게 하는 것은 불가능하다고 대부분의 사람들이 생각했을 것이다. 그 이유 가운데 하나는 안경 산업이 판매경로와 가격을 통제하는 독과점 체제의 지배를 받고 있다는 점이었을 것이다. 그런데 그로 인해 높게 설정된 가격의 부담이 소비자에게 고스란히 전가된다는 점을 문제 삼는 사람은 별로 없었다. 시력이 좋지 않은데도 안경의 가격이 비싸다 보니 아예 안경 없이 살아가는 사람들이 많이 있는데도 그랬다. 또 하나의 이유는 도수를 주의 깊게 맞춰야 하는 안경처럼 개인별로 다르게 만들어져야 하는 제품은 사람들이 온라인으로 구매하고 싶어 하지 않는다는 것이었다. 게다가 온라인 안경점을 어떤 방식으로 운영해야 하느냐는 것도 문제였다.

두 사람은 각 개인의 시력검사 결과에 맞춰진 안경알과 멋있는 안경테를 결합한 안경 상품을 다양한 형태로 제시해서 고객이 스스로 선택할 수 있게 하는 방법을 찾아내야 했다.

데이비드와 닐은 2010년에 와튼 스쿨의 '벤처 이니셔티브 프로그램'으로부터 2500달러의 시드머니를 투자받아 회사를 설립하고 다양한 스타일의 안경을 95달러라는 저렴한 가격에 내놓으면서 힙스터 코드의 마케팅 프로그램을 가동했다. 두 사람은 그 회사의 이름을 워비 파커(Warby Parker)라고 지었는데, 이것은 잭 케루악(Jack Kerouac)의 소설 속 등장인물 두 명의 이름을 이어 붙인 것이었다. 워비 파커는 한 달 만에 초도물량을 완판했을 뿐만 아니라 2만 명의 구매대기자 명단도 확보했고, 일 년 안에 큰 규모의 투자를 유치했다. 두 사람은 자신들이 벌인 사업의 개념을 보다 완전한 것으로 다듬어나갔다. 그들은 고객이 안경 상품을 구입하기 전에 자기 집에서 한번 사용해볼 수 있게 하는 혁신적인 프로그램을 도입했고, 여러 지역에 소매점 망을 구축했으며, 시력검사용 앱도 개발해 제공했다. 오늘날 워비 파커는 1400명의 종업원과 65개의 소매점을 거느린 회사로 성장했으며, 그 기업가치는 17억 5천만 달러에 이른다.

데이비드와 닐이 워비 파커를 통해 거둔 성공의 과실을 활용해 빈곤한 사람들에게 안경을 공급하는 일에 나선 것은 그들의 사업 취지를 고려하면 놀랄 일이 아니다. 무엇보다도 '바이 어 페어, 기브 어 페어(Buy a Pair, Give a Pair)' 프로그램이 그 독특한 운영방식으로 눈길을 끈다. 워비 파커는 이 프로그램을 통해 개발도상국에서 안경점 사업을 해보겠다는 사람들에게 직업교육을 시키고 필요한 장비를 갖추도록 도와준 뒤에 자사의 안경 상품을 판매하게 하는데, 이들을 통해 안경 한 개가 팔리면 빈곤한 사람에게 안경 한 개를 무료로 전달한다. 이 프로그램을 통해 지금까지 공급된 안경은 모두 400만 개에 이른다. 모든 사람에게 저렴한 안경을 공급한다는 원칙에 전 세계의 빈곤층 인구 가운데 돈이 없어서 안경을 사용하지 못하는 사람들을 가급적 줄여보려는 프로그램을 결합해서 그러한 이중의 목표를 동시에 추구하는 워비 파커의 모습은 고정관념을 깨뜨리는 사회적 기업의 모범이 되고 있다.[17]

> *"중요한 것은 당신이 축적할 수 있는 부의 양이나 당신이 남길 수 있는 이윤의 양이 아니라 당신이 만들어낼 수 있는 영향과 변화입니다."*
> *- 닐 블루멘털*

변호사인 브라이언 스티븐슨(Bryan Stevenson)은 언제나 고정관념을 깨뜨리는 삶을 살아왔다. 그의 가장 야심찬 노력은 과거부터 이어져온 인종간 불평등의 피해자들이 대규모로 감옥에 들어가는 현상을 종식시키기 위한 활동이다.[18]

그는 이렇게 말한다. "우리 사회의 각 개인은 그가 저지른 가장 나쁜 행위보다는 더 나은 인격체라고 나는 믿습니다." 그가 주도하는 '평등사법 이니셔티브(Equal Justice Initiative)'는 소박하게 시작됐지만 사법개혁 운동 전체에서 중요한 하나의 세력이 됐다. 이 조직은 과도한 형벌 선고와 불공정한 판결을 막고, 억울한 사형수의 무죄를 밝히고, 수감자나 정신 질환자에 대한 학대를 폭로해 시정시키고, 성인으로 기소된 미성년자에게 법률적 지원을 제공하는 등의 활동을 펼치고 있다. 브라이언은 〈퍼시픽 스탠더드〉라는 잡지에 실린 인터뷰에서 이렇게 말했다. "미국에는 유색인이 감당해야 하는 질곡이 존재합니다. 그들은 위험하다는 가정이 많은 사람을 내리누르고 있습니다. 우리가 이런 질곡에 대해 이야기하지 않는다면, 우리가 그것이 구체적으로 어떤 것인지를 지적하지 않는다면 그것은 더욱 더 극복하기 어려운 것이 될 것입니다. 유색인은 그와 같은 가정을 우회하며 살아가야 하는데, 그렇게 하는 것은 사람을 지치게 만듭니다."[19]

그는 그렇게 해서 지치는 것이 어떤 것인지를 잘 안다. 그는 '브라운 대 교육위원회(Brown v. Board of Education)' 사건에 대한 최종 판결이 나오기 전에 흑인과 백인을 분리해 교육하는 초등학교에 입학했다. 델라웨어 주에 있는 그 초등학교는 이듬해에 흑백분리 관행을 폐지하고 흑백통합 교육으로 전환했지만, 그 뒤에도 그는 쉬는 시간에 운동장에 있는 놀이 기구 정글짐에 올라가 놀지 못했다. 엄마와 함께 병원에 가서도 그는 뒷문으로 들어가야 했다.

브라이언은 미국에 사람들을 구별하는 분리선이 있음을 직접 경험했고, 그 분리선을 건너뛸 기회를 얻지 못해 인생에서 실패한 사람들의 처지에 마음 깊이 공감했다. 그의 영향력 있는 저서 《정의로운 동정: 정의와 속죄에 관한 이야기》에 이렇게 씌어 있다. "서로에 대한 동정심의 결여는 지역사회나 국가의 품격을 떨어뜨린다. …… 공포와 분노는 우리로 하여금 앙심을 품게 하고, 남에게 가학적인 태도를 갖게 하며, 정의롭지 않거나 불공정한 사람이 되게 한다. 그리고 마침내는 그 결과로 우리 사이에 동정심이 결핍되어 우리 모두가 그로 인한 괴로움을 겪게 될 뿐 아니라 우리가 남을 희생양으로 삼을수록 우리 모두가 곤경에 처하게 된다. 우리 사회가 대규모의 수감과 최고 수위의 징벌에 가까이 다가갈수록 우리 모두에게 동정심과 정의가 필요하며 어쩌면 어느 정도의 과분한 용서가 필요할지도 모른다는 점을 우리 모두가 그만큼 더 인정해야 한다고 나는 생각한다."

브라이언은 미국 대법원에서 진행된 몇 건의 재판에서 그러한 취지의 변론을 성공적으로 해냈다. 2017년에 대법원이 "특정한 범행의 경우에는 17세 이하의 청소년에게 가석방 없는 종신형을 선고해야 한다고 규정한 법률은 위헌"이라는 판결을 내렸는데, 이것은 그가 노력해 얻어낸 역사적인 판결이었다.

이 판결에 대해 브라이언은 다음과 같이 말했다. "형량을 선고하는 판사가 청소년이 가진 특수한 지위와 변화의 잠재력을 고려하지 못하게 하는 의무적 종신형 선고에 관한 법률 규정에 내재된 근본적인 불공정성을 인정함으로써 대법원이 의미 있는 한걸음을 내디뎠습니다. 이것은 대법원이 형사 사법체계에서 청소년은 더 많은 주의와 보호를 필요로 하는 존재임을 인정한 판결입니다." 그것은 곧 동정심이다. 그러한 동정심은 우리 사회의 구성원 모두에게 우리의 고정관념을 내려놓고 진정한 정의가 실현되도록 하라고 요구한다.

통 큰 베팅의 가장 공통된 특징은 관습적인 지혜에 위배되거나 아직 입증되지 않은 믿음에 도전한다는 점이다. 통 큰 베팅을 하는 사람은 이런 태도를 취하기 때문에 다른 사람들이 그의 대담한 발상에 대해서는 물론이고 그 개인에 대해서도 무시하거나 과소평가하는 반응을 보이는 경우가 흔하다. 그러나 "그건 이루어질 수 없는 일이야"라는 말을 듣는 사람이라면 그는 아마도 뭔가 큰 것을 붙잡은 것이라고 생각해도 될지 모른다! 이 장에서 소개된 이야기들은 세상 사람들이 고려에서 빼버리려고 하는 사람들을 포함해 어느 곳의 누구에게서든 큰 발상이 나올 수 있다는 것을 우리에게 가르쳐준다. 당신은 당신이나 당신의 발상에 대한 불신에 부닥쳤을 때에 군세게 맞서면서 당신을 의심하는 사람들을 스스로 동기부여의 원천으로 활용할 수 있겠는가? 당신은 그런 사람들이 의문을 제기할 때에 "나를 지켜만 봐"라고 말하는 것으로 대답할 수 있겠는가?

04 주위를 살펴보라

창조나 발명은 여론에 좌우되지 않는다. 헨리 포드는 "사람들에게 무엇을 원하느냐고 물으면 '더 빨리 달리는 말'을 원한다는 답변이 돌아오곤 했다"는 유명한 말을 남겼다. 미래를 내다보고 새로운 현실을 창조하고자 하는 사람이라면 주위의 구석구석을 살펴서 다른 사람들이 보지 못하는 것을 볼 수 있어야 한다. 자동차가 처음 만들어졌을 때에 사람들의 관심은 곧바로 그 괴상하게 생긴 새로운 기계의 단점, 즉 그 위험성에 쏠렸다. 새로운 것에 대한 사람들의 반응은 언제나 그렇다. 오늘날 무인자동차에 대해 두려워하는 사람들의 태도를 생각해보라. 역사상 가장 중대한 혁신 가운데 다수는 미래를 내다보고 남보다 앞서서 꿈꾸고 앞으로 나아가면서 세상이 자기를 따라오기를 기다려야 했던 사람들로부터 나왔다.

어떤 혁신을 세상의 주류가 받아들이기에 이르면 그 혁신이 시도되기 전의 삶이 어땠는지를 사람들은 쉽게 잊어버린다. 인터넷 연결이 더 이상 가능하지 않게 된다면 우리의 삶이 어떤 모습이 될지를 그 누가 제대로 상상할 수 있겠는가? 하지만 불과 20여 년 전인 1995년에는 컴퓨터를 가지고 있는 가정이 넷 중 하나뿐이었다! 아메리카 온라인이 설립된 1985년에 미국은 온라인 상태와는 거리가 아주 멀었다. 그때에는 미국 사람들 가운데 단지 3퍼센트만이 온라인 상태였고, 그 3퍼센트도 실제로는 일주일에 평균 한 시간씩만 온라인 연결을 했다. 컴퓨터를 이용할 줄 아는 능력을 요구하는 직장은 별로 없었고, 호주머니에 스마트 기기를 넣고 돌아다니는 사람은 아무도 없었다. 우리가 AOL에서 일하면서 "나한테 이메일이 무슨 소용이 있다는 말인가?" 또는 "내가 하는 일에는 인터넷 연결이 필요하지 않다"는 말을 얼마나 많이 들었는지를 나는 분명하게 기억하고 있다.

그러나 그때에 우리는 생각과 정보에 대한 접근을 민주화한다는 사명을 실천에 옮기고 있었고, 그래서 강력한 인터넷 서비스를 세상에 제시했다. 그리고 우리는 우리의 비전을 끈질기게 고수했다. 우리의 고객이 100만 명을 돌파하는 데는 7년이 걸렸지만, 다시 100만 명이 늘어나 200만 명이 되는 데는 7달밖에 걸리지 않았다. 오늘날에는 컴퓨터를 더 이상 사용하지 않는 사람들도 생겨났다. 그들은 그러나 그 다음 세대의 정보통신 기기인 태블릿이나 스마트폰을 사용한다.

주위를 살펴보는 일은 세상의 추세가 어디로 향하고 있는지를 관찰하는 것과 관련이 있거나 자기가 나서서 어떤 새로운 추세가 시작되게 하는 것과 관련이 있다. 아마존(Amazon)은 이런 일을 앞장서서 실행해 온 두드러진 사례다. 사람들이 자신의 신용카드 정보를 온라인에 올리는 것에 대해 아직 불안감을 가지고 있을 때에 아마존은 소비자들로 하여금 안심하고 온라인으로 상품을 구매할 수 있게 했다. 이제는 사람들이 자신의 신용카드 정보를 저장하고, 자신의 구매 패턴을 추적하고, 자신이 좋아할 만한 상품을 자신에게 개인적으로 추천하는 것을 기업들에 허용하고 있다.

아마존의 설립자 제프 베이조스는 아마존이 테크놀로지 산업의 초창기에 그야말로 통 큰 베팅을 하고 나섰을 때부터 나의 친구였다. 제프가 살아온 이야기는 여러 측면에서 겁 없는 도전의 원칙과 아메리칸 드림 둘 다의 전형적인 구현이다. 제프의 엄마는 열일곱 살의 고등학생이었을 때에 그를 낳았다. 제프가 네 살이 됐을 때에 그의 엄마는 쿠바인 이민자와 결혼했다. 제프와 알고 지내온 우리는 그의 부모가 그의 삶에서 믿기 어려울 정도의 역할을 하는 것을 직접 목격했다. 제프의 할아버지는 텍사스에 목장을 가지고 있었는데, 제프는 어린아이였을 때에도 그 목장에서 허드렛일을 했지만 성장해서도 여름에는 그 목장에 가서 지내곤 했다. 그가 성장하는 동안에 그 목장에서 한 일은 그의 내면에 상황 대응 감각과 자신감을 심어주었다. "우리는 풍차를 고쳤고, 급수관을 놓았고, 담장을 세웠고, 마구간을 지었고, 불도저를 수리했습니다." 그는 〈비즈니스 인사이더〉와의 인터뷰에서 이렇게 말했다. 그러면서 그는 자기가 목장에서 일한 경험에서 얻은 교훈에 대해 이야기했다. 그것은 문제 해결은 철저하게 현실적인 관점에서 해야 한다는 것, 팀워크가 중요하다는 것 등이다.

제프는 프린스턴 대학에서 공부하고 월스트리트에서 성공의 길을 찾고자 했다. 1994년에 젊은 헤지펀드 매니저였던 그는 부모님에게 인터넷 회사를 창업하려고 한다고 말했다. 아버지의 첫 반응은 "인터넷이 뭔데?"라는 질문이었다. 하지만 제프는 인터넷 붐을 보여주는 숫자에 매료된 상태였다. 인터넷이 일 년 만에 2300퍼센트나 성장했다는 기사를 읽은 그는 인터넷을 통해 팔 수 있는 상품으로 어떤 것이 있는지를 찾았다. 20개의 상이한 품목에 대해 조사를 해본 뒤에 그는 결국 책을 선택했다. 부모님이 그에게 첫 번째 투자자가 돼주었다. 부모님은 그동안 저축한 돈의 대부분을 그에게 건네주었다. 나중에 그가 말했듯이 당시에 부모님이 아들의 사업구상에 베팅을 한 것은 아니었다. 그들은 그 사업구상을 이해하지도 못했다. 그들은 아들에게 베팅을 한 것이었다. 제프가 부모님에게 투자한 돈 전부를 잃게 될 확률이 70퍼센트라는 경고의 말을 했지만 부모님은 그 베팅을 거둬들이지 않았다.

제프도 자신의 모험이 나중에 어떤 결과를 가져올지를 알지 못하고 있었다. 그럼에도 그는 돈을 많이 벌 수 있는 월스트리트의 직업경력을 이어가기를 중단하고 새로 일어나는 테크놀로지 시장에 뛰어들었다. 이에 대해 그는 나중에 이렇게 설명했다. "내가 여든 살이 됐을 때에 예를 들어 가장 상황이 좋지 않은 시기였던 1994년에 왜 월스트리트의 보너스를 버리고 거기에서 걸어 나왔는지를 생각하는 일은 결코 없으리라는 것을 나는 알고 있었다. 그런 종류의 것은 여든 살에 걱정하거나 후회할 거리가 아니다. 그러나 그와 동시에 나는 당시에 혁명적인 사건이 될 것이라고 생각한 인터넷이라는 것에 동참하지 않으면 그것은 정말로 후회할 일이 될 수 있다고 생각했다. 그때에는 내가 그렇게 생각하고 있었고, 그래서 그런 결정을 내리는 것이 믿을 수 없을 만큼 쉬웠다." 그것은 그의 통 큰 베팅이었던 것이다.

> **"발견에는 언제나 의외성이 개재된다."**
> *- 제프 베이조스*

제프가 뭔가 큰 것을 붙잡았다는 것은 곧 확인됐다. 아마존 닷컴은 한 달 만에 2만 달러의 매출을 올렸다. 일 년 뒤에는 제프가 800만 달러의 자본금을 확보했고, 아마존은 1997년에 증시에 상장했다. 그 다음 해에 아마존은 음악과 비디오도 판매하기 시작했고, 곧이어 전자제품, 가사용품, 장난감 등도 속속 내놓았다.[20]

아마존이 미국에서 가장 성공적인 기업 가운데 하나로 성장해가면서 제프의 혁명적인 사업모델에 대한 논란이 일어났다. 경제학자 폴 크루그먼(Paul Krugman)은 "아마존은 너무 큰 힘을 갖고 있고, 미국에 해를 끼치는 방식으로 그 힘을 사용하고 있다"고 주장했다. 소매업 경기가 부진한 것을 아마존 탓으로 돌리는 다른 사람들도 같은 견해를 피력했다. 그러나 아마존이 소매업계의 매출을 위축시킨 것은 아니라고 말하는 사람들도 있었다. 제프는 시장의 추세를 정확하게 인식하고 소비자들이 원하는 것에 부응하는 기업을 설립해서 그것을 가지고 그 추세에 올라 탄 것이었다. 소비자들이 원하는 것은 더 넓은 선택범위, 더 편리한 구매방식, 더 저렴한 가격이었다.

뿐만 아니라 아마존은 주위를 살펴보면서 새로운 기회를 찾아가며 혁신을 계속했다. 제프가 2007년에 전자책 단말기 킨들(Kindle)을 내놓기 전에 출시돼 있었던 전자책은 그리 많지 않았다. 다운로드가 가능한 전자책은 2만 종에 불과했다. 아마존은 이를 9만 종으로 늘리면서 킨들을 판매하기 시작했다. 오늘날에는 아마존의 킨들 스토어에서 구매 후 다운로드할 수 있는 전자책이 500만 종 이상이며, 그 밖에 추가로 몇백만 종의 전자책을 다른 사이트들에서 구할 수 있다. 책 판매 이외의 다른 분야에서도 아마존은 기존의 틀을 깨뜨리는 시도를 통해 변화를 가져왔다. 비디오 스트리밍 서비스도 그런 분야 가운데 하나이며, 수많은 가정에서 사용되고 있는 음성인식 인공지능 비서 알렉사(Alexa)와 같은 각종의 스마트 기기도 그렇다.

제프 베이조스의 아마존 창업에 관한 이야기는 널리 알려져 있다. 하지만 그의 이야기만큼 널리 알려지지는 않았지만 누군가가 주위를 살펴보다가 기회를 포착하고 통 큰 베팅을 한 사례가 매일같이 이어지고 있다. 그 가운데 내가 가장 화제로 삼기 좋아하는 사례는 내셔널 지오그래픽의 펠로(Fellow)인 사라 파캑(Sarah Parcak)의 이야기다. 그녀는 상금 100

만 달러가 걸린 테드상(TED Prize)의 2016년도 수상자로 선정됐다. 그녀의 직업명이 '우주고고학자(Space Archeologist)'라는 사실이 나로 하여금 처음으로 그녀가 하는 일에 관심을 갖게 했다. 뿐만 아니라 그녀의 트위터 핸들이 '@IndyFromSpace'라는 점도 그녀에 대한 나의 관심을 증폭시켰다. 활기에 넘치는 그녀가 자신의 전문분야와 관련해 보여주는 열정은 강한 전염성을 가지고 있다. 그녀는 가장 최신의 기술을 사용해 지구상의 오래된 구조물을 찾아내는 일을 한다. 지구의 땅 속에는 오랜 세월이나 자연적인 원인으로 인해 묻혀버린 피라미드나 사원과 같은 오래된 문화적 보물이 많이 있는데, 그녀는 위성을 이용해 그런 것들의 위치를 알아내는 방법을 고안해냈다. 그동안 제한적인 정보만을 가지고 땅을 파기 시작하던 고고학자들이 이제는 그녀 덕분에 고고학적 유물이 발견될 가능성이 가장 높은 '핫 스폿(hot spot)'에 집중할 수 있게 됐다.

사라는 미국 메인 주의 뱅고어(Bangor)에서 어린 시절을 보낸 것이 자신을 그런 일을 하도록 이끌었다고 말한다. 그녀는 어렸을 때에 성게의 일종인 샌드달러를 줍기 위해 뱅고어의 바닷가를 몇 시간씩 돌아다니곤 했다. "샌드달러는 찾아내기가 어려운 것이었다"고 그녀는 말한다. "샌드달러는 바닷가의 모래밭 속에 묻혀 있기 때문에 쉽게 찾아낼 수 없었다. 그러나 시간이 흐르면서 나는 그것을 찾아내는 데 능숙해졌다. 나는 모래밭 위에 형성된 무늬의 패턴을 알아보기 시작했고, 그것이 샌드달러를 찾아내는 데 도움이 됐다." 바닷가에서 모래밭을 파헤치던 어린 시절의 경험은 패턴인식 기법에 대한 관심으로 발전했고, 결국은 땅 속에

묻힌 것을 찾아내는 일에 대한 열정으로 이어졌다. 그녀가 고안해낸 혁신적인 위성기술 활용법은 고고학자들이 그동안 발견되지 않았던 피라미드 가운데 지금까지 17개를 추가로 발견할 수 있게 해주었다.[21]

그런데 사라의 꿈은 거기에서 멈추지 않았다. 그녀가 테드상을 받게 된 것은 그녀의 또 다른 희망이 높은 평가를 받았기 때문이었다. 그 희망은 '이라크-레반트 이슬람국가(ISIS)'와 같이 종교적 극단주의에 입각해 활동하는 조직이나 문화재 도굴꾼과 같이 문화재를 파괴하거나 악용하는 세력으로부터 위협을 받고 있는 문화재를 찾아내고 보호하는 일에 세계 각지의 '시민 과학자'들이 동참하게 하는 것이다. 테드상 시상식에서 그녀는 이렇게 선언했다. "고고학자는 수십 억 명에 이르는 지금의 인류와 과거에 존재했던 수천 가지 문명을 위해 문화적 기억을 보존하고 문화적 대변자의 역할을 하는 사람이어야 합니다. 나는 아직도 발견되지 않은 채 남아 있는 고고학적 유적이 매우 많다고 믿고 있습니다. 그런 것들을 찾아내는 일은 바로 우리의 삶이 지닌 잠재력을 재확인하는 일입니다."

전 세계의 고대 유적지를 찾아내어 보호해야 할 절박한 필요성은 사라로 하여금 생각을 크게 하도록 이끌었다. 사라는 찾아내야 할 유적지가 엄청나게 많다는 사실을 알기에 200명 남짓한 우주고고학자들이 아무리 초인적인 노력을 기울인다고 해도 해결해야 할 문제의 크기에는 못 미친다는 점을 이해했다. 그러면 그녀는 어떤 큰 발상을 했을까? 그것은 고고학을 민주화해서 21세기에 걸맞은 지구적 탐험대를 만들고 훈련시키는 것을 통해 고대 유적지를 탐색하자는 것이었다. 그녀는 테드상의 상금으로 받은 돈으로 시민 과학자들의 자발적 참여를 이끌어내기 위한 크라우드 소싱 방식의 온라인 플랫폼을 구축하는 일에 나섰다. 그녀는 이를 통해 전 세계의 시민들에게 미발견 유적지를 탐색하고 찾아낼 기회를 제공하고자 했다. 이러한 '빅 데이터'식 접근법은 전 세계적인 탐사 열기를 불러일으키는 데 기여해왔다. 우주에서 찍은 지구 표면의 헤아릴 수 없이 많은 작은 사진 '조각'들, 그러니까 정사각형의 지역들을 탐사해서 다수의 나라에서 고대 유적지일 가능성이 있거나 고대 유적지의 특징을 나타내는 곳을 모두 몇만 개나 가려냈다. 이런 기여를 가장 많이 한 사람들 가운데는 나이가 90대인 할머니도 있었다. 그녀는 1950년대에 집 뒷마당에서 남편과 함께 화석을 하나 캐낸 것을 계기로 고고학에 대한 열정을 갖게 됐다고 한다. 이런 그녀의 이야기는 어디에 사는 누구든 세계적인 문화유산을 보존하는 일에 뭔가 도움을 줄 수 있음을 보여준다.

이 장에서 소개된 이야기들이 증명하듯이 많은 통 큰 베팅이 추세가 어디를 향하는지를 관찰하거나 새로운 추세를 만들어낼 행동을 시작한 결과로 이루어진다. 그리고 미래를 보여주는 수정구슬 같은 것은 존재하지도 않지만 누군가가 대담하게 지금과는 다르며 그렇기에 그동안 아무도 본 적이 없는 모습의 미래를 상정하고 그것을 추구했기에 실행됐다. 당신은 어떤 종류의 세계를 보게 되기를 원하는가? 당신은 어떤 종류의 미래를 건설하기를 원하는가? 중요한 점은 당신의 비전에 딴지를 거는 사람들을 물리치면서 인내심을 가지고 끈질기게 당신의 목표를 향해 나아가야 한다는 것이다.

05 자 이제, 통 큰 베팅을 하라

나는 고등학생 시절의 어느 날엔가 교장선생님과 함께 걸어가던 중에 그로부터 "네가 달성하겠다고 한 목표에 그동안 어느 정도나 다가갔지?"라는 질문을 받았다. 나는 다소 수줍어하면서 "그렇게 할 시간이 없었던 것 같아요"라고 대답했다. 그러자 그는 걷기를 멈추고 내 얼굴을 바라보면서 이렇게 말했다. "중요한 일이라면 그 일을 할 시간이 날 때까지 기다려서는 안 돼. 시간을 만들어내서라도 그 일을 해야 하는 거야." 그날의 그 교훈을 나는 지금까지 잊지 않고 있다. 그래서 나는 종종 내 일정표를 들여다보면서 지금 정말로 중요한 일은 무엇인가를 점검하곤 한다.

당신은 자신의 개인적인 삶이나 직업상의 일에서 통 큰 베팅이라고 할 만한 것을 가지고 있는가? 오늘 당신이 내리는 결정은 미래에 당신에게 일어날 일에 영향을 미칠 수 있다. 오늘 당신이 어떤 인간관계를 맺느냐, 직업상 누구와 손을 잡느냐는 물론이고 개인적인 시간을 어떻게 보내느냐도 의미 있는 투자가 될 수 있다. 그렇다면 그 투자가 어떤 목표를 위한 것이냐가 문제가 된다. 누구든지 잠시 멈춰 서서 지금 걸어가는 길이 나를 나의 목표에 다가가게 해주는지를 점검해보려고 하지 않고 그저 가던 길을 계속 걸어가기가 쉽다.

파클랜드 고등학교 학생들은 어느 날 다가오는 시험을 걱정하고 졸업식 날까지 얼마나 남아 있는지를 헤아리면서 학교에서 공부를 하고 있다가 갑자기 벌어진 총기난사 사건으로 인해 평상적인 삶의 궤도에서 이탈하게 되는 경험을 했다. 그들은 그런 일에 대비가 돼있지 않았다. 사실 누군들 그런 일에 대비가 돼있을 수 있을까? 하지만 그들 가운데 다수가 그 사건을 절박하게 필요한 변화를 일으킬 기회로 삼았다. 브라이언 체스키와 조 게비아는 통 큰 베팅은 고사하고 그 어떤 종류의 베팅이라도 하는 데 필요한 자금을 갖고 있지 않았다. 그러나 해결해야 하는 문제가 생기자 두 사람은 '바닥에서부터' 해결책을 만들어냈다(두 사람은 실제로 방바닥에 까는 에어매트리스부터 준비했으니 '바닥에서부터'라는 표현을 써 놓고 보니 그야말로 실감이 난다). 사라 블레이클리는 고작 아이디어 하나와 5000달러를 가지고 시작했지만 끈질기게 '발품을 팔아서'(이렇게 표현했다고 해서 그녀가 불쾌해 하지는 않으리라 믿는다) 스팽크스를 창업하고 만들고자 했던 제품을 만들어낼 수 있었다. 제프 베이조스는 "퍽이 어디에 있는지를 보지 말고 어디로 가는지를 보라"는 탁월한 아이스하키 선수 웨인 그레츠키(Wayne

Gretzky)의 말에서 힌트를 얻었는지는 알 수 없지만 어쨌든 추세를 주의 깊게 관찰했다.

당신이라면 어떻게 시작하겠는가?

미래를 내다보는 사고를 하는 것과 삶의 주어진 상태를 당연시하기를 거부하는 것이 당신에게는 어떤 의미가 있는가? 바로 그렇게 해서 대단한 일을 해낸 사람들의 사례가 아주 많다. 무인자동차가 처음 제안됐을 때에는 그것이 공상과학소설과 같은 것으로 여겨졌다. 그런데 오늘날에는 무인자동차가 실용화 단계에 들어섰다. 물품배달 서비스에 이미 활용되기 시작한 드론도 마찬가지다. 지금은 우리가 텔레비전 수상기나 지상통신선에 연결해 사용하는 전화가 없는 미래를 쉽게 내다볼 수 있다. 모든 가정에 깨끗한 물을 공급하는 시스템의 구축, 청정연료 기술의 실용화, 새로운 식품원료의 개발 등도 쉽게 상상할 수 있다. 그렇게 하는 것이 당신에게는 무슨 의미가 있는지를 지금 있는 자리를 출발점으로 해서 생각해보라. 당신은 아직 상상되지도 않은 미래를 창조해가는 과정에서 나름의 역할을 할 수 있겠는가?

"미래를 예측하는 최선의 방법은 미래를 창조하는 것이다." 이 말을 처음으로 한 사람으로 에이브러햄 링컨이 지목되기도 하고 경영학의 대가인 피터 드러커가 지목되기도 한다. 그러나 이 말을 처음으로 한 사람이 누구이든 간에 이 말의 취지는 되새겨볼 가치가 있다. 그러니 당신도 통 큰 베팅을 할 생각이 있다면 바로 실행에 나서라. 당신의 목표를 분명하게 정하고 그것을 어렵지 않게 해낼 수 있는 부분들로 그것을 쪼개

라. 원대한 생각도 그것이 실현되게 하려면 우선 첫걸음을 내디뎌야 한다. 그런 다음에 자기가 어디로 향하고 있는지를 알게 되면 그때 그 방향으로 당신의 깃발을 세워라. 대담한 시도가 성공한 사례를 돌이켜보면 그 시작에 어떤 약속이 있었던 경우가 많다는 점에 주목하라. 인간을 달에 보낸다는 목표는 "우리는 10년 안에 달에 가기로 결심했다"는 케네디 대통령의 선언으로 현실적인 것이 됐다. 나는 언젠가 한 모임에서 케네디 대통령의 문샷 약속에 관해 이야기한 적이 있다. 그때 그 자리에 있었던 우주비행사의 아내는 케네디 대통령이 사람을 우주로 보내는 일에 관해 이야기할 때에 그와 동시에 우주로 보낸 사람이 안전하게 지구로 돌아오게 할 것이라는 말도 했다고 지적했다. 그것도 케네디 대통령의 베팅에서 큰 비중을 차지하는 부분이었다. 당신은 어떤 문샷을 약속하려고 하는가? 그리고 어떤 방법으로 그 문샷이 현실적 토대를 갖게 하려고 하는가?

통 큰 베팅을 하기 위해서는 당신의 북극점, 즉 당신에게 앞으로 나아갈 힘을 불어넣어주는 목표에 꾸준히 집중해야 한다. 그동안 나의 북극점은 다른 사람들의 능력을 강화하는 것이었다. 진북(True North)의 방향을 놓치지 않고 그 방향으로 가다 보면 당신의 북극점에 도달할 수 있다. 북극점의 위치는 달라지지 않는다. 진북의 방향으로 가라는 말을 어떤 하나의 직업이나 어떤 한 가지의 노력과 관련시켜서 받아들여서는 안 된다. 진북의 방향이란 당신이 반드시 가야 할 곳으로 언제나 당신을 이끌어주는 방향을 가리킨다.

앞에서 소개한 변화 선도자들을 다시 살펴보면 그들은 모두 우리가 살아온 세상과는 어떤 식으로든 현저하게 다른 세상을 추구했다는 사실을 알 수 있다. 바버라 반 달렌에게는 그것이 전쟁터에 나갔던 병사들이 무사히 집으로 돌아와 건강하게 가족을 부양하며 살아갈 수 있는 세상이었다. 레이철 수멕에게는 굶주리는 대학생이 없는 세상, 애스트로 텔러에게는 '해결하는 것이 불가능해 보이는' 문제를 테크놀로지로 해결하는 세상, 파클랜드의 학생들에게는 총기소유보다 아이들의 생명이 더 중시되는 세상, 유니스 슈라이버에게는 장애를 갖고 있다는 것이 더 이상 삶에서 승리하는 것을 방해하지 않는 세상이 그것이었다.

이러한 사람들이 다양한 삶의 환경에서 나왔다는 것이 나로서는 가장 눈에 띄는 사실이다. 그들 가운데 다수는 당신이나 나처럼 평범한 사람이다. 다만 그들에게는 공통된 특징이 있는데, 그 가운데 가장 두드러진 것은 자기가 실현시키고자 하는 꿈에 대한 열정을 갖고 있다는 점이다.

대담하게 위험을 무릅써라

06 편안함에서 벗어나라

나는 전봇대 꼭대기에 올라가 몸을 가누면서 30피트 아래 땅에 서있는 강사를 내려다보았다. "이건 제가 못 할 것 같아요!" 당황하고 좌절에 빠진 나는 이렇게 외쳤다. 그때 나는 아웃워드 바운드(Outward Bound)라는 옥외교육 단체가 실시하는 프로그램과 비슷한 어떤 체험훈련 과정에 참여하고 있었다. 강사가 나를 포함해 6명으로 구성된 우리 팀을 앞에 두고 누가 먼저 해보겠느냐고 물었을 때에 나는 손을 번쩍 들고 나섰다. 그러나 막상 전봇대 꼭대기에 올라가고 보니 자신감이 없어졌던 것이다.

우리에게 주어진 목표는 9미터 높이의 전봇대 꼭대기에 올라간 다음에 수평으로 놓인 9미터 길이의 전봇대를 걸어서 9미터 높이의 다른 전봇대 꼭대기까지 갔다가 되돌아오는 것이었다. 그 과제는 '나무의 기둥에서 가지로 걸어 나가기(Out on a Limb)'라고 불렸는데, 내가 바로 그렇게 해야 하는 입장이라는 느낌이 들었다. 나는 전봇대 꼭대기에서 몇 분간 움직이지 않고 그대로 서있었다. 그 사이에 심장이 쿵쾅거리고 다리가 떨렸다. 저 밑에서는 우리 팀의 나머지 팀원 5명이 입을 벌린 채 나를 올려다보고 있었다. 물론 나는 안전벨트를 매고 있었기에 떨어져서 다칠 일은 없었다. 그렇지만 수평으로 놓인 가느다란 전봇대로 걸음을 내디뎌야 한다는 생각은 나를 얼어붙게 했다. "저는 정말이지 이건 할 수 없을 것 같아요!" 나는 눈물을 머금고 다시 외쳤다.

"그래도 한번 해볼 수는 있잖아요?" 그때 강사가 나에게 던진 이 짧은 한마디는 솔직히 말해 그 뒤로 나의 삶을 변화시켰고, 에누리해 말한다고 해도 삶에 대한 나의 관점을 변화시켰다고 할 수 있다. '그렇지. 한번 해볼 수는 있어. 가다가 떨어진다고 해도 뭐 어때? 안전벨트도 차고 있는데.' 나는 거기에서 시도를 포기하고 전봇대에서 그냥 내려가고 싶지는 않았다. 그래서 두려움에 맞서고 결과가 어떻게 되든 그것을 받아들이기로 결심했다.

나는 수평으로 놓인 전봇대로 첫걸음을 내디뎠고, 이어 두 번째, 세 번째 걸음을 옮겼다. 그렇게 나는 조금씩 흔들리는 몸을 가누면서 천천히 앞으로 나아갔다. 3분의 1쯤 갔을 때에 몸의 균형이 흐트러지기 시작했다. 바로 그때 밑에서 이런 외침이 들렸다. "거기까지 잘 갔어요! 집중을 유지해요! 계속 걸어가세요!" 나는 멈춰 서서 다시 몸의 균형을 잡았다. 3분의 2쯤 갔을 때에 다시 멈춰 서서 손으로 붙잡을 것까지 3미터 정도의 거리가 남아있는 것을 확인했다. 그러고는 공중에서 한 번 깊게 숨을 들이마셨다가 내쉬고는 다시 걸어가기 시작했다. 한 번 헛디딤을 한 뒤에는 걸어가는 것이 훨씬 더 어렵게 느껴졌다. 그러나 나는 중단하지 않고 계속 걸어가서 건너편 전봇대 꼭대기의 바로 앞에 이르렀다. 나는 거기에서 잠시 걸음을 멈추고 그 전봇대 꼭대기에 손을 댄 뒤에 몸을 돌려 되돌아왔다. 마침내 나는 처음에 올라갔던 전봇대의 꼭대기를 두 손으로 붙잡았고, 그와 동시에 밑에서는 환호성이 터졌다. 내가 전봇대를 내려오는 동안에는 모두가 박수를 치며 큰 소리로 나를 칭찬하는 말을 해주었다.

나는 땅에 내려선 뒤에 두 다리가 여전히 떨리는 것을 느끼면서 안전벨트를 풀었다. 그러고는 내가 한 대로 이어서 해야 하는 5명의 다른 팀원들을 바라보았다. 팀원들이 돌아가며 그러한 과제의 이행을 마친 뒤에 우리는 빙 둘러앉아 각자 느낀 점을 이야기했다.

그때에 강사가 흥미롭다는 표정으로 나를 바라보면서 이렇게 물었다. "저 위에서 어떤 생각이 들었어요? 느낌이 어땠어요?" 나는 두려움을 느꼈음을 인정했다. 그리고 주어진 과제를 해낼 수 없으리라고 생각했다고 말했다. 그러자 강사는 나에게 질문을 하나 던졌는데, 그것은 그때까지 내가 한 번도 들어본 적이 없는 질문이었다. "당신은 앞으로 살아가면서 잘하게 되리라고 생각한 것들을 주로 추구해왔나요?" 우와! 나는 그런 것을 생각해본 적이 없었다. 그런데 그때 그 질문을 듣고 잠시 생각해보니 내가 그래왔음을 알게 됐다. 내가 실제로 그래왔던 것이었다. 내가 거둔 성공은 대체로 보아 내가 어느 정도는 편안함과 자신감을 느끼는 영역에서 나왔다. 강사는 이어 나에게 이런 질문도 던졌다. "당신이 해보고 싶었지만 잘하지 못할 것이 두려워서 해보지 못한 것들은 없나요?" 나는 그런 게 있는지를 꽤 오래 생각해보느라 대답도 하지 못하고 앉아만 있었다. 그러자 강사가 나에게 이렇게 권했다. "당신이 언제나 해보려고 생각해왔지만 탁월하게 잘하지 못하게 될 것이 두려워서 해보지 못한 것들의 목록을 한번 작성해보는 게 어떨까요?"

나는 내 방으로 돌아와 그런 목록을 작성해보았다. 그 목록은 아주 짧은 것이었지만, 그럼에도 나는 그것을 작성하면서 내가 모험을 하는 것에 얼마나 불편해하는 사람이 돼있는지를 깨닫고 스스로 놀랐다. 그때에는 알아차리지 못한 사실이지만, 그 목록은 내가 새로운 방식으로 삶을 살아가는 계기가 됐다. 그리고 그 새로운 방식의 삶은 나에게 훨씬 더 많은 만족감과 즐거움을 가져다주었다.

그날의 '나무의 기둥에서 가지로 걸어 나가기' 경험 이후 10년이 넘는 세월이 흘렀다. 그동안 나는 내가 달성할 수 있을지가 불분명한 것들을 추구하는 노력을 의도적으로 해왔고, 그 덕분에 훨씬 더 내용이 풍부한 삶을 살아왔다. 그동안 좌절과 실망을 맛본 경우도 물론 있었다. 그러나 두려움에 굴복하지 않았다는 데에서 얻게 되는 자긍이 좌절과 실망을 능가한다. 나는 그동안 산악 등반, 태권도 수련, 상어가 있는 바다속 스쿠버다이빙, 남극 바다얼음 위로 걷기 등 새로운 것들을 시도하면서 즐거움을 느꼈다. 그러나 물리적 위험에 육체적으로 도전하는 것을 즐기게 됐다는 것보다 나에게 더 핵심적으로 중요한 점은 '편안함을 느끼게 된다면 그것은 곧 방향전환이 필요하게 됐음을 의미한다'는 생각이 나의 삶과 일의 전반에 스며들었다는 것이다.

당신으로 하여금 대담하게 나서지 못하게 하거나 위험을 무릅쓰지 못하게 하고 심지어는 무언가 새로운 것을 하는 것까지 주저하게 만드는 두려움이 아마도 있을 것이다. 지금부터 나는 대담하게 위험을 무릅쓰고 탁월한 성취를 거둔 몇몇 사람들의 이야기를 소개하려고 하는데, 당신도 나처럼 그들의 이야기에서 영감을 얻기를 바란다. 그들의 이야기에서 분명하게 확인되는 것은 겁 없이 도전에 나선 사람들이 다른 모든 사람과 달랐던 점은 두려움을 느끼지 않았다는 것이 아니라 두려움을 느끼긴 했지만 그것을 극복할 줄 알았다는 것이다. 지미 카터 대통령은 "나무에 올랐으면 가지 끝으로 가라. 거기에 과일이 있다"고 말한 적이 있다. 내가 소개하는 사람들의 이야기가 위험을 무릅쓰고 나뭇가지 끝으로 가도록 당신을 격려하고, 그래서 당신이 그러한 새롭고 대담한 노력에 나서서 그 과일을 따 먹을 수 있게 되기를 기대한다.

나는 언제나 위대한 탐험가들의 이야기에 흥미를 느껴왔지만, 내셔널 지오그래픽 협회의 이사회 의장이 된 뒤에는 우리 모두에게 더 넓은 세상을 열어주기 위해 위험을 무릅쓴 사람들의 이야기를 그 전보다 훨씬 더 많이 듣게 됐다. 특히 누구보다도 먼저 엘리자 시드모어(Eliza Scidmore)의 이야기가 나의 마음을 끌어당겼다. 엘리자는 1892년에 내셔널 지오그래픽 협회의 첫 여성 이사가 된 사람이니, 나보다 1세기 이상 앞서서 이 협회의 이사회 멤버가 된 셈이다. 그녀와 나 사이에는 몇 가지 공통점이 있고, 그런 사실을 알게 된 나는 그녀에게 연대감마저 느꼈다. 그녀는 1856년에 아이오와 주에서 태어났으므로 나와 마찬가지로 미국 내륙지역 출신이었다. 그녀의 엄마는 나의 엄마와 마찬가지로 자기 자신과 자녀가 더 많은 기회를 갖기를 원했다. 그녀의 엄마는 남편과 헤어져 두 아이를 데리고 수도 워싱턴 디시로 이사했고, 거기에서 하숙집을 운영했다. 붐비는 수도에서 살게 된 엘리자는 자신의 세계가 넓어졌다는 느낌을 받았다. 그녀는 외교관, 정치인, 장교 등과 알고 지내게 됐는데, 그 가운데 해외의 먼 곳에 갔다가 돌아온 사람들로부터 해외 각지의 아름다운 풍광과 그곳에서의 모험에 관한 다양한 이야기를 들었다. 그 이야기들은 그녀에게 세계지리에 대한 흥미를 불러일으켰고, 그래서 그녀는 시간이 나는 대로 세계지도를 펴놓고 몇 시간씩 들여다보곤 했다. 그녀는 1890년에 한 인터뷰에서 이렇게 말했다. "나는 여행을 하고 싶은 욕구를 마치 원죄처럼 타고난 것 같아요. 나의 백일몽은 언제나 해외의 다른 나라들에 관한 것이었죠."

그 시대에는 엘리자와 같은 독신 여성이 그토록 가서 보고 싶은 미지의 장소들로 모험적인 여행을 하는 것은 고사하고 그 어떤 여행이든 하는 것 자체가 어려운 일이었다. 그러나 그녀는 자기가 하고 싶은 것을 하기로 굳게 마음을 먹었고, 결국은 그렇게 하기 위해 교묘한 방법을 찾아냈다. 그녀는 19살에 오벌린 대학을 졸업한 뒤에 저널리스트가 되어 일하면서 자기가 여성임을 숨기기 위해 '엘리자'라는 이름을 노출시키지 않고 'E. R. 시드모어'라는 필명을 사용했다. 이렇게 해서 탄생한 '미스터 시드모어'는 얼마 지나지 않아 크게 인기를 모으면서 유명한 저널리스트가 됐고, 이에 따라 그녀는 자기가 하고 싶었던 일을 시도하기에 필요한 돈을 꽤 많이 벌 수 있었다. 그녀의 첫 번째 해외 오지 여행은 증기선을 타고 알래스카의 변방으로 가는 것이었다. 그녀는 그곳의 원주민 부족들과 그곳에 처음으로 이주해 정착한 백인들에 관한 이야기와 훼손되지 않은 그곳의 장엄한 자연경관을 글로 기록했다. 그녀는 1885년에 알래스카 여행 안내서를 출판했는데, 그때는 알래스카가 미국에 49번째 주로 편입되기 74년 전이었다.

엘리자는 일본에 미국의 영사로 가게 된 오빠를 따라 가서 일본을 포함한 극동지역의 여기저기를 여행하면서 현지의 자연과 사람들에 대한 묘사와 그곳에서 자기가 직접 경험하거나 그곳 사람들에게서 들은 이야기를 글로 써서 미국으로 보냈다. 1890년에는 설립된 지 얼마 안 되는 내셔널 지오그래픽 협회에 참여해 이 협회가 펴내는 잡지의 첫 여성 필자 겸 사진가로 활동하기 시작했다. 그녀는 인도, 중국, 자바(지금의 인도네시아), 한국, 러시아 등을 여행했고, 그러면서 써서 보낸 글과 찍어서 보낸 사진은 잡지 〈내셔널 지오그래픽〉이 미지의 세계 각지에 사는 사람들과 그곳의 자연을 다루는 매체로서 명성을 얻고 굳혀가는 데에 크게 기여했다. 그녀는 여성이 있어야 할 곳은 가정이라고 여겨지던 시대에 탐험가로서 활동한 선구적인 여성이었다.

엘리자는 일본에 처음 갔을 때에 나중에 그녀가 "세상에서 가장 아름다운 것"이라고 부른 일본 벚나무를 보고 단번에 매료됐다. 그녀는 일본 벚나무가 피워내는 섬세하고 아름다운 벚꽃이 고국의 수도에 우아함을 훨씬 더해줄 것이라고 확신했다. 그래서 그녀는 자신의 점점 더 커지는 영향력을 이용해 워싱턴 디시에 있는 '진흙투성이에다 볼품없는' 인공호수 타이들 베이슨(Tidal Basin)의 주변에 일본 벚나무를 옮겨 심자는 운동을 벌이기 시작했다. 그녀의 이 운동이 결실을 맺기까지는 20년이라는 긴 세월이 걸렸다. 그녀는 대통령의 부인 헬렌 태프트와 함께 일본 벚나무를 옮겨 심는 계획을 계속 추구했다. 두 사람의 노력이 미국과 일본 정부 관리들의 관심을 끌어냄으로써 그 계획이 가속력을 갖게 됐다. 마침내 1910년에 일본 정부가 처음으로 기증한 2천 그루의 벚나무가 미국 정부에 인도됐다. 오늘날에는 타이들 베이슨의 벚꽃이 워싱턴 디시의 봄철과 동의어나 다름없게 됐다. 이는 그녀가 남긴 영원한 족적이다.[22]

> *"네가 걷는 길은 너만의 길이다. 너와 함께 그 길을 걸을 사람은 있을 수 있지만, 너를 위해 그 길을 걸을 사람은 아무도 없다."*
> *- 루미 (이란의 시인)*

역사는 우리가 하고자 하는 모험의 모델로 삼을 수 있는 탐험가들의 이야기로 가득하다. 유명한 탐험가 어니스트 섀클턴(Earnest Shackleton)의 이야기도 그 가운데 하나다. 섀클턴이 탐험대를 이끌고 역사상 최초로 남극대륙을 횡단하는 동안에 보여준 리더십은 전설로 남았다. 그의 탐험대가 탄 배 인듀어런스(Endurance) 호가 하루만 더 항해하면 남극대륙에 닿을 수 있는 곳에 이르렀을 때에 바다 위의 유빙들이 다가와 배를 에워 쌌다. 이로 인해 배는 어느 쪽으로도 움직일 수 없게 됐다. 섀클턴을 비롯한 탐험대원들은 유빙들 사이에 갇힌 배 안에서 여러 달 동안 생존을 위한 사투를 벌여야 했다. 그들은 군대와 같은 규율을 유지하면서 생존을 위해 필요한 일들을 분담해서 했다. 마침내 유빙과 충돌해 배에 금이 가기 시작했다. 선체의 어딘가에서 기분 나쁘게 삐걱거리는 소리가 첫 경고음으로 들려온 것을 시작으로 배가 물속으로 가라앉기 시작했다. 배가 가라앉는 속도가 빠르지는 않다는 것을 알게 된 섀클턴은 대원들을 집합시킨 뒤 구명보트를 내리게 했다. 그들은 구명보트를 타고 유빙이 없는 해역으로 나갔다. 이때 그들의 계획은 그 구명보트를 탄 채 세계에서 가장 엄혹한 환경을 가진 바닷길로 몇백 마일을 항해하는 것이었다.

탐험대가 탄 구명보트는 기적적으로 엘리펀트 섬에 닿았고, 대원들은 그 섬에 베이스캠프를 설치했다. 그런데 거기에 그대로 있으면서 구조대를 기다린다고 해서 구조대가 오지는 않을 것이라고 섀클턴은 생각했다. 그래서 그곳에서 다시 몇백 마일 떨어진 사우스조지아 섬으로 가기 위해 대원 가운데 다섯 명과 함께 작은 나무보트를 타고 다시 위험한 바다로 나갔다. 그 섬에 도착해서 보니 섬 전체가 얼음으로 뒤덮인 가운데 매우 가파른 산이 앞을 가로막고 있었다. 그러나 엘리펀트 섬에 남아 구조를 기다리고 있는 대원들을 생각하니 위험을 무릅쓰고 그 산을 기어오르지 않을 수 없었다. 마침내 섀클턴은 그곳에 설치돼 있는 전초기지에 도착했고, 거기에서 자신의 대원들을 구조할 계획을 세웠다. 이로써 그는 자신의 대원들 모두와 함께 모험 중에 부닥친 가혹한 역경에 희생되지 않고 살아남을 수 있었다.[23]

오늘날 섀클턴의 전설은 MBA 리더십 코스의 연구 대상이 되고 있고, 그의 이야기를 다룬 책과 영화도 끊이지 않고 나오고 있다. 그리고 그동안 여러 세대에 걸쳐 수많은 후배 탐험가가 진정으로 겁 없는 탐험가였던 그의 이야기에 고무되어 새로운 프런티어를 찾아 나섰다. 애초의 목적 달성에는 실패하고 영국으로 돌아온 섀클턴은 자신이 부닥쳤던 곤경에 관한 질문을 받을 때면 "곤경이란 결국에는 극복해야 할 것일 뿐입니다"라고 대답하곤 했다.

오늘날에는 우리가 그러한 용기의 순간을 책 속의 이야기를 읽는 방식이 아니라 영상 등을 통해 실시간으로 간접체험하는 방식으로 스스로 느껴볼 수 있다. 나는 운 좋게도 참관하는 방식으로 그런 기회를 가질 수 있었다. 1981년에 나는 플로리다 주에 있는 케네디 우주센터에서 최초의 우주왕복선인 컬럼비아 호가 발사되는 현장에 참관하는 특권을 누렸다. 플로리다 주 출신 의원들이 그 자리에 초청됐는데, 당시에 나를 고용하고 있었던 E. 클레이 쇼가 나에게 같이 가자고 권하는 아량을 베풀어준 덕분이었다. 발사의 순간에 우르릉거리는 소리가 엄청나게 크게 들리면서 내 발밑의 땅이 꺼질 것 같은 느낌이 분명하게 왔다. 그 느낌은 내 몸속의 뼈를 통해 왔다. 나는 날렵하게 생긴 우주왕복선이 하늘로 올라가는 것을 바라보면서 거기에 살아있는 우주인들의 운명이 담겨 있음을 마음속 깊이 의식했다. 그들의 개인적인 용기는 내가 상상할 수 있는 그 어떤 용기도 넘어서는 것이었다. 나는 그때에 '저 사람들이 이와 같은 일을 할 수 있다면 나는 과연 어떤 일을 할 수 있는 것일까?' 하고 생각해본 것으로 기억된다.

나는 지금까지 살아오는 동안에 야심차게 큰 꿈을 꾸는 사람들을 많이 만났다. 그런데 전인미답의 영역에 발을 들여놓는 것에 대한 그들 자신의 이야기에 의구심이 섞여 있었고, 그들의 표정에서 불안감이 묻어났다. 그런데 바로 그러한 불안감을 동력으로 삼아 전진하는 사람들이 결국에는 승리자가 되는 경우가 흔히 있다. 그런 사람들도 최초의 시도에서 성공하지 못할 수 있다. 그러나 그들은 섀클턴이나 하늘로 솟구치는 우주선을 탄 우주인처럼 전진하기를 멈추지 않는 태도를 보여준다.

나는 2017년에 〈내셔널 지오그래픽〉 사람들과 함께 남극대륙을 여행하면서 섀클턴의 교훈을 되새겼다. 그 첫날 일정으로 우리는 얼음으로 뒤덮인 가파른 산을 올라갔다가 내려왔다. 내려오는 길에 나는 두 번밖에 안 넘어졌고 넘어져 다친 데도 없다는 생각에 안도의 한숨을 내쉬었다. 그런데 바로 그때 별나게 생긴 턱끈펭귄 한 마리가 우리가 있는 쪽으로 다가오는 모습이 눈에 들어왔다. 여느 펭귄과 마찬가지로 그 펭귄도 얼음과 눈 위를 걸어 다니는 데에 틀림없이 능숙했을 것이다. 그런데 그 펭귄이 무슨 자기만의 생각에 사로잡혀 있었는지 발을 헛디디더니 앞으로 고꾸라졌다. 하지만 그 펭귄은 전혀 당황하지 않은 듯이 곧바로 몸을 추슬러 일어나더니 다시 걷기를 계속했다. 우리 일행 가운데 몇몇은 그 광경을 보고 낄낄거렸지만, 내가 보기에는 그 모습에 진리가 담겨 있었다. 누구나 어떤 수준의 능력을 갖고 있든 실수로 발을 헛디딜 수 있다. 중요한 점은 그럴 때에 바로 일어나 가던 길을 계속 걸어가는 것이다.

당신이 나와 조금이라도 비슷한 사람이라면 불편해지는 것은 그 자체가 불편할 것이다. 우리는 모두 삶의 편안한 영역에서 지내기를 좋아한다. 그러나 이 장에서 소개된 이야기들이 보여주듯이 특출한 것 가운데 편안한 영역에서 나온 것은 아무것도 없다. 위험을 부담하기 위해서는 대담함이 필요하다. 다시 말해 익숙하지 않은 영역으로 들어가서 새로운 것, 때로는 뜻밖의 것을 시도해야 한다. 난관돌파는 그 자체의 본질적 성격이 그동안 한 번도 시도된 적이 없었다는 점에 있다. 당신은 자기가 할 수는 있지만 스스로 불편해져야 하고 익숙하지 않은 영역으로 들어가야 하는 행동을 할 것인지를 고민하고 있는가? 가장 어려운 부분은 첫걸음을 내딛는 것이다. 내가 30피트 상공에 가로놓인 전봇대 위를 걸어가다가 기우뚱거릴 때에 들었던 조언을 당신에게도 들려주고 싶다. "하지만 시도해볼 수는 있잖아." 당신 자신에게 이 말을 계속 해주어라.

07 위험을 R&D로 받아들여라

내가 전통적인 조직의 임원들과 같이 일할 때에 그들에게 얼마나 위험을 무릅쓰고자 하는지를 물어보면 그들은 의자에 깊숙이 앉은 채 꿈틀거리기만 하고 적극적인 대답은 하려고 하지 않는다. 자기혁신을 추구한다고 하는 조직에서도 마찬가지다. 위험을 향해 달려가려고 하는 사람은 드물다. 그러기는커녕 "어떻게 해야 우리가 위험을 최소화하거나 제거할 수 있겠느냐?"고 묻는 소리를 자주 듣게 된다.

그런데 "위험을 무릅쓴다"를 "연구개발(R&D)을 한다"로 바꿔 말하면 어떨까? 위험을 무릅쓰는 것에 대해 무모한 행위를 하는 것이라고 생각하는 대신에 계획적이고 때로는 점진적이기도 한 과정을 밟는 것이라고 생각한다면 두려움이 훨씬 줄어들 것이다. 이런 식으로 생각한다면 위험이라는 것이 죽고 사는 문제가 아니라 발견의 과정을 구성하는 한 부분이 될 것이다.

우리의 두뇌는 위험을 회피하는 데 적합하게 돼있다. 인류 역사의 초기에는 도처에 물리적 위험이 도사리고 있었고, 그래서 언제 위험에 맞서 싸우고 언제 위험에서 도망쳐야 하는지를 우리에게 알려줄 수 있도록 우리의 두뇌가 발달했다. 오늘날에는 우리의 두뇌가 그런 일과는 다른 일을 하도록 우리 스스로가 도와주어야 할 필요가 있다. 그러기 위해서 우리는 각자 자신에게 이런 질문을 던져야 한다. "위험이 우리에게 불리한 점은 무엇이고 유리한 점은 무엇인가? 그리고 아무것도 하지 않는 것이 우리에게 불리한 점은 무엇인가?"

때로는 물속에 발가락만 살짝 담가보듯이 조그만 행동을 조심스럽게 해보는 것이 실험을 하는 일에 대해 편안하게 생각하게 되는 최선의 방법이다. 나는 위험을 회피하는 성향이 비교적 강한 조직과 함께 일할 때에는 그 조직의 사람들에게 일단 제한된 금액만 투자해보는 것이 어떻겠느냐고 제안하곤 한다. 어떤 새로운 아이디어가 있다면 그것을 검증하기 위한 특별 프로젝트에 조직의 전체 예산 가운데 예를 들어 1퍼센트만 투자해보라는 식의 제안이다. 이렇게 하면 위험이 더 이상 두려운 것이 아니게 되고, R&D와 같은 것으로 바뀐다.

민간 기업의 최고경영자들과 만나서 이야기를 나누다 보면 그들로부터 R&D는 혁신적인 기업의 생명줄이라는 말을 쉽게 듣게 된다. 어떤 아이디어가 쓸 만하고 어떤 아이디어가 그렇지 않은지를 알아가는 과정에서는 실패도 당연히 겪게 된다. 하지만 아인슈타인이 했다고 알려져 있는 말을 빌리면 "시도하기를 중단하지 않는 한 결코 실패하지 않는다." 이 말은 당신이 어떤 사업계획을 실행하려고 하든, 어떤 새로운 제품의 개발에 나서려고 하든, 어떤 사회운동을 시작하려고 하든 언제나 적용될 수 있으니 머릿속에 새겨두어야 한다. 내가 이렇게 말하면 사회사업 부문에서 일하는 사람들은 "하지만 우리에게는 R&D에 투자할 돈이 없다"고 항변하곤 한다. 그럴 때에는 내가 우리와 같은 시대를 살다 간 위대한 혁신가 스티브 잡스(Steve Jobs)가 한 말을 그들에게 상기시킨다. "혁신은 R&D를 할 돈을 얼마나 많이 가지고 있느냐와는 무관한 것이다. 애플이 매킨토시를 내놓을 즈음에 IBM은 우리보다 적어도 100배는 더 많은 돈을 R&D에 쓰고 있었다. 중요한 것은 돈이 아니다. 중요한 것은 당신이 어떤 인력을 가지고 있고, 어떤 방향으로 가고 있으며, 어떤 결과를 얻어내느냐다." 실험을 하는 데에 많은 예산이 꼭 필요한 것은 아니다.

> *"시도하기를 중단하지 않는 한 결코 실패하지 않는다."*
> *- 알베르트 아인슈타인*

현실적으로는 물론 예산이 부족한 상황에 처하기도 하고, 사업계획을 실행하기 위한 자금을 조달할 길이 막히기도 한다. 내가 보기에는 엄격한 절차를 밟아야 하는 공익재단이나 정부의 사업 프로그램에서 이런 일이 자주 발생한다. 공익재단이나 정부는 어떤 실험에 나섰다가 실패하면 낭비니 사기니 방종이니 하는 낙인이 찍히기 쉽고, 그렇게 되면 더는 위험을 무릅쓰기를 주저하게 된다.

그러나 과학과 의학에서는 실험이 혁신적인 발견을 하는 가장 공통된 방법이며, 그렇기에 우리 모두는 실험의 가치에 대해 잘 알고 있다. 믿을 만한 과학연구소나 의료기관 가운데 '실험실'이 없는 곳은 없다. 그 실험실은 실험 전용 공간이다. 개인이나 비영리 조직이 이끄는 노력에도 똑같은 사고방식이 얼마든지 적용될 수 있다. 어느 부문에서든 누구나 실험을 하고 상이한 아이디어들과 시장의 상이한 기회들을 점검해볼 수 있고, 더 나아가 사업모델을 재조정할 능력과 권한을 스스로 가지고 있다고 느낄 수 있어야 한다.

과학과 의학 분야에도 커다란 위험을 무릅쓰고 실험을 해서 이 세상을 변화시키는 발견을 해낸 빛나는 사례가 많다. 천연두 백신을 생각해보자. 18세기 말에 천연두가 마을마다 창궐하고 이 질환으로 인한 사망률이 높게는 35퍼센트에까지 이르렀다. 그때 에드워드 제너(Edward Jenner) 박사는 암소에게서 우유를 짜는 일을 하는 '밀크메이드' 가운데 우두에 걸려 고생한 적이 있는 사람들은 천연두 환자와 가까이 지내도 천연두에 걸리지 않는다는 사실을 관찰해냈다. 이에 제너는 우두 환자에게서 우두를 조금 떼어내어 건강한 사람의 몸속에 주입한 뒤에 그런 조치가 천연두를 예방하는 데 효과가 있는지를 확인해보려고 했다. 그렇게 하는 것은 당시에는 미친 짓이나 다름없는 것으로 여겨졌다. 그러나 그로부터 200여 년이 지난 오늘날에는 다양한 질병을 예방하기 위해

백신이 흔히 활용되고 있고, 제너가 찾아낸 백신 덕분에 천연두는 그사이에 사실상 박멸됐다.[24]

이와 관련된 또 하나의 위대한 사례는 '내셔널 지오그래픽 탐험가'인 제인 구달이 해온 일이다. 나는 그녀와 처음 만났을 때의 기억을 지금도 여전히 소중히 간직하고 있다. 그녀는 연례행사인 '탐험가 심포지엄'에 초청되어 〈내셔널 지오그래픽〉으로 '귀환'했다. 그녀가 품격이 느껴지는 걸음으로 단상에 올라가 쉽게 잊히지 않는 영국식 억양을 넣어가며 그녀 자신이 하는 중요한 일에 관해 이야기하는 동안에 청중은 최면에 걸린 듯 앉아서 귀를 기울였다. 사실 그녀가 아프리카에서 해온 중요한 일을 영상에 담아낸 영화 〈제인(Jane)〉이 2017년에 개봉되어 크게 인기를 끌기 훨씬 전부터 그녀는 전 세계에 잘 알려진 사람이었다. 〈내셔널 지오그래픽〉은 일찍이 1965년에 그녀가 탄자니아의 '곰베 강 국립공원'에서 하는 일에 관한 영화를 제작해 〈구달 양과 야생 침팬지들〉이라는 제목으로 발표한 바 있다. 그리고 그녀가 아프리카 생활의 초기에 숲에서 침팬지들과 같이 지내던 모습을 담은 사진들은 〈내셔널 지오그래픽〉을 가장 상징적으로 대변하는 이미지로 많은 사람에게 여겨졌다.

제인의 삶은 겁 없는 도전이란 어떤 것인가를 보여주는 하나의 모델이다. 그녀가 26살이었을 때에 그녀로 하여금 처음으로 아프리카로 가서 친구의 집을 방문하게 한 것은 동물에 대한 그녀의 애정과 동물과 함께 지내는 것에 대한 그녀의 관심이었다. 당시에 유명한 고인류학자 루이스 리키(Louis Leakey)가 초기인류의 기원에 관한 획기적인 연구를 진행하고 있었는데, 제인은 대담하게도 그에게 만나보고 싶으니 시간을 내달라고 청했다. 리키는 그녀를 만나보고는 그 자리에서 그녀를 비서로 채용했다. 그녀는 대학 학위를 가지고 있지 않았지만 리키는 그녀의 멘토가 되어 그녀를 개인적으로 가르치기로 했다. 그 뒤로 몇 달 지나지 않아 리키는 그녀에게 사랑을 고백했다. 그런데 그때에 그는 기혼자였고 그녀보다 30살이나 연상이었다. 그녀 자신의 말에 따르면 그녀는 상황이 그렇게 된 것에 두려움을 느꼈고, 리키의 구애를 계속 거절하는 것이 그동안 꿈꾸어온 과학연구 분야에서의 자기의 미래에 차질을 초래하지나 않을까 하고 매우 걱정했다. 하지만 그녀는 리키에 대해 개인적인 관심을 갖지 않았고, 그럼에도 불구하고 그는 그녀를 지원하고 대변하는 일을 멈추지 않았다. 마침내 그는 그녀가 야생에서 침팬지들과 같이 지내며 연구를 하는 데 필요한 자금을 조달해주었다.

제인은 동물의 행태를 관찰하고 연구하는 전통적인 방식과 절차를 학교에 다니며 배운 적이 없었으므로 침팬지들을 관찰하기 위한 나름의 비전통적인 방법을 개발했다. 그녀는 침팬지들과 같이 지내다가 그들의 각각에게 이름을 붙여주고 스케치북을 가지고 다니면서 그들의 행태를 그림으로 그리고 메모를 했다. 얼마 지나지 않아 침팬지들은 제 발로 그녀를 찾아와 그녀와 의사소통을 하기 시작했다. 그녀의 연구는 극적인 학문적 전환을 가져왔다. 침팬지들이 도구를 사용하기만 하는 데 그치지 않고 의도를 가지고 찾아낸 물체를 가지고 도구를 만들기도 한다는 그녀의 관찰 결과는 인간만이 그러한 복잡한 일을 할 수 있다는 통념에 도전하는 것이었다. 특히 리키는 여기에서 영감을 받고 "이제 우리는 '도구'를 재정의하고 '인간'을 재정의해야 하며, 그렇게 하지 않으려면 침팬지를 인간으로 인정해야 할 것"이라는 내용이 담긴 메시지를 학계의 다른 사람들에게 보냈다.

제인은 케임브리지 대학에서 박사학위를 받았다. 야생의 현장에서 전개된 그녀의 연구는 55년의 세월에 걸친 것이었다. 오늘날 그녀는 침팬지에 관한 최고의 전문가로 널리 인정받고 있다. 그녀는 1977년에 '제인 구달 연구소'를 설립했고, 2002년에는 '유엔 평화사절'에 임명됐다. 그녀가 평생을 바쳐 수행해온 연구는 세계적으로 인정을 받게 됐고, 그에 따라 각종의 상이 그녀에게 수여됐다.[25]

제인의 이야기는 때로는 전통적인 연구 절차를 따르지 않거나 결과에 대한 예상을 하지 않은 채로 미지의 연구대상에 접근하는 것이 주목할 만한 결과를 얻는 길이 되기도 한다는 점을 우리에게 상기시킨다. 제인은 성공적으로 연구를 진행했다. 그녀는 침팬지의 세계에 대한 편견이나 선입관념을 갖고 있지 않았기 때문에 다른 과학자들은 보지 못한 것을 볼 수 있었다. 이런 점이 그녀로 하여금 대담해지고, 자기 나름의 연구방법을 만들어내고, 그 과정에서 세계에 변화를 가져오게 할 수 있었다. 아프리카로 가서 거기에서 지내는 것, 충분한 훈련을 받지도 않은 채 연구 대상이 있는 현장으로 가는 것, 당대 과학계의 통설에 반하는 연구 결과를 발표하는 것이 모두 다 엄청난 위험이 따르는 행동이었다.

그녀는 굴하지 않았고, 두려워하지 않았으며, 위험을 필요한 R&D로 보는 관점을 가지고 있었다. 2017년에 제인이 〈내셔널 지오그래픽〉에 '귀환'했을 때에 영화 〈제인〉의 시사회에 초대된 사람들은 자기가 그 자리에 오게 된 것을 자랑스러워하는 표정으로 왔다. 나는 그때 그녀가 인내심과 품격이 느껴지는 태도로 그 자리에 온 사람들을 맞이하는 모습을 경외심을 품고 지켜보았다. 그리고 그날 나는 그녀가 사람들에게 얼마나 강력한 영감의 원천이 되고 있는지와 그녀가 자기의 연구 분야와 전 세계에 얼마나 큰 기여를 해왔는지를 재확인하며 새삼스러운 감동을 느꼈다.

*

조너스 소크(Jonas Salk)도 큰 모험을 감행한 의학자다. 소크는 나이가 30대 초반이었던 1947년에 '피츠버그 대학 바이러스 연구소'의 소장이 됐다. 거기에서 그는 폴리오 바이러스가 일으키는 질환인 소아마비를 퇴치할 수 있는 새로운 방법을 찾아내야 한다는 과제를 부여받았다. 그 시절에는 소아마비가 매년 50만 명을 신체마비 상태에 빠지게 하거나 죽게 하는 치명적인 질병이었다. 그가 하게 된 일은 나에게도 특별히 중요한 의미가 있었다. 왜냐하면 가까운 친척 가운데 소아마비에 걸린 사람이 있기 때문이었다. 나의 아버지와 형제인 그는 그때 키가 크고 건강하고 잘생긴 20대 청년이었다. 그는 2차 세계대전에 참전하기 위해 군에 입대해 해외에 파병됐다가 미래의 삶을 새롭게 꿈꾸면서 고국으로 돌아왔다. 귀국한 지 얼마 되지 않아 소아마비가 발병해 그의 다리를 마비시켜 그는 그 뒤로 내내 휠체어에 의지해 살았다.

나의 삼촌이 소아마비에 걸렸을 당시에 의학자들은 백신에 특정한 종류의 '활성' 바이러스가 들어 있어야 효과를 얻을 수 있다고 믿었다. 그러나 소크는 '비활성' 바이러스가 들어 있는 백신을 가지고 실험을 해보고 싶었다. 그렇게 하는 것이 백신을 접종받은 사람들이 소아마비에 걸릴 위험을 없애면서 그들의 몸속에 절실하게 필요한 방어항체가 생겨나게 하는 방법이 될 것으로 그는 기대했다. 그는 그렇게 개발한 백신의 안전성을 굳게 믿었고, 그래서 먼저 그것을 자기에게 접종하고 아내와 자기의 아이들에게도 접종했다. 소크의 기여 덕분에 오늘날에는 전 세계의 어디에서도 소아마비 발병 사례가 별로 보고되지 않고 있다. 이전의 제너와 마찬가지로 소크도 소신을 가지고 많은 실험을 가능한 한 신속하게 진행했고, 그 결과로 수많은 목숨을 구했다.[26]

실험을 해보는 방법이 더 이상 과학자나 의학자의 전유물이 아니라는 사실은 반가운 일이다. 테크놀로지가 발달한 덕분에 이제는 새로운 아이디어가 있으면 그것을 실험해보고 그 타당성을 검증하는 기술적 과정을 설계해 적용해볼 수 있으며, 그런 과정은 새로운 아이디어의 실행에 따르는 위험을 줄여준다. 사업계획이나 제품을 비교적 적은 자금만 들여서 신속하게 실험해보는 것은 더 이상 새로운 생각이 아니다. 제품의 매력도를 판단하기 위해 포커스 그룹 방식이 흔히 이용되고 있고, 베타 테스트 방식은 활용되기 시작한 지 몇십 년이 흘렀다. 이에 따라 과거와 달리 오늘날에는 새로운 제품에 관한 구상을 갖게 됐다면 실제 제품을 만들어내기 전에, 심지어 어떤 경우에는 기업이나 조직을 꾸리기도 전에 그 구상을 시장에 제시하고 그것에 대해 시장이 보내오는 신호를 받아볼 수 있다. 이런 변화는 기회가 보다 폭넓게 존재하도록 하는 새로운 평등화 흐름을 만들어내고 있다.

에릭 리스(Eric Ries)는 유명한 저서 《린 스타트업》에서 흔히 '프로토타이핑(prototyping)'이라고 불리는 시제품 제시의 과정을 "만들고, 측정하고, 학습하기(build, measure, learn)"라고 부른다. 그러면서 그는 '최소기능제품(MVP; Minimum Viable Product)'을 가지고 그러한 과정을 밟을 것을 권고한다. 다시 말해 어떤 제품이나 서비스나 생각의 타당성을 확인하는 데 최소한의 시간과 노력만 투입해보라는 것이다. 리스 자신이 직접 경영에 참여한 기업이나 그가 권고하는 전략을 채택한 기업들은 새로운 제품을 출시할 때 실험을 거듭해서 완벽하게 만든 것만을 시장에 내놓으려고 하는 대신에 어느 정도의 기능만 확보되면 그 기능을 갖춘 제품을 신속하게 시장에 내놓았다. 이렇게 해서 그 기업들은 보다 많은 신제품을 대개는 충성고객 가운데 비교적 작은 규모의 실험집단에 제공한 다음에 그들로부터 제품을 개선하는 데 필요한 점에 관한 피드백을 받았다.[27]

리스는 자기가 권고하는 방법을 설명하기 위해 온라인으로 신발을 판매해 크게 성공을 거둔 기업 자포스(Zappos)의 이야기를 소개한다. 이 기업의 창업자 닉 스윈먼(Nick Swinmurn)이 창업을 추진할 때에 사람들은 그에게 "신발은 신어보고 사는 상품"이라며 "온라인으로 신발을 팔겠다니 그건 미친 짓"이라고 말했다. 그러나 스윈먼은 자신의 사업구상에 자신감을 가지고 있었다. 그는 신발가게를 돌아다니면서 진열돼 있는 각종 신발의 사진을 찍어 자신의 웹사이트에 올려놓으려고 하는데 허락해줄 수 있느냐고 물었다. 이렇게 해서 그는 여러 가지 신발의 사진과 그것을 주문하는 방법을 알려주는 글을 한 페이지에 담아 웹사이트에 올렸다. 누군가가 그 웹사이트를 보고 신발을 주문하면 그가 직접 신발가게에 가서 그 신발을 사서 보내주곤 했다. 이런 방식으로는 물론 장사를 오래 할 수 없는 것이 분명했다. 하지만 그는 그 방식을 충분할 정도로 오래 유지하면서 자신이 풀어야 할 문제가 무엇이고 사람들이 원하는 것이 무엇인지를 학습했다. 그런 다음에야 그는 회사를 설립했다.[28] 사업을 기획하는 단계에서부터 제품의 개선을 추구하고 고객들을 혁신의 과정에 참여시킨 사례는 자포스 말고도 많이 있다. 이런 방식으로 하면 위험이 R&D가 되고, 포착할 수 있는 기회가 많아진다.

이 장에서 소개된 이야기들과 그 이면의 관련 사실들은 위험을 겁나는 큰 도약으로 생각하는 방향에서 그것을 어떤 아이디어나 선도적 계획을 진전시키기 위해 꼭 필요한 것으로 보는 방향으로 마음가짐을 전환해야 한다는 점을 부각시킨다. 빠르게 변화하며 많은 것을 요구하는 세상에서 살게 된 우리는 더 이상 가만히 서있기만 할 여유가 없다. 우리는 각자가 부단히 새로운 것을 시도해야 하고 오래된 문제를 해결하기 위한 다른 방법을 찾아내는 노력도 부단히 기울여야 한다고 생각해야 한다. 그 과정에서 우리가 감수해야 하는 위험은 우리 나름의 관점에서 필요한 R&D라고, 다시 말해 커다란 성취로 나아가는 과정의 일부라고 인정하는 쪽으로 우리의 마음가짐을 전환하자.

　R&D는 우리 모두가 자기의 삶 속에 끼워 넣도록 권장돼야 하는 것이다. 그렇지 않다고 생각할 이유를 나로서는 찾을 수 없다. R&D는 우리에게 처음으로 돌아가라고 끊임없이 촉구하는 것을 통해 우리가 통 큰 베팅을 추구하는 과정에서 정체하는 상태에 빠지지 않을 수 있도록 도와준다는 점에 그 역할이 있다. 그리고 이 장에서 분명히 밝혀졌듯이 R&D는 거액의 예산이나 물리적으로 존재하는 실험실을 필요로 하지 않는다. 중요한 점은 그 과정에 시간과 에너지를 쏟아 붓고자 하는 의지다. 당신은 자기의 큰 아이디어를 다음 단계로 진전시키기 위해 우선 시험해봐야 할 것들을 몇 가지라도 식별해낼 수 있는가?

08 남이 포기한 데서 기회를 포착하라

내가 그동안 살아오면서 배운 것 가운데는 책에서 배운 것이 압도적으로 많다. 나는 일을 할 때에 그동안 책에서 얻은 지혜를 사용한다. 몇 년 전에 나는 케이스 재단에서 우리가 하는 일과 잘 통하는 책 한 권을 읽게 됐고, 그래서 케이스 재단에서 일하는 다른 사람들에게 그 책을 같이 한번 읽어보자고 제안했다. 우리는 업무를 마치고 남는 시간에 포도주와 치즈를 앞에 놓고 모여 앉아 그 책을 읽은 소감을 돌아가며 이야기하고 그 책의 교훈을 앞으로 우리가 앞으로 하게 될 일에 어떻게 적용할 수 있을지를 놓고 토론을 벌였다. 그 시간은 우리 모두가 생생하게 기억하는 전환적 순간이었다. 그 책은 스티븐 존슨(Steven Johnson)이 쓴 《우리는 어떻게 지금에 이르게 됐을까(How We Got to Now)》였다.[29] 존슨은 그 책에서 혁신은 천재 개인에 의한 어떤 순간적인 발견을 필요로 한다는, 내가 앞에서 '신화'라고 부른 사고방식을 깨뜨리려고 한다. 그는 "작고 점진적인 혁신들이 어우러지면서 거기에서 위대한 아이디어가 탄생하는 경우가 많다"고 썼다. 그는 이어 토머스 에디슨의 이야기를 들려준다. 에디슨은 천재 이야기가 나오면 누구나 가장 먼저 떠올리는 사람이며, 이 때문에 갑자기 뭔가를 깨닫거나 발견하는 순간을 '아하 모멘트(aha moment)'라고 부르는 대신에 '라이트 벌브 모멘트(light bulb moment)'라고 부르는 사람들이 적지 않다. 그러나 존슨은 그게 그렇게 단순하게 생각할 일이 아님을 분명히 했다. 에디슨이 백열전구(라이트 벌브)를 처음으로 발명한 것도 아니었다. 에디슨보다 거의 100년 전부터 백열전구에 관한 특허를 신청하는 사람들이 잇달아 나왔다. 뿐만 아니라 오늘날에 우리가 에디슨의 발명이라고 생각하는 것과 관련이 있는 특허를 인정받은 사람들도 몇십 명에 이른다. 에디슨이 능숙하게 잘했던 것은 앞선 사람들을 신속하게 효과적으로 뒤쫓는 일이었다. 그는 이미 검증된 누군가의 새로운 아이디어를 가져와서 거기에 자신만의 새로운 통찰을 더하고 팀 조직을 통해 그것을 발전시키고 실용화하는 데 능숙했다.

에디슨은 기술만 발명한 것이 아니라 발명을 하는 시스템 전체를 발명했다는 것이 그에 대해 존슨이 하고자 한 이야기의 요점이다. 에디슨 자신이 혁신과 점진적인 발전은 동행한다는 점을 이해하고 있었고, 그래서 자기가 다른 사람들이 성취한 것을 차용한다는 사실을 공개적으로 인정했다. 그는 "나를 발명자라고 부르는 것보다는 흡수자라고 부르는 것이 더 정확하다"고 말했다. 현명한 기업가가 되려면 이 점을 잘 이해해야 한다. 벨연구소와 제록스를 비롯한 20세기의 고전적인 혁신기업들이 운용한 팀 시스템을 들여다보면 그 기업들이 에디슨의 방법을 채택해서 실행했음을 알게 된다.

나는 남이 포기한 데서 기회를 포착한 사람들을 높게 평가하는데, 이는 어쩌면 나 자신의 과거 경험이 나에게 심어준 태도인지도 모르겠다. 나는 디지털 온라인 서비스를 구축하는 과정을 돕는 일을 하면서 젊은 시절을 보냈는데, 많은 사람이 그 시기에 내가 몸담았던 기업들 덕분에 인터넷을 처음 경험하게 됐다. 나의 첫 직장은 미국 최초의 순전한 온라인 서비스인 '더 소스(The Source)'를 제공하고 운영하는 회사였다. 더 소스는 일반 소비자들이 초기 형태의 이메일을 사용하고, 온라인 회의를 열고, 백과사전과 주식시세를 포함한 콘텐츠에 접근할 수 있게 하는 텍스트 기반의 정보 유틸리티였다. 그 당시에는 분명하게 드러나지 않았지만, 그 서비스는 운영의 규모를 확대하고 시장의 주류로 자리 잡는 것을 방해하는 치명적인 몇 가지 결함을 가지고 있었다. 예를 들어 당시에 사람들을 흥분시킨 그 서비스가 통신선을 통해 데이터를 송수신하는 속도는 300보(baud)였다. 300보라면 어느 정도의 속도일까? 1초당 300비트의 데이터가 오고가는 속도다. 오늘날에는 통신선을 통해 1초당 1억 비트의 콘텐츠가 오고간다. 이에 견주면 300보는 느려도 너무나 느린 속도임을 알 수 있다. 이것이 얼마나 느린 속도인지를 실감나게 설명하자면, 평균적인 데이터 용량의 노래 한 곡을 다운로드하는 데 40시간이 걸리는 정도라고 할 수 있다. 게다가 가격이 매우 비쌌다. 그 서비스를 이용하려면 100달러의 가입료와 이용하는 시간대에 따라 7~20달러로 책정된 시간당 이용료를 내야 했다.

그러나 그 느려터지고 값비싼 서비스의 이면에는 그야말로 강력한 생각이 깔려 있었다. 그것은 정보와 통신에 대한 접근의 민주화였다. 바로 그러한 생각이 결함에도 불구하고 그 서비스에 고객을 유인하고 유사한 서비스들이 뒤따라 생겨나게 했다. 그리고 그런 모든 서비스는 사람들이 살아가고 일하고 여가를 즐기는 방식을 평등화할 수 있는 잠재력을 가지고 있었다. 그러나 어느 정도는 더 많은 시행착오가 필요했다.

나는 또 하나의 온라인 서비스 기업(이 기업은 나중에 문을 닫게 된다)을 거쳐 훗날 AOL이 되는 스타트업으로 자리를 옮겼다. 이 세상에 뭔가 새로운 것을 만들어내고자 한 그 스타트업은 훗날 AOL의 최고경영자가 되는 스티브 케이스(Steve Case)와 마크 세리프(Marc Seriff), 그리고 짐 킴지(Jim Kimsey) 등 세 사람이 한 팀이 되어 창업했다. 세 사람의 지휘 아래 그 스타트업은 남들이 포기한 데서 기회를 포착하고자 했다. 그 가운데 스티브는 우리 주위의 다른 신생 기업들이 갖고 있는 결점을 파악하는 데 탁월했고, 그의 선도적 제안에 따라 세 사람은 경쟁관계에 있는 다른 기업들에 그동안 제한적인 성장만을 가져다준 영역에서 이런저런 실험을 해나갔다. 예를 들어 소비자에게 친화적인 가격, 매력적인 그래픽 인터페이스, 고객의 참여, 피드백, 소속감을 제고하기 위한 '멤버십' 제도는 그렇게 시작된 것이었는데, 모두 효과가 있었다. 우리는 창업 후 초기에는 힘들었지만 얼마 뒤에는 티핑 포인트에 도달했으며, 우리의 고객으로 가입하는 사람들의 수가 점점 더 빠르게 늘어났다. AOL이 가장 잘나갈 때에는 가입 고객의 수가 거의 3천만 명에 이르렀고, AOL은 인터넷 기업 가운데 최초로 기업공개를 해서 증시에 상장됐다.

그러나 그 전에 나왔던 여러 서비스의 발전과 실패가 AOL에 어떻게 도움이 됐는지를 빼놓고는 AOL의 이야기를 충분히 이해할 수 없다. 스티브의 현명한 지휘로 AOL은 흡수에 능란한 기업이 되어 시장의 신호에 주의를 기울이고 스스로 끊임없이 진화하면서 자사가 제공하는 서비스의 내용을 개선해나갔다. 또한 AOL은 다수의 흥미로운 혁신을 선도하는 과정에서 스티븐 존슨의 표현에 따르면 '작고 점진적인 혁신'인 것들로부터 큰 도움을 받았다.

AOL이 선도한 혁신들은 이어 페이스북, 구글, 트위터 등에 도움이 됐다. 이들 기업의 창업자는 모두 자신이 AOL의 영향을 받았다고 말했다. 예컨대 마크 주커버그(Mark Zuckerberg)가 고등학생 시절에 AOL의 인스턴트 메신저를 '해킹'했다는 것은 유명한 이야기다. 이들 기업은 각각 AOL이 이 세상에 들여놓은 것들 가운데 일부를 대표한다. 페이스북은 AOL이 운영한 '멤버 페이지(Member Pages)'의 신세대 버전이라고 볼 수 있는 측면이 다소 있고, 트위터는 AOL이 제공한 인스턴트 메시지 서비스와 유사하며, 구글은 AOL이 시도한 초기 콘텐트 검색엔진을 크게 발전시킨 것이다. 혁신가들은 이전의 노력에서 부족했던 점을 살피고 그 실패가 주는 교훈을 완전하게 활용함으로써 획기적인 도약을 이루거나 통 큰 베팅을 할 줄 안다.

대담한 노력은 촉매로서의 힘을 가지고 있다. 그 힘의 크기는 그것이 다른 사람들에게 미치는 영향에 의해 증폭된다. 무하마드 유누스(Muhammad Yunus)는 그가 처음으로 시작한 마이크로렌딩(micro-lending) 운동으로 노벨상을 받았다. 제시카 재클리(Jessica Jackley)는 나이가 20대 중반이었을 때에 유누스의 강연을 들은 경험을 잊지 않고 있다. 그때 유누스는 전 세계에서 똑똑하고 열심히 일하는데도 가난에서 벗어나지 못하고 있는 사업자들에게 마이크로렌딩이 얼마나 도움이 되는지를 설명했다. 제시카는 그러한 아이디어를 자기만의 방식으로 실행해볼 수 있겠다는 생각에 스스로 고무되어 하던 일을 그만두고 아프리카로 가서 '키바(Kiva)'를 창설했다. 처음에는 그녀가 해야 할 일이 많지 않았다. 그녀는 디지털 카메라 한 대와 웹사이트 하나만으로 하고 싶은 일을 다 할 수 있었다. 그녀는 키바의 공동 창설자 매트 플래너리(Matt Flannery)와 함께 아프리카에서 소액대출을 필요로 하는 사람들의 이야기를 관련 사진과 함께 미국에 있는 친구와 가족 등에게 보냈다. 키바의 소액대출 실적은 1년도 채 안 되는 사이에 50만 달러를 넘어섰고, 그 뒤로 12년 동안에 연도별로 늘어났다 줄어들었다 하기도 했지만 최근 집계된 실적을 보니 모두 83개 나라에서 250만 명 이상이 키바를 통해 소액대출을 받았으며 그 총액은 10억 달러를 넘는다. 키바를 통한 대출은 건당 25달러 이상의 소액으로 이루어지며, 크라우드 펀딩 방식이 이용되기 때문에 각각의 대출에 여러 명의 대출자가 참여하기도 한다. 그리고 기억해 둘 만한 점은 키바를 통한 대출은 기부가 아니기 때문에 상환돼야 하는

데, 실제로 상환되는 비율이 97퍼센트나 된다. 키바를 통한 대출에 참여하는 사람들은 자신의 작은 기여가 전 세계에 걸친 하나의 새로운 운동을 촉진하고 있음을 직접 느낄 수 있다. 예를 들어 인도에서는 아주 어린 나이에 결혼해 어렵게 살아온 한 여성이 키바를 통해 570달러의 대출을 받아 직물장사를 시작하면서 남편을 포함해 3명을 고용했고, 요르단 강 서안 지구에서는 키바의 크라우드 펀딩을 통해 모두 69명이 대출한 2천 달러가 투자된 염소 농장이 잘 운영되고 있다.[30]

제시카는 자신이 알지 못하는 것이나 갖고 있지 않은 것 때문에 위축되기를 거부해왔으며, 그런 그녀의 태도는 나에게 큰 감동을 주었다. 맨 처음에 그녀가 알고 있었던 것은 자기는 사람들과 이야기를 나누고 사진을 찍는 일 정도는 할 줄 안다는 것뿐이었다. 그런데 나중에는 그녀가 대규모 필랜스로피 조직과 같은 정도의 영향을, 그것도 자선을 통해서가 아니라 도움의 손길을 건네는 것을 통해 전 세계에 미칠 수 있게 됐다. 소액대출을 받은 사람들은 그들 스스로가 '있는 자리에서 출발하기'의 모델인 동시에 그들 자신의 소규모 사업을 넘어 주위에 폭넓은 영향을 미치고 있다. 그들이 사는 지역사회에서 같이 살아가는 다른 사람들에게 그들은 무엇이 가능한지를 보여준다.

저개발국에서만 마이크로비즈니스(microbusiness)가 기회를 창출하고 있는 것이 아니다. 마이크로비즈니스는 미국의 곳곳에도 긍정적인 영향을 미치고 있다는 사실에 주목하는 사람들이 많다. 마이크로비즈니스는 사람들이 빈곤에서 벗어나는 데 도움이 되는 추가적인 소득을 올릴 수 있게 해줄 뿐 아니라 생활에 필요한 제품이나 서비스를 충분히 누리지 못하는 지역사회들에 그런 것을 가져다주기도 한다. 그것은 퇴락한 도시 중심지역의 재활성화에도 도움이 되고 있다. 선물을 멋있게 포장해 주는 애틀랜타 시의 기프트 래핑 업체 '댓스 어 랩!(That's a Wrap!)', 바비큐 케이터링 서비스를 제공하는 테네시 주의 '비비큐 로(BBQ Rowe)', 오래된 의류와 수공예품을 판매하는 디트로이트 시의 빈티지 숍 '마마 쿠스 부티크(Mama Coo's Boutique)' 등이 그러한 사례다.[31] 창의성과 배짱, 그리고 소액의 자금을 대출해줄 용의가 있는 누군가의 작은 도움만 있다면 누구나 전국적인 사업을 시작할 수 있다.

*

나의 남편 스티브는 천성적으로 새로운 시도를 하기를 좋아해서 일을 벌이기를 그치지 않는다. 최근에는 '라이즈 오브 더 레스트(Rise of the Rest)'라는 이니셔티브를 통해 미국의 곳곳에서 유망한 사업가들을 찾아내어 그들에게 투자를 하는 일을 벌이고 있다. 그는 동료 몇 명과 함께 버스를 몰고 투자자들이 흔히 무시하는 지역 가운데 〈포춘(Fortune)〉의 500대 기업 명단에 이름을 올린 기업을 배출한 곳 등을 기자와 투자자들을 데리고 찾아다닌다. 그는 그런 곳에 가서 일주일 정도 머물면서 그곳에 존재하는 재능, 혁신, 기회를 파악하고 부각시킨다.[32] 그가 그런 일을 하게 된 데에는 우리가 AOL에서 일할 때에 '미국을 온라인화한다'

는 구호를 내걸고 미국의 곳곳을 누비며 미래를 내다보고 온라인화 추세에 올라타기를 원하는 사람들을 찾아다녔던 경험도 부분적으로는 영향을 미쳤을 것으로 나는 생각하고 있다. 그는 '라이즈 오브 더 레스트'라는 문구가 크게 쓰인 버스를 타고 가 방문한 도시에서 언제나 통 큰 베팅을 하려는 사람, 위험을 무릅쓰고자 하는 사람, 새로 창업된 기업의 발전을 돕고자 하는 사람 등을 찾아낸다. 그들은 당신이나 나처럼 지금이 바로 겁 없이 도전해야 할 때라고 판단한 사람들이다. 미국 내륙지역 곳곳의 마을에서 사람들이 새로운 아이디어를 가진 사업가를 중심으로 모여 서로 손을 잡기 시작했고, 점점 더 많은 투자자가 미국 전역의 곳곳에 훌륭한 재능을 가진 사람들과 새롭고 흥미로운 사업기회들이 존재한다는 데 눈을 뜨고 있다.

혁신은 어디에서나 필요한 것이다. 그리고 그것은 주요 도시에서만 일어나지 않고 농촌 마을에서도 일어난다. 예를 들면 캔자스 주에서 5대째 농부로 일하며 살아가던 청년 저스틴 크노프(Justin Knopf)는 몇백 년 동안 농업을 지배하며 전해져 내려온 전통적인 상식 가운데 일부를 거부하자고 다른 농부들에게 호소해왔다. 저스틴의 이런 행동은 그렇게 함으로써 지구상의 가장 귀중한 자원인 토양을 위기에서 구해내어 보존할 수 있게 되리라는 기대에 근거한 것이다. 미리엄 혼(Miriam Horn)이 저서 《목장주, 농부, 어부》에서 설명했듯이 자신의 가족농장에 대한 저스틴의 애착은 그 뿌리가 깊은 것이다. 저스틴의 조상이 서부개척 시대에 캔자스 주로 와서 공유지를 불하받아 정착한 뒤로 그의 집안은 지금의 그에 이르기까지 160년에 가까운 세월 동안 대대로 그 땅을 경작하며 살아왔다. 그의 집안은 1930년대에 캔자스 주의 농장들에서 엄청난 양의 표토를 걷어내어 날려버린 대규모 모래폭풍에 관한 기억을 머릿속에서 쉽게 씻어내지 못하고 있다. 널리 알려져 있지는 않지만, 토양침식은 오늘날에도 여전히 농민들에게 고민거리일 뿐 아니라 지구의 미래에 중대한 위협이 되고 있다. 미생물을 포함한 지구상의 생물 가운데 3분의 1 이상이 토양 속에서 살면서 우리에게 먹을 것과 산소가 공급되도록 도와주는 광합성이라는 소중한 자연현상을 뒷받침한다. 토양이 파괴된다면 그 결과로 지구상의 대기 속으로 탄소가 대규모로 방출되어 생명을 위협할 것이다.

저스틴이 어려서부터 과학에 흥미를 느꼈던 것은 아니었다. 그러나 그는 농사일을 하면서부터 심각한 가뭄, 위험한 폭풍, 지독한 더위가 토양에 미치는 충격적인 영향을 이해하게 됐다. 그가 열네 살이 됐을 때에 아버지가 그에게 한 떼기의 땅을 주고 그것을 관리해보라고 했다. 그 뒤로 그는 퍼붓는 빗물에 토양이 씻겨나가거나 잡초가 걷잡을 수 없이 자라나면서 곡물 수확량이 줄어드는 것 등을 관찰하면서 농업 대 자연의 갈등을 직접 경험하게 됐다.

그럼에도 땅에 대한 저스틴의 사랑은 흔들리지 않았다. 그는 고등학교를 졸업하고 캔자스 주립대학에 진학했고, 그 대학에서 한 교수에게서 '토양미생물의 보존'이라는 혁신적인 개념을 배웠다. 그 교수는 학생들에게 토양을 보존하는 데 초점을 맞추는 방향으로 농사를 짓는 방법을 수정하라고 권고했다. 그즈음에 저스틴은 한 친구의 고향마을과 가까운 곳에 사는 어떤 농부가 토양과 물의 손실을 예방하는 방법으로 농사를 짓고 있다는 이야기를 그 친구에게서 들었다. 그는 그 친구와 함께 밴을 몰고 캔자스 주와 인접한 네브래스카 주로 건너가 그 농부의 농장에 찾아갔다. 거기에서 그는 나중에 자신이 "어둠이 걷히는 순간"이라고 부르게 되는 것을 경험했다. 그가 친구와 함께 목격한 농사법은 '무경운(no tilling) 농법'이라고 불리는 것이었다. 그 농부는 논밭을 갈고 김을 매는 경운을 하지 않고서도 파종이나 식재를 할 수 있는 농기계를 사용해 토양의 풍부한 생물다양성을 거의 해치지 않으면서 농사를 짓고 있었다. 아울러 그러한 무경운 농법의 일환으로 토양에 영양분을 축적하고 해충의 발생을 억제하기 위한 윤작도 하고 있었다.

저스틴은 자기가 본 것을 그대로 곧바로는 믿을 수가 없었다. 놀란 그는 자기가 본 농법을 아버지와 형제들에게 이야기해주고 몇 뙈기의 땅을 얻어 그 농법을 시험해볼 계획을 세웠다. 그들은 일단 14에이커 정도의 땅만 가지고 시험해보고 그 결과를 봐서 적용면적을 넓혀가자고 했다. 그로부터 불과 몇 년 뒤에 저스틴은 무경운 농법을 적용한 땅에서 종전에 비해 세 배나 되는 수확이 이루어지는 것을 확인했다. 그 뒤로 모두 4500에이커에 이르는 크노프네 가족농장의 경작지 가운데 무경운 농법이 적용되는 면적이 점점 더 넓어졌다.

세월이 흐르면서 저스틴은 무경운 농법을 확산시키는 운동을 이끄는 지도자 가운데 하나로 인정받게 됐다. 그는 무경운 농법에 관한 자신의 지식을 활용해 다른 농부들이 수확을 늘리면서도 토양을 보존할 수 있는 지속가능한 농법을 배울 수 있도록 돕는 활동을 했다. 지구상의 소중한 자원을 보호하는 일에 대한 그의 열정은 그로 하여금 워싱턴 디시로 초청받아 가서 정부의 관련 정책에 대해 조언을 하도록 했다. 그는 오늘날 점점 더 확대되는 무경운 농법 확산 운동의 대변자가 됐다.[33]

저스틴의 이야기는 가장 전통적인 부문에도 새로운 사고의 여지가 존재함을 우리에게 일깨워준다. 동시에 그것은 새로운 아이디어를 실행에 옮길 때에 대뜸 '모든 것을 다 걸고' 무모하게 모험에 나서는 태도에 비해 모험에 나서더라도 신중하게 그 위험을 가늠해보고 단계적으로 앞으로 나아가는 태도가 상대적으로 나을 수 있음을 보여주기도 한다. 저스틴은 지구상의 소중한 자원을 더욱 잘 보존하게 해주는 새로운 농법의 시대가 본격적으로 열리기를 희망하면서 그런 방향으로 활동을 하고 있지만, 지구상 인구의 증가에 따른 식량수요의 증가에 부응하는 수확의 증가도 동시에 이루어지는 가운데 그렇게 되기를 바라고 있다.

가정에서 부닥친 문제를 해결해보려고 하다가 대담한 노력이 시작된 경우가 적지 않다는 사실도 주목할 만하다. 알렉산더 그레이엄 벨(Alexander Graham Bell)을 생각해보자. 알고 보니 그는 공교롭게도 내셔널 지오그래픽 협회의 초창기에 그 회장에 선출된 바 있다. 그가 열두 살이었을 때에 그의 엄마가 청력을 잃었고, 이 때문에 그는 그 뒤로 말을 하는 것 말고 엄마와 의사소통을 할 수 있는 다른 방법을 여러 가지로 찾아야 했다. 음향과 의사소통에 관한 기술에 대한 그의 집중적인 관심은 그의 이런 개인적인 노력에서 비롯된 것이었다. 그는 그 연장선에서 보스턴 시의 농아학교에서 청각장애를 가진 아이들을 가르치는 교사로 일했고, 그러는 동안에 청각장애인의 의사소통을 돕는 혁신적인 방법을 개발하는 데 힘썼다. 그는 자신이 가르치던 학생이자 다섯 살에 청각을 잃어버린 마벨 허버드라는 여성과 결혼했다. 그가 의사소통 분야를 더 깊이 파고 들어가 이 분야에서 상업적인 활동까지 하게 된 데에는 그녀와의 결혼이 미친 영향이 컸다고 많은 사람이 생각한다. 벨이 만들어낸 전화기만큼 이 세상을 크게 변화시킨 것은 거의 없다. 그러나 사람들이 벨의 이야기를 할 때에 흔히 누락시키는 사실 가운데 중요한 것이 하나 있는데, 그것은 벨에게 해결해야 하는 문제가 생겼다는 데에서 그의 이야기 전부가 시작됐다는 것이다.

09 후회하기 싫으면 위험을 선택하라

나는 1980년대에 GE에서 마케팅 담당 매니저로 일하면서 내가 순조로운 경력을 밟아갈 것이라고 생각했다. 경영자 육성을 위한 GE 내부의 훈련은 세계적인 명성이 있는데, 나는 운 좋게도 그 훈련의 대상자로 선정됐다. 그것은 대체로 밝은 미래를 암시하는 것으로 여겨졌다. 그러던 어느 날에 나는 어떤 스타트업에서 걸어온 전화를 받았다. GE의 사무실에서 그리 멀지 않은 곳에 자리를 잡은 그 스타트업의 누군가가 내가 그쪽으로 이직해서 자기네 마케팅 노력을 이끌어주기를 원한다면서 나를 직접 만나보고 싶다고 했다. 그때 나는 GE에서 '지니(GEnie)'라는 이름으로 알려진 초기 온라인 서비스를 담당하는 부서에서 일하고 있었다. 애초에 내가 GE에서 일하게 된 이유가 바로 지니에 있었다. 나는 GE와 같이 칭송받는 브랜드의 힘과 그 회사가 운용하는 대규모 예산의 뒷받침이 있다면 지니를 통해 더 많은 사람을 온라인화할 수 있고 결국은 지니가 시장을 지배하게 될 것이라고 확신해서 GE로 이직했던 것이다. 그러나 GE에서 내가 맡은 일에 익숙해지고 나니 상황이 다르게 보이기 시작했다. 여러 분야의 시장에서 GE가 가지고 있는 지배적인 지위가 온라인서비스와 같이 새롭게 떠오르는 분야에서는 GE로 하여금 큰 모험을 해보려는 의욕을 적극적으로 갖지 못하게 하고 있었다. GE가 나에게 지원해주기로 약속했던 거액의 마케팅 예산을 집행하는 데는 예상하지 못했던 조건과 단서가 붙었다. 회사에서 인정해 자리를 잡은 제품이나 서비스에 대해서는 그 각각이 벌어들이는 수입을 기준으로 예산 지원액이 결정됐다. 그러나 지니는 새로운 서비스였고, 우리 부서가 갖고 있는 것은 지니에 대한 투자가 장래에 많은 수입을 벌어들이게 해줄 것이라는 신념뿐이었다. 그러나 GE의 경영을 총괄하는 본부에는 우리의 그러한 신념이 그다지 먹히지 않았다. 힘이 있는 책임자들은 확실한 것에만 관심을 집중하고 아직은 그림의 떡과 같은 것에 대한 꿈에는 별로 관심을 갖지 않았다.

한 차례의 자금조달을 막 마친 그 스타트업으로 가서 일하는 것이 온라인으로 더 많이 연결된 세계를 만드는 더 확실한 길로 가는 것이라는 생각이 불현듯 들었다. 그러나 나와 가까이 지내던 사람들의 반응이 나를 주저하게 만들었다. "GE에서 하고 있는 일을 그만두고 떠나겠다고? 너 미친 거 아냐?" 그들은 이렇게 반문했고, 몇 사람은 목소리까지 높여가며 그랬다. "그 신생 기업이 살아남을 수 있을지조차 너는 모르잖아. 왜 모든 것을 걸고 도박을 하려는 거야?" 나는 나 자신의 생각에 의문을 품기도 했다. 그러나 그러한 위험을 무릅쓰지 않을 경우의 위험이 나로 하여금 이직의 결단을 내리게 했다. 그렇게 해서 나는 나중에 AOL이 되는 기업으로 직장을 옮겼고, 거기에서 인터넷 혁명의 개막을 돕고 수많은 사람들의 삶을 변화시키게 되는 서비스를 구축하는 일을 거들었다.

내가 그 시절로 돌아가서 이 세상을 모두 나한테 준다는 말을 듣게 된다고 해도 나는 그 대가로 그 시절의 경험을 포기해야 하는 선택을 하지는 않을 것이다. 그러나 그때는 인터넷 혁명이 시작되기도 전이었고, 그래서 우리의 스타트업에서 재능 있는 사람을 더 많이 끌어들이려고 노력하는 과정에서 만난 사람들 가운데는 유별난 것의 가능성에 많은 것을 걸기를 꺼려하는 사람이 많았다. 그때에 우리의 로켓추진 우주선을 타고 함께 하늘로 올라갈 기회를 흘려보낸 사람들 가운데 오늘날 나를 만나면 후회하는 말을 하는 사람이 적지 않다.

위험 감수는 사업의 계산에서만 중요한 것이 아니다. 그것은 인생의 계산에서도 중요하다. 예를 들어 부모로서 아이들을 기르는 일에서도 위험 감수는 핵심적으로 중요한 요소다. 아이들이 위험을 감수하는 것을 허용하고 그것을 아이들이 건강하게 성장하는 과정의 한 부분으로 받아들이는 것이 중요함을 인정하는 연구 결과가 갈수록 늘어나고 있다. 나는 아이들이 어렸을 때에 엄마로서 그들이 위험을 감수하지 못하게 하려고 애썼다. 나의 우선적인 본능은 아이들을 보호해야 한다는 것이었고, 그래서 아이들이 위험을 감수하도록 놔둔 경우에는 마음이 편하지 않았다. 아이러니한 것은 나 자신은 어린아이였을 때에 위험을 감수하도록 허용됐던 것이 정신적인 회복력과 독립심을 기르는 데 도움이 됐음을 나 스스로가 분명히 인정하고 있었다는 점이다. 때로는 아이들이 정신적으로 올바른 균형을 찾을 수 있도록 다른 관점을 제공해줄 다른 사람, 이를테면 동성이나 이성의 친구, 친척, 혈연관계가 없는 동거인 등의 영향이 필요할 수도 있다. 그리고 이런 주제에 관한 중요한 연구 결과를 놓치지 않고 챙겨 보는 부모는 어느 정도의 위험 감수가 아이들의 생활에 끼어드는 것을 용납할 용기를 낼 수 있게 되기도 한다. 〈사이콜로지 투데이〉에 피터 그레이(Peter Gray) 박사가 쓴 '위험한 놀이: 아이들은 왜 그것을 좋아하고 그것을 필요로 하는가'라는 글이 실린 적이 있다. 그레이 박사는 그 글에 이렇게 썼다. "우리는 아이들에게서 자유롭지만 위험한 놀이를 빼앗는다. 위험으로부터 아이들을 보호한다는 것이 그렇게 하는 표면적인 이유다. 그러나 그렇게 함으로써 우리는 아이들의 정신력을 쇠약하게 만든다. 위험하고 감정이 유발되는 방식으로 노는 것을 통해 감정적 회복력을 스스로 배우게 되는 것이 자연에 의해 설계된 아이들의 본래 모습이다. 길게 보면 우리는 아이들에게 그렇게 노는 것을 허용하는 것을 통해서보다 금지하는 것을 통해서 훨씬 더 많이 아이들을 위험에 빠뜨린다. 게다가 그렇게 함으로써 우리는 아이들에게서 재미를 빼앗는다."[34]

우리는 기존의 상황이나 안락해 보이는 것을 보호하는 일에 사로잡혀서 뭔가 다른 길을 추구하지 못하게 되기 쉽다. 그러나 조슈 링크너(Josh Linkner)가 저서 《재창조의 길》에 썼듯이 "안전만 도모하는 것은 나중에 보면 무모하다고 할 수 있을 정도로 위험한 태도다."[35]

> "안전만 도모하는 것은 나중에 보면 무모하다고 할 수 있을 정도로 위험한 태도다."
> - 조슈 링크너

우리에게 경고의 메시지를 던져주는 코닥(Kodak)의 이야기를 해보자. 코닥의 이야기는 1888년에 조지 이스트먼(George Eastman)이 코닥을 설립한 것에서 시작한다. 사진이 아직 비교적 새로운 기술이자 예술이었던 당시에 이스트먼은 그것을 민주화할 기회를 포착했다. 그의 아이디어는 당시에 전문적인 스튜디오에서만 제한적으로 이용되고 있었던 사진 기술을 널리 일반 소비자들도 이용할 수 있게 하자는 것이었다. 코닥은 1900년에 '브라우니(Brownie)'라는 이름으로 알려진 아마추어용 카메라를 출시했다. 사용하기가 쉽고 무게도 가벼운 그 카메라의 가격은 1달러였다. 코닥이 성장과 혁신을 계속 해나갈 수 있게 해줄 이익의 흐름은 그 카메라에 집어넣어 사용하는 필름을 판매하는 것으로 만들어낼 수 있었고, 그 필름의 가격은 15센트였다. '코닥'은 '사진'과 거의 동의어가 됐고, 그러다 보니 사람들이 삶에서 잊지 못할 순간을 맞으면 "코닥의 순간이다(It's a Kodak moment)"라고 말하기에 이르렀다.

그러다가 1970년대에 코닥의 기술전문가 스티브 새슨(Steve Sasson)과 수석기술자 짐 슈에클러(Jim Schueckler)가 필름을 사용하지 않고 스크린 상에 사진 이미지를 만들어낼 수 있는 새로운 기술을 실험하게 됐다. 필름을 팔아서 번 돈으로 유지되는 기업에서 그러한 실험을 한 것은 그 자체가 겁 없는 행동이었다. 당시에 코닥은 전 세계의 필름 시장에서 연간 몇십억 달러의 매출을 올리며 70퍼센트의 시장점유율을 기록하고 있었다. 코닥이 자사의 핵심 사업을 훼손할지도 모르는 새로운 영역으로 스스로 무게중심을 옮기는 모험에 나설 수 있었겠는가? 결국 코닥은 그러한 사업방향 전환을 하지 못했다. 코닥은 떼돈을 벌게 해주는 필름 사업을 보호하는 데 급급하다 보니 혁신적인 형태의 디지털 이미지 기술을 받아들이는 데 굼떴고, 그래서 그 기술에 재빨리 충분한 투자를 하지 못함으로써 경쟁업체들을 향해 어서 들어오라고 문을 활짝 열어놓은 셈이 됐다. 실제로 경쟁업체들이 속속 진입했다. 일본의 후지필름이 필름 상품의 소비자가격을 낮추어 전통적인 필름 시장에서 점유율을 높여가는 가운데 디지털 카메라 시장도 급속하게 커졌다. 2003년이 되자 디지털 카메라가 필름 카메라보다 더 많이 팔리게 됐고, 코닥은 모든 제품 라인에 걸쳐 곤경에 부닥쳤다. 코닥은 2012년에 파산을 신청했다. 이는 19세기에 사진 기술을 민주화한 기업이 21세기에 위험을 무릅쓰고 그 다

음의 도약에 나서기를 거부한 결과였다.[36]

코닥과 반대되는 모습을 보여준 기업의 예로 넷플릭스(Netflix)를 들 수 있다. 넷플릭스는 이런저런 우여곡절을 겪으면서 자사의 사업모델을 완전히 변화시켜 시장 흐름의 맨 앞자리를 지켜왔다. 처음에 공동창업자 리드 헤이스팅스(Reed Hastings)와 마크 랜돌프(Marc Randolph)는 하나의 단순한 목표만 가지고 창업에 나섰다. 그것은 영화를 소비자에게 직접 전달하는 소비자친화적인 영화 대여 기업을 만드는 것이었다. 헤이스팅스는 자신이 우주선 아폴로 13호에 관한 영화 카세트를 비디오 가게에서 빌려다 보고 놔뒀다가 잃어버려 40달러를 물어내야 했던 일에 속상해하다가 영화 대여의 새로운 방식을 생각하게 됐다. 그것은 소비자로 하여금 월 단위로 고정액의 대여료를 내게 하되 빌려간 영화를 반납해야만 다른 영화를 빌려갈 수 있게 하는 방식이었다. 넷플릭스는 새로운 것을 흡수하는 데에, 그리고 다른 회사가 제공하는 서비스의 결함에서 기회를 찾아내는 데에 능했던 것이다. 새로운 영화 대여 방식으로 넷플릭스는 매력적인 소비자 경험을 창출할 수 있었다. 그것은 편리함, 신속한 전달, 저렴함, 간편한 반납, 반납 지연료 없음, 풍부한 영화목록 등을 모두 갖춘 것이었다. 넷플릭스는 성공의 질주를 하면서 전통적인 영화 대여 모델을 무너뜨렸고, 이로 인해 블록버스터와 같은 대기업들이 관련 사업을 접거나 심지어는 파산하기까지 했다.

그러나 넷플릭스 팀은 성공에 안주하기를 거부하고 새로운 비디오 스트리밍 서비스를 구축했다. 비디오 유통 사업에서 경쟁자들을 따돌리고 시장 선도력을 유지하기 위해서였다. 이러한 이행의 과정은 리드 헤이스팅스가 바랐던 만큼 순조롭지는 않았다. 가격구조를 변경한 것이 기존의 DVD 고객 가운데 다수로 하여금 불이익을 당했다고 느끼게 한 탓에 고객들에게 사과를 해야 했던 것은 유명한 일화다. 하지만 넷플릭스는 스트리밍으로 대담하게 뛰어듦으로써 안전을 도모하기보다는 혁신을 계속하는 모습을 보여주었다. 2013년에 이르면 넷플릭스의 고객 수가 다시 최다 기록을 경신하기 시작했다. 비디오 스트리밍으로의 사업방향 전환은 위험한 모험이었으나 성공적인 결과를 가져다주었다.

넷플릭스는 비디오 스트리밍 서비스를 중심으로 한 사업모델을 계속 유지해나갈 수 있었음에도 또 다시 도전에 나서기로 결정했다. 그것은 자체 콘텐츠를 만들어 제공하는 '오리지널 프로그래밍(original programming)'에 뛰어드는 것이었다. 그것은 미친 짓이라고 많은 사람이 생각했다. 그리고 비관적인 예언이 다시 쏟아져 나왔다. 그들은 "일개 스트리밍 서비스 업체가 홈박스오피스(HBO)와 쇼타임(Showtime) 같은 방송 네트워크들과 어떻게 경쟁할 수 있겠느냐?"고 물었다. 넷플릭스는 그 열쇠를 고품질 프로그램 제작에서 찾았다. 〈카드로 지은 집(House of Cards)〉과 〈죄수복을 입고(Orange is the New Black)〉를 시작으로 넷플릭스가 내놓은 프로그램들이 최고 품질의 오리지널 영화나 텔레비전 드라마와 동등한 수준이라는 평가를 받으면서 인기를 모았고, 그러자 아마존을 비롯해 비슷하게 따라 하는 기업들이 뒤를 이어 나왔다. 오리지널 프로그램 시장이 포화 상태에 이르거나 넷플릭스에 유리하지 않게 변화하면

리드 헤이스팅스는 또 다시 사업방향 전환에 나설 것이 틀림없다.[37]

사업방향 전환의 전형적인 사례로 또 하나가 머리에 떠오른다. 오디오(ODEO)라는 이름의 팟캐스팅 플랫폼이 세상에 선보였던 것은 지금으로부터 그리 오래된 일이 아니다. 오디오의 창업자들은 탄탄한 실력과 사업계획 덕분에 초기자본을 유치하는 데 성공했다. 그런데 그들이 고객기반을 구축하고 있을 때에 애플이 이미 자리 잡은 자사의 아이튠스(iTunes) 플랫폼에 팟캐스트를 포함시키겠다고 선언했고, 이로 인해 오디오는 시장에서 퇴출당할 처지가 됐다.

오디오의 최고경영자 에번 윌리엄스(Evan Williams)는 하룻밤 사이에 상황이 바뀌어 자사의 플랫폼에 올려놓을 뭔가 새로운 애플리케이션을 찾아내지 않으면 안 되게 됐음을 깨달았다. 오디오 안에 그런 과제를 탐구하는 팀이 구성됐다. 이제는 전설이 된 그 팀의 세 사람, 즉 잭 도시(Jack Dorsey), 비즈 스톤(Biz Stone), 노아 글래스(Noah Glass)는 '마이크로메시징(micro-messaging)'이라는 개념을 고안해냈다. 그것은 알파벳 142자 이내의 짧은 메시지를 '팔로어(follower)', 즉 플랫폼 상의 친구에게 보낼 수 있게 해주는 것이었다. 오디오는 자사가 추구할 사명을 재정의했다. 새로운 사명은 모든 사람이 아이디어나 정보를 즉각적으로 창출하고 공유할 수 있게 한다는 것이었다. 바로 이러한 오디오의 신속한 사업방향 전환에서 오늘날 우리가 트위터(Twitter)라는 이름으로 알고 있는 것이 탄생했다.[38]

그렇다면 위험을 무릅쓰지 않은 경우는 어떻게 됐을까? 소니 픽처스

(Sony Pictures)는 1998년에 마블 엔터테인먼트(Marvel Entertainment)와 만화 영웅 캐릭터를 거래하기 위한 협상을 벌였다. 소니 픽처스는 그때 만난 좋은 기회를 그냥 흘려보낸 것을 그동안에도 그랬지만 앞으로도 오랫동안 후회하며 한탄할 것이다. 그 협상은 만화회사 마블이 보유하고 있는 여러 가지 만화 캐릭터의 영화화 판권에 관한 것이었다. 소니는 처음에 마블의 스파이더맨 캐릭터 하나에만 눈독을 들이고 그 영화화 판권을 확보하기 위해 마블의 문을 두드렸다. 그때 마블은 경영난에 시달리고 있었다. 그래서 마블은 소니에 스파이더맨뿐만 아니라 아이언맨, 토르, 블랙 팬서를 포함해 자사가 보유하고 있는 모든 만화 캐릭터에 대한 영화화 판권을 다 주겠으니 그 대가로 2500만 달러를 달라고 제의했다. 그런데 소니는 거절했다. 소니는 스파이더맨 하나만을 계속 원했고, 그 밖의 다른 캐릭터들까지 떠안는 경우의 위험을 무릅쓰려고 하지 않았다. 이에 따라 마블은 1000만 달러의 판권료와 5퍼센트의 이익분배를 대가로 스파이더맨 하나에 대한 영화화 판권만을 소니에 넘겨주었다.

소니가 마블의 제의를 거절한 뒤에 마블은 예상 밖으로 성공적인 영화 스튜디오로 발전했고, 그 성장 잠재력을 인정한 디즈니가 2009년에 40억 달러가 넘는 대가를 지불하고 마블을 통째로 인수했다. 시장에 다양한 영웅 캐릭터에 대한 수요가 존재한다는 사실을 소니는 알아차리지 못해 위험을 무릅쓰기를 기피했지만 디즈니는 그러한 사실을 잘 알고 있었던 것이다. 마블이 제작한 영화 〈블랙 팬서〉는 흥행수입 측면에서 대성공을 거두었을 뿐만 아니라 그 등장인물의 거의 전부가 흑인이라는 점에서 그 인기몰이 자체가 하나의 문화적 사건으로 여겨지기도 한다. 이 영화는 개봉된 지 한 달 만에 전 세계에 걸쳐 10억 달러의 수입을 올렸고, 최근까지의 기록으로는 미국 영화의 역사 전체에서 3번째로 많은 수입을 올렸다.[39]

이러한 드라마의 막후 주역인 '월트 디즈니 컴퍼니(Walt Disney Company)'라는 빅 플레이어의 최근 행보도 주목된다. 디즈니는 현명하게도 마블이 번영의 초기 단계에 접어들 즈음에 마블을 통째로 인수했다. 그랬던 디즈니가 최근 10여 년 사이에는 최고경영자 봅 아이거(Bob Iger)의 지휘 아래 스스로를 근본적으로 혁신하는 과정을 밟아왔다. 이는 시대를 앞서가는 기업으로 남아있기 위해서다. 아이거는 스트리밍 서비스의 성장을 비롯한 전방위적인 위협에 맞서 과거보다 미래를 바라보는 관점에서 디즈니의 자기 혁신을 이끌어왔다. 그는 월트 디즈니라는 기념비적인 인물에 의해 설립되고 양육된 디즈니라는 '브랜드'도 급속히 변화하는 시장에 보조를 맞추어 미래를 향해 나아가야 할 필요가 있음을 인식하고 있다. 과거에 얽매인 감상주의적 태도는 무기력과 협소한 사고로 이어질 수 있다. 아이거는 디즈니에서 그러한 일이 일어나게 하지 않겠다는 결의를 보여주고 있다.[40]

> "혼란스러운 세상에서 번영하고자 한다면 멈춰 서서 가만히 있지 않는 데에 믿을 수 없을 만큼 능해야 한다."
> - 봅 아이거

개개인도 자기가 성취한 것을 걸고 모험을 하고 싶어 하지는 않는 경우가 많다. 수많은 혁신이 더 이상 잃을 것이 없는 절박한 상황에서 이루어진다는 사실은 놀랄 일이 아니다. 우리는 더 많은 성공을 거둘수록 성공을 위험에 빠뜨릴 수 있는 일을 덜 하려고 한다.

물론 그렇다고 하더라도 새로운 일을 시도하려는 의욕의 정도는 개인별로도 다르고 조직별로도 다르다. 그러니 당신도 위험을 무릅쓸 수 있는 자기의 능력과 그렇게 하려는 자기의 의욕이 어느 정도인지를 스스로 측정해보는 것이 중요하다. 역사를 훑어보면 수많은 아이디어가 있었고, 훌륭한 아이디어를 가지고도 실패해서 이제는 사람들이 기억하지도 못하는 기업도 많았음을 알 수 있다. 온라인 서비스 분야만 봐도 AOL 같은 기업 하나당 난관돌파에 실패한 '더 소스'와 '지니' 같은 기업이나 아이디어가 수없이 많았다. 당신이 스스로 위험을 감내할 수 있는 범위가 어디까지인지를 알게 된다면 그 범위를 지키거나 좁히거나 넓히는 세 가지 관점에서 위험에 대응하기 위한 당신 나름의 행동기준을 수립해볼 수 있을 것이다. 먼저 당신 자신이 어떤 사람인지를 돌아보라. 그런 다음에 당신이 낼 수 있는 용기를 내라.

삶에서 후회되는 것 가운데는 자기가 한 일과 연결된 경우보다 자기가 하고 싶었지만 어떤 이유로든 하지 않은 일과 연결된 경우가 더 많다. 당신에게 해야 한다는 생각이 들게 하는 어떤 통 큰 베팅이나 대담한 시도가 있는데 당신 스스로 그 베팅이나 시도는 할 수 없는 것이라고 믿고 있지는 않은가? 이 장에서 소개된 이야기들은 기회의 순간을 잘 포착하면 갖게 되는 힘을 증명해준다. 그 이야기들은 또한 보다 편안한 길을 선택했거나 전환적인 어떤 일을 하라고 요구하는 목소리를 외면했다가 후회하게 된 경우들을 조명해준다. 당신이 안락한 영역에서 벗어나 자기의 통 큰 베팅을 진전시키기 위해 새로운 어떤 일을 시도할 것을 고려하고 있다면 위험을 감수하지 않을 경우에 오히려 위험한 점들을 종이에 써보기를 잊지 말라.

10 자 이제, '용기를 내야 하는 영역'을 찾아 나서라

위대한 것은 '안락한 영역(comfort zone)'에서 나오지 않는다. 이것이 현실이다. 개인적인 삶도 그렇고 직업상의 삶도 그렇다고 보는 것이 옳다. 정말로 흥미로운 일이 일어나는 광경을 우리에게 보여주는 영역은 대체로 '용기를 내야 하는 영역(courage zone)'이다. 당신은 상황을 잘 가늠해보고 감당할 수 있다고 생각되는 위험만을 무릅쓸 수도 있고, 모험에 나서더라도 실험을 충분히 해본 뒤에 나설 수도 있다. 당신이 어느 쪽을 선택할지는 모르겠지만, 어쨌든 실험에 착수하고자 할 경우에 그 결과를 예측할 수 없다면 그러는 데에 용기가 필요하다.

마기 워럴(Margie Warrell)은 저서 《안전만 추구하기를 중단하라》에서 두려움의 마음가짐을 용기의 마음가짐으로 바꾸라고 이야기한다. 그렇게 하는 과정은 무슨 일을 하려고 하든지 가장 기본적인 질문, 즉 그 일을 하려고 하는 나만의 이유가 무엇이냐는 질문을 스스로에게 던지는 것에서 시작된다고 한다. 이는 곧 대담한 행동에 나서는 용기는 자기 자신을 잃지 않고 자기에게 중요한 의미가 있는 것과 스스로 조화를 이루고 있을 때에만 낼 수 있다는 의미다. 전 세계에서 무슨 일이든 일을 하는 사람 가운데 50퍼센트 정도는 자기가 하는 일이 중요한 의미를 가지고 있다고 생각하지 않는다는 사실이 전 세계에서 이루어진 많은 연구에서 밝혀졌다고 워럴은 지적한다. 그런데 누구든 자기에게 중요한 의미가 있는 것을 추구하지 않는다면 큰일을 성취할 수 없다.[41]

목표중심적인 세상에서는 사람들이 스스로가 안락함을 느끼게 되는 지점에 도달하는 것을 성공이라고 생각하기 쉽다. 자기가 선택한 직업에서 확고하게 자리를 잡는 것은 많은 사람에게 대단히 힘든 일이다. 어렵게 노력을 하는 시기에는 누구나 근심걱정이 더 이상 없는 미래를 머릿속에 그려보면서 상념에 빠지기 쉽다. 그러나 당신이 이 세상에 대담한 변화를 가져오려고 한다면 계속 밀어붙이며 앞으로 나아가야 한다.

당신을 뛰어나게 해줄 것은 이러한 부단한 추구다. 그러나 그렇다고 해서 당신이 눈앞에 다가온 절벽을 뛰어내려야 한다는 이야기는 아니다. 대담한 행동을 목격하게 된다면 그것을 주의 깊게 살펴보라. 그리고 당신 스스로도 작지만 대담한 행동을 매일 해보라. 당신이 할 수 있다고 생각해본 적이 없는 작은 일을 하고 나면 그 경험이 또 다른 대담한 행동을 할 수 있는 힘을 당신에게 불어넣어준다.

우리 주위의 도처에서 실험이 이루어지고 있다. 그런데 빠른 속도로 돌아가는 이 세상에서 우리가 30년 뒤에나 결과가 나오는 연구를 지켜보고 있기만 할 수도 없고, 객관적인 판단을 하기 위해 실험자와 실험대상자 양쪽 모두가 실험의 내용이나 방식을 모르는 상태에서 이루어지는 이중 블라인드 테스트를 일일이 실시해볼 수도 없다. 우리는 여러 가지 환경의 완벽한 조합이 실현될 때까지 기다릴 수가 없다. 우리는 어떤 하나의 실험이 끝날 때가 다가오면 다음번의 실험을 생각할 필요가 있다. 그래서 우리는 특정한 새로운 방법이 잘 작동한다고 생각하게 되면 곧바로 다시 미래를 내다보면서 우리의 가정을 위협하거나 우리에게 더 나은 해법을 제공하는 새로운 움직임은 없는지를 살펴야 한다. 애플과 같은 기업들이 계속 앞서 나가면서 덜 민첩한 기업이나 때로는 덩치가 더 큰 기업을 뒤처지게 만든 것도 그 기업들이 이런 유형의 사고를 할 줄 알았기 때문이다. 자신의 사업계획이나 인생계획을 중도에 변경하는 것은 우리가 이 세상에서 가장 두려워하는 일이다. 하지만 우리 가운데 넷플릭스처럼 되기보다 블록버스터처럼 되기를 바라는 사람이 누가 있겠는가?

> *"할 수 없다고 스스로 생각하는 것을 해야 한다."*
> *- 엘리너 루스벨트*

그렇지만 대담함은 무모함이 아니다. 자포스와 같은 기업들의 이야기에서 교훈을 얻어야 한다. 한 번에 한 걸음씩만 대담하게 내디뎌라.

그러면서 꾸준하게 전진하라. 반복적인 노력을 친구로 삼아라. 발전은 시간상 앞선 것에서 교훈을 얻어서 더 크고 나은 베팅으로 그것을 보다 완전하게 만드는 것을 의미하는 경우가 많다.

새로운 사업과 관련해서든, 새로운 제품과 관련해서든, 새로운 사회적 기업과 관련해서든 당신에게 꼭 해결하고 싶은 문제가 있거든 다른 어떤 일을 하기에 앞서 지금까지 그 문제를 해결하기 위해 누가 어떤 시도를 했는지에 대해 먼저 알아보고 거기에서 배워라. 반복적인 발걸음이 이미 누군가에 의해 누적됐음을 알게 된다면 당신은 귀중한 시간과 돈을 절약할 수 있다. 성공의 사례도 살펴보고 실패의 사례도 살펴보라. 그리고 반드시 천재여야만 뭔가 훌륭한 성취를 할 수 있는 것은 아니라는 사실을 기억하라. 능숙한 흡수자가 되고, 거기에서 시작하라.

나도 지금까지 살아온 기간의 대부분에 걸쳐 위험을 무릅쓰는 것에 대해 불안감을 느껴온 것이 사실이다. 지금도 나는 여전히 무엇이든 겁 없는 도전을 하려면 나 자신과 싸워야 한다. 그러나 자신의 두려움을 억누르고 최초의 한걸음을 내디딜 정도의 자기제어라면 그것은 내가 얼마든지 할 수 있다. 그리고 추측하건대 내가 할 수 있는 일이라면 당신도 할 수 있다.

원칙 3

실패를 의미 있게 만들어라

11 실패해야 배우게 됨을 명심하라

내가 나 자신의 실패에 관해 이야기할 때면 내 심장의 박동이 한두 번은 건너뛴다. 이것은 입에 발린 말을 하는 것이 아니다. 사람은 자기의심, 자책감, 더 나아가 좌절감에 빠지기 쉽다. 누구나 삶의 여정 속의 어떤 지점에서 이러한 감정을 느낀다. 사람이라면 예외 없이 다 그렇다! 우리가 그와 같은 감정의 경험을 가지고 무엇을 만들어내는지를 결정하는 것은 그 다음에 어떻게 하느냐다. 모든 실패가 해피엔딩으로 전환되는 것은 아니지만 대부분의 해피엔딩은 실패의 이야기를 가지고 있다.

무언가 특별한 일을 성취한 사람 가운데 누구라도 좋으니 한 사람을 골라 그의 삶을 들여다본다면 당신은 그 삶의 어느 지점에는 실패의 이야기가 있음을 알게 될 것이다. 때로는 실패의 이야기를 일부러라도 찾아내려고 해야 한다. 왜냐하면 사람들은 흔히 나이가 들면서 자기의 과거에 관한 이야기를 윤색해서 마치 모든 것이 다 계획한 대로 이루어진 것처럼 왜곡해 그 이야기가 그럴듯하게 들리게 하기 때문이다. 그러나 우리가 우리 자신의 실패에 대해 솔직하게 이야기하지 않는다면 그것은 다른 사람들, 특히 젊은 사람들에게 몹쓸 짓을 하는 것이다. 나는 대학교에 초청받아 가서 학생들에게 강연을 하게 되면 일부러 나 자신이 가지고 있는 '실패의 이력'을 이야기한다. 내가 지금까지 경력을 쌓아오는 동안에 그다지 성공적이지 못했던 일들을 기억 속에서 끄집어내어 이야기하는 것이다. 그 가운데는 그야말로 엄청난 실패도 여러 건 있다. 보통은 강연의 진행자가 나를 대단한 사람으로 극찬하는 소개의 말을 한 뒤에 바로 그렇게 한다. 내가 나의 실패에 관해 이야기하면서 학생들의 반응을 살펴보면 처음에는 그들이 믿을 수 없다는 얼굴 표정을 짓는다. 그런데 내가 이야기를 더 진행하다가 다시 살펴보면 학생들의 얼굴 표정에 변화가 생긴다. 그 표정의 변화는 그들이 실패하면서도 앞으로 계속 나아간다면 더 나은 것을 성취할 수 있음을 깨닫고 안도감을 느끼게 됐음을 알려준다. 그것은 곧 내가 즐겨 인용하는 동양의 격언대로 '일곱 번 넘어지면 여덟 번 일어나면 된다'고 그들이 생각하게 됐다는 의미다.

> "크게 실패할 위험을 무릅쓰는 사람만이 크게 성공할 수 있다."
> - 로버트 F. 케네디

우리는 누구나 개인적인 실패에 직면한다. 결혼생활에 실패할 수도 있고, 인간관계에 실패할 수도 있고, 사회적 삶에 실패할 수도 있고, 다른 사람들의 기대를 충족시키는 데에 실패할 수도 있다. 나도 분명히 그와 같은 경험을 가지고 있다. 그 모든 실패는 우리에게 고통을 안겨준다. 그런데 일터에서의 실패는 대개 더 많은 사람이 보고 있거나 알게 되므로 더욱 고통스럽다. 이는 내가 경험을 통해 알게 된 사실이다. 내가 일터에서 겪은 실패 가운데 가장 견디기 어려웠던 것 가운데 하나를 겪었을 때의 경험을 이야기하고 싶다. 그때 내 앞에는 세 가지 선택지가 있었다. 나는 그 실패를 방바닥 깔개 밑에 쓸어 넣듯이 숨길 수도 있었고, 쓴 알약에 설탕을 입히듯이 윤색할 수도 있었고, 스스로 나서서 실토할 수도 있었다.

문제는 플레이펌프스(PlayPumps) 프로그램에서 일어났다. 플레이펌프스는 케이스 재단에서 추진한 야심차고 흥미로운 프로그램 가운데 하나였다. 우리의 목표는 사하라 이남 아프리카에 있는 10개 나라의 몇백 개 마을에 사는 주민들이 깨끗한 물을 안심하고 마실 수 있게 하자는 것이었다. 우리는 그 프로그램에 우리의 마음에 쏙 든 기술을 적용했다. 그 기술은 어린이용 회전놀이 기구를 활용해 지하수를 퍼 올려 깨끗한 물을 공급할 수 있게 해주는 것이었다. 풍차 옆에서 회전목마가 돌아가는 광경을 머릿속에 떠올려보면 그 기구가 어떤 것인지를 쉽게 이해할 수 있을 것이다. 사람들은 깨끗한 물을 필요로 하고 아이들은 그런 식으로 놀기를 좋아한다고 우리는 생각했다. 그것은 일석이조의 기술인 것처럼 보였다.

우리는 처음에 그 기술을 채택하기로 하고 실제로 보급하는 사업모델을 검토하면서 그것이 굉장한 잠재력을 가지고 있다고 믿었다. 그래서 우리는 그 프로그램을 뒷받침할 재원을 마련하고 홍보활동도 펼칠 조직으로 '플레이펌프스 인터내셔널'을 설립하는 일에 착수했다. 우리는 2006년에 빌 클린턴 전 미국 대통령이 주최한 '클린턴 글로벌 이니셔티브(CGI)' 회의에서 거창하게 그 사업의 출범을 선언했다. 그때 나는 연단 위에서 조지 부시 대통령의 부인인 로라 부시 여사와 빌 클린턴 전 대통령의 사이에 서 있었다. 또한 연단 위에는 나와 함께 나의 남편 스티브와 우리처럼 필랜스로피 활동을 하는 레이 체임버스(Ray Chambers, 지금은 유엔 사무총장의 보건 분야 특사)가 있었다.

처음에는 그 새로운 기술에 대한 반응이 괜찮았다. 몇십 개의 협력조직들이 우리와 힘을 합쳐 그 사업을 떠받쳤다. 초기에는 다소의 차질도 있었지만 그런 때에도 우리는 현장에서 협력조직들과 함께 잘못된 부분을 바로잡으며 꾸준한 노력을 기울였다. 우리는 그 프로그램이 잘 진행되어 간다고 느꼈다.

그러나 시간이 흐르면서 여러 문제점이 잇따라 불거졌고, 우리는 그 프로그램의 성과가 현장에서 요구되는 수준에 못 미친다는 사실을 깨달았다. 우리 팀은 현장에서 보고된 결함들을 고쳐서 그 프로그램을 다시 궤도에 올려놓기 위한 노력을 1년 동안 기울였다. 그런 노력에도 불구하고 마침내 우리는 그 프로그램에 적용된 기술이 현장에서 요구되는 물 공급의 규모나 품질을 보장할 수 없다는 결론에 이르렀다. 우리는 어려운 선택을 해야 했고, 우리 앞에는 세 가지 선택지가 놓여 있었다. 첫째 선택지는 우리가 걸어온 길을 계속 걸어가는 것은 현명하지 않다고 점점 더 많은 증거가 말해주고 있음에도 그 길을 고집스럽게 계속 걸어가는 것이었다. 둘째 선택지는 하던 일을 완전히 중단하고 시간과 자본을 다른 데로 돌려 투자하는 것이었다. 셋째 선택지는 한걸음 뒤로 물러서서 전열을 재정비하고 보다 효과적인 새로운 시도를 하는 것이었다. 우리는 셋째 선택지가 우리가 가야 할 올바른 방향이라고 판단했다. 어쨌든 깨끗한 물을 공급하는 것은 우리 시대의 주된 대의 가운데 하나라는 우리의 신념에 변화가 없었다. 그러나 우리는 그 대의가 실현되도록 해주는 더 나은 방법이 있을 수 있음을 인정하지 않을 수 없었다. 2009년 5월에 케이스 재단 이사회는 과감하게 우리의 방법을 수정하기로 결정했다.

이사회에서 그러한 결정을 한 뒤에 그것을 어떻게 발표해야 하는지에 대한 논의가 진행될 때에 나도 그 자리에 앉아 있었던 것으로 기억된다. 케이스 재단 사무실의 실내 벽은 모두 유리로 되어 있었고, 따라서 복도를 지나가는 사람들은 누구나 우리가 낙담한 표정으로 앉아서 회의를 진행하는 모습을 들여다볼 수 있었다. 그런 자리에 앉아 있는 것은 매우 고통스러웠다. 비영리 조직에서 일하는 사람들은 실패라는 말을 입에 올리고 싶어 하지 않는 법이기에 더욱 그랬다. 우리는 우리의 실패가 대중의 시선을 피할 수 있기를 바라면서 조용히 발을 빼는 방안을 논의했다. 그러나 결국에는 우리가 기회로 알고 추구해온 것이 알고 보니 우리가 감당해낼 수 없는 과제였다는 사실을 우리가 자백해야 한다는 것을 우리는 알고 있었다. 우리가 우리 자신의 미흡했던 점들을 인정한다면 우리가 얻은 교훈을 다른 사람들과 공유하고 살려나갈 수 있으므로 우리나 다른 사람들이 보다 잘 작동하는 새로운 접근법을 시도할 수 있게 되리라고 기대했다.

나는 쓰라린 마음을 달래면서 다른 이사들과 함께 우리가 해야 하는 발표를 가능한 한 가장 공개적인 방법으로 하기로 결정하고 우리의 실패를 분명하게 밝히는 내용의 발표문을 직접 작성하기 시작했다. 나는 그 발표문에 '노력은 했으나 기대에 못 미쳤음을 고통스럽게 인정합니다'라는 제목을 붙였다. 나는 그 발표문의 작성을 끝낸 뒤에 잠시 두려움을 느꼈다. 온 세상을 향해 "우리는 실패했다!"고 발표하는 것이 얼마나 큰 걸음을 내디뎌야 하는 일인지를 잘 아는데 어떻게 안 그럴 수 있었겠는가.[42]

나는 컴퓨터로 발표문 작성을 끝내 놓고도 너무나 두려워 한동안 이메일의 '보내기' 버튼을 누르지 못한 채 의자에 그대로 앉아만 있었다. 그런데 그러는 동안에 내가 생각하지 못한 일이 그 버튼을 누른 뒤에 벌어졌다. 도처에서 사람들이 나에게 이메일을 보내와 그러한 공개적인 방식으로 실패를 스스로 인정한 점에 대해, 그리고 정말로 어려운 문제에 부닥친 상황에서 헝클어진 일을 바로잡기가 얼마나 힘겨운지를 널리 알린 점에 대해 감사한다고 했고, 어떤 사람들은 전화를 걸어와 그렇게 말했다. 우리가 그와 같이 투명하게 일을 처리한다는 결정을 어렵게

나마 내린 그때를 돌이켜 생각해보면 바로 그 결정이 '겁 없이 도전하라 (Be Fearless)'는 구호를 내건 우리의 운동이 시작된 계기였다. 그때 사람들이 우리에게 보내온 응답에서 새로운 제안으로 볼 수 있을 만한 의견이 하나 추출됐다. 그것은 우리와 협력하는 관계에 있는 조직들을 각각 대표하는 사람들이 한자리에 모여 그들 자신의 실패에 관해 이야기하면서 서로 대화를 나누고 거기에서 얻을 수 있는 교훈을 가려내어 공유하자는 것이었다. 이런 의견에 따라 '세이프 테이블(Safe Table)' 미팅이 여러 차례 열리게 됐고, 그 미팅에 많은 조직이 대표자를 보내왔다. 그 미팅은 마치 '실패의 축제'와 같은 것이었고, 그 미팅에 참석한 사람들은 누구든 혁신을 하거나 큰 문제를 해결해보려고 노력할 때에는 항상 올바르게 판단하거나 행동하지는 않는다는 점을 공개적으로 인정했다. 그 미팅은 우리의 실수에서 다른 사람들이 뭔가를 배우도록 함으로써 실패를 의미 있는 것으로 만들려는 노력이었다.

우리는 케이스 재단에 '초록색, 노란색, 빨간색'의 3단계 평가등급을 도입했다. 이것은 이 재단에서 우리가 하는 여러 가지 일의 성과에 대한 새로운 평가방식으로 채택된 것이다. 초록색은 일이 잘되어간다는 뜻이고, 노란색은 조정이 필요하다는 뜻이며, 빨간색은 해당 노력이 실패할 수도 있다는 뜻이다. 어느 해엔가는 놀랍게도 우리의 다양한 사업 가운데 빨간색으로 평가된 것이 하나도 없었는데, 그런 사실이 나에게는 오히려 걱정거리가 됐다. 나는 평가를 담당한 팀과 만나 솔직한 대화를 나누다가 "우리의 사업 포트폴리오에 빨간색 평가를 받는 사업이 적어도 몇 건이라도 들어 있지 않다면 우리는 충분히 대담하게 일하고 있지 않은 것"이라고 지적했다.

케이스 재단에서 일하는 우리도 어느 누구 못지않게 실패를 싫어한다. 하지만 우리는 특별한 결과를 추구한다면 특별한 위험을 어느 정도는 감수해야 한다는 사실을 잘 알고 있다. 케이스 재단에서는 누구든 해야 할 일을 했지만 결과가 미흡하다고 해서 해고당하거나 감봉당하지 않는다. 반대로 기대된 범위를 뛰어넘어 통 큰 베팅을 하거나, 위험을 무릅쓰거나, 의외의 협력관계를 만들어내는 사람은 보상을 받는다.

때로는 실패한 뒤에 방향전환을 하는 것이 자기가 실패한 일에서 남이 성공하도록 돕는 것이 되기도 한다. 우리는 플레이펌프스에 대한 지원을 중단한 뒤에 '워터 포 피플(Water For People)'이라는 조직과 새로운 협력관계를 맺었다. 이 조직은 아프리카의 농촌 마을에 깨끗한 물을 공급하는 방법을 매우 다양하게 갖추고 있었는데 플레이펌프스 프로그램을 거기에 추가한 것이었다. 아프리카의 각 마을은 이 조직이 제시하는 다양한 방법 가운데에서 여건에 맞는 것을 선택할 수 있다. 아프리카의 각지에 깨끗한 물을 공급하는 사업이 그동안 진행돼온 과정은 필랜스로피 전문가인 루시 베른홀츠(Lucy Bernholz)가 말한 '실패하면서 앞으로 나아가기(failing forward)'라는 표현 그대로였다.[43]

사회적 사업 부문의 활동은 사람들에게 직접적인 영향을 미치는 경우가 많고 비영리 부문의 활동은 기부자들의 지원에 크게 의존하기 때문에 이 두 부문에서는 실수에 대해 덜 관용적인 경향이 있다. 그리고 이런 점이 많은 조직으로 하여금 위험을 무릅쓰기를 싫어하게 하거나 이미 저질러진 잘못을 숨기게 한다. 그러나 비영리 조직들이 자신의 실패에 대해 투명한 태도를 취하지 않는다면 그 밖의 다른 조직들이 배울 필요가 있는 교훈을 배울 기회를 박탈당하는 셈이 된다.

실패를 의미 있는 것으로 만드는 것은 민간부문에도 중요한 일이다. 오늘날의 대기업을 살펴보면 성공에 이르기까지 참신한 사고와 중대한 경로수정을 필요로 하는 역경의 시기를 거쳤음이 확인되는 경우가 많다. 이 책의 앞에서 나는 애스트로 텔러가 이끄는 X 프로젝트를 소개했다. 애스트로는 실패를 할 수 있다는 생각을 하는 사람이기만 한 것도 아니고, 더 나아가 그런 생각을 편안하게 하는 사람이기만 한 것도 아니다. 애스트로와 그가 이끄는 실험실에서 일하는 사람들은 실패를 오히려 적극적으로 추구한다. X에서 일하는 사람들은 실패하리라는 기대를 받고 있다. 그들에게 실패는 무엇이 잘 작동하고 무엇이 그렇지 않은지를 알아내는 방법이다. 애스트로는 '실패에 대한 칭찬이 가져오는 예상 밖의 이득'이라는 제목의 흥미로운 TED 강연에서 이렇게 말했다. "우리의 문샷 공장은 혼란으로 가득한 곳입니다. 그러나 우리는 그러한 혼란을 피하거나 거기에 그러한 혼란이 없는 척하지 않고 오히려 그러한 혼란을 우리의 강점으로 만들려고 노력해왔습니다. 우리는 무엇인가를 파괴하거나 우리가 틀렸음을 증명하는 데에 우리가 쓸 수 있는 시간의 대부분을 씁니다. 그것이 전부이고, 그것이 우리의 비밀입니다. 우리는 문제의 가장 어려운 부분에 먼저 달려듭니다. 그리고 매우 재미있어하면서 이렇게 외칩니다. '헤이! 오늘은 우리 프로젝트를 골로 보내볼까?'"

애스트로가 까부는 태도로 이런 말을 한 것이 아니다. 그가 한 말을 좀 더 들어보자. "우리는 X에서 안심하고 실패할 수 있도록 열심히 노력합니다. 어느 팀이나 자기네 아이디어가 실패할 것이라는 증거가 제시되면 곧바로 그 아이디어를 폐기합니다. 그렇게 하면 보상이 주어지기 때문입니다. 게다가 동료들은 그렇게 하는 팀에 박수를 보냅니다. 그때 상급 관리자들은 그 팀의 팀원들을 끌어안고 그들과 하이파이브를 하면서 그들을 축하해줍니다. 특히 내가 앞장서서 그렇게 합니다. 그들은 그렇게 해서 승진하기도 합니다. X에는 두 명으로 이루어진 작은 팀에서부터 30명 이상으로 이루어진 큰 팀까지 다양한 팀이 있는데, 그 가운데 자기네 프로젝트를 그렇게 끝장낸 팀에 대해서는 회사가 그 팀원 모두에게 보너스를 줍니다. 우리의 문샷 공장에서 일하는 사람들은 모두다 꿈을 믿습니다. 그렇다고 열정적인 회의주의가 무한한 낙관주의의 적인 것은 아닙니다. 회의주의는 낙관주의의 완벽한 파트너입니다." 애스트로가 '현대판 실패의 아버지'라는 별명을 얻은 데에는 그럴 만한 이유가 있는 것이다.[44]

그렇지만 그런 애스트로도 오래 전에 위대한 발명가였던 사람들이 남긴 발자취를 따라가고 있을 뿐이라고 볼 수도 있다. IBM을 크게 성장시킨 경영자 토머스 J. 왓슨(Thomas J. Watson, Sr.)은 "성공하고 싶다면 실패율을 두 배로 올려라"라고 말한 적이 있다. 이것은 누구나 새겨들어야 할 좋은 충고인데, 그는 자기도 그래야 함을 잘 알고 있었던 것 같다. 루이스 거스너(Louis V. Gerstner, Jr.)는 IBM이 컴퓨터 시대에도 경쟁력 있는 기업이 되도록 하는 매우 어려운 혁신의 과정을 이끌었고, 저서 《코끼리는 춤을 출 수 없다고 누가 말하는가?》에서 그러한 자신의 경험에 대해 이야기했다. 그 책에서 그는 왓슨에 관한 이야기 하나를 우리에게 들려준다. 왓슨은 대공황 직후의 몇 년 동안에 사무기기에 대한 수요가 다시 증가하리라는 기대를 품고 IBM의 상품 재고를 늘렸다. 그는 특히 100만 달러 규모의 정부입찰에서 IBM이 계약을 따내는 데 성공할 것으로 믿었다. 100만 달러라면 당시로서는 매우 큰 금액이었다. 그러나 IBM은 그 정부입찰에서 계약을 따내는 데 실패했다. 응찰 업무를 맡았던 영업팀 간부는 부끄러워하는 표정을 지으며 왓슨의 사무실에 와서 사직서를 그에게 건넸다. 왓슨은 "무슨 일 때문에 그러나?" 하고 물었다. 그 간부는 응찰한 과정을 자세히 설명하면서 어디에서 실수가 있었고 무엇을 어떻게 해야 했는지를 짚었다. 그 간부의 이야기가 끝나자 왓슨은 건네받았던 사직서를 그에게 돌려주면서 이렇게 말했다. "내가 자네를 교육시키는 데 100만 달러를 투자하고서 자네의 사직서를 수리할 것이라고 생각했나?"[45]

IBM이 겁 없는 도전의 모델로 떠오른 지 100년이 넘었다. 왓슨을 사령탑에 둔 IBM은 여성 노동자에 대한 평등임금 지급을 1935년(!)에 시작했다. 1956년에는 IBM이 미국 남부지역의 인종분리 정책에 반대하는 입장을 취했다. 미국 기업 가운데 가장 먼저 성적 취향을 따지지 않는 것을 자사의 비차별 정책에 포함시킨 곳도 IBM이다. 이 기업은 사회적 책임을 실천하면서 지속적으로 혁신하는 모습을 보여준다는 점에서 과거에 오랫동안 최고경영자로 재임했던 왓슨의 정신을 여전히 살려가고 있다. 오늘날에는 지니 로메티(Ginni Rometty)가 이 기업의 첫 여성 이사회 의장, 회장, 최고경영자로서 그러한 전통을 이어가고 있다.

*

미국에서 여성으로는 처음으로 대기업의 최고경영자에 두 번째로 선임된 메그 휘트먼(Meg Whitman)은 최고경영자로서 자신이 저지른 실패를 인정함으로써 대중의 주목을 받았다. 그녀는 그렇게 자신의 실패를 인정하고 거기에서 배우는 과정에서 두려워하는 모습을 전혀 보이지 않았다. 메그는 이베이(eBay)의 최고경영자로 일하고 있었던 1998년에 양자택일의 선택을 해야 하는 상황에 부닥쳤다. 하나의 선택지는 이베이의 기존 웹사이트를 업그레이드하는 데 투자하는 것이었고, 다른 하나의 선택지는 새롭게 떠오르는 인터넷 시장인 일본에 투자하는 것이었다. 그녀는 기존 웹사이트를 업그레이드하는 데 투자하는 쪽을 선택했다. 그녀는 나중에 CNBC와의 인터뷰에서 "그때 이베이 재팬(eBay Japan)을 만들지 않은 것은 내가 이베이에서 저지른 큰 실수 가운데 하나"라고 말했다. 당시에 이베이는 생긴 지 얼마 안 되는 스타트업으로 매출이 500만 달러에 불과한 가운데 사업규모를 확장하기 위해 애쓰고 있었다. 그럼에도 인터넷 시장으로서 잠재력이 큰 일본에 투자하기를 포기한 그녀의 결정으로 인해 이베이는 그 중요한 시장을 초기에 선점할 수 있는 기회를 잃어버렸다. 그럼에도 이베이는 그녀의 리더십 아래에서 빠르게 성장해 사업망이 30여 개 나라로 확장되고 매출액이 80억 달러 이상으로 증가했다.

메그는 이베이의 최고경영자를 지낸 뒤 2010년에 캘리포니아 주지사 선거에 출마했으나 낙선했다. 그러나 얼마 지나지 않아 휼렛패커드에 최고경영자로 영입된 그녀는 선거에서 겪은 실패에서 얻은 교훈을 회사 경영에 접목했다. 그녀는 CNBC와의 인터뷰에서 이렇게 말했다. "나는 가진 것 전부를 선거운동에 쏟아 부었습니다. 그러나 결과는 내가 기대했던 대로 나오지 않았습니다. 나는 그 실패에서 많은 것을 배웠습니다. 그 배움이 나를 더욱 강한 경영자가 될 수 있게 해주었고, 그러한 배움 덕분에 나는 더욱 강한 사람이 됐다고 생각하고 있습니다."[46]

우리가 각자 자신에게 스스로 던져봐야 할 질문이 하나 있다. 그것은 하나의 실패를 겪고 나서 바로 다른 시도에 나설 수 있느냐다. 어쩌면 당신은 실패해본 적이 없기 때문에 이와 같은 질문을 스스로에게 던져보라는 조언이 당신과는 상관없는 것이라고 생각할지도 모르겠다. 그러나 그런 당신도 앞으로 언젠가는 실패할 것이다. 그리고 나는 당신이 실패하게 되기를 바란다. 빨리 실패하라. 실패하면서 앞으로 나아가라. 실패가 의미 있는 것이 되게 하라. 그런 다음에 뭔가 정말로, 정말로 큰일을 시도하라.

내가 실패하기를 좋아해서 이런 말을 하는 걸까? 나도 실패하기를 싫어한다. 내가 말하고자 하는 것은 실패를 미화하거나 변명거리로 삼자는 것이 아니라 성공은 대개 실패 뒤에 온다는 점을 인정하자는 것이다. 그러므로 당신에게 실패가 닥친다면 그 실패로 하여금 당신에게 뭔가 가르침을 주도록 하고, 그 실패를 극복한 경험으로 하여금 당신에게 에너지를 불어넣고 당신을 성공으로 이끌게 하라. 실패는 당신이 그것을 가지고 무엇인가를 할 때에만 당신에게 유익한 것이 된다.

12 거장들도 실패했음을 상기하라

"실패는 성공의 과정"이라는 말이 있다. 알베르트 아인슈타인이 한 것으로 알려져 있는 말이다. 자신의 실패가 당혹감이나 손실만을 가져오는 것이 아니라 어떤 의미를 가질 수도 있음을 받아들이기를 어려워하는 사람이 많다. 그건 나도 이해한다. 우리는 워낙 성공의 언어로 교육을 받았기에 실패나 실수를 '인생을 파괴하는 사건'으로 여기기 쉽다. 뭔가가 잘못되면 누구나 가장 먼저 알고 싶은 것은 그것이 누구 탓인가다. 2018년 1월에 하와이 비상관리청의 한 직원이 핵공격 위협을 알리는 경보 버튼을 잘못 누르는 일이 벌어졌는데, 그 직원이 그때의 실수를 자신의 이력서에 끼워 넣을까? 내 생각으로는 그가 그렇게 할 것 같지 않다. 그렇지만 그의 실수는 그 뒤에 관련 시스템의 개선으로 이어졌고, 그 덕분에 그 시스템이 앞으로 수많은 생명을 구할 수 있게 될지도 모른다.

우리로 하여금 가장 경탄하게 하는 사람들 가운데 다수가 실패를 겪고 나서 성공을 거두었다. 그 이유는 실패가 그들의 삶에 중대한 전환을 가져다준 데 있었다. 오프라 윈프리는 젊었을 때에 볼티모어의 WJZ-TV 방송국에서 지역뉴스 프로그램의 공동 진행자로 일하게 됐다. 시청자들은 누구인지 전혀 알 수 없는 무명의 그녀가 뉴스 프로그램을 진행하게 된 것에 대해 의아해했다. 그들은 "오프라 윈프리가 도대체 누구냐?" 하고 물었다. 그녀와 함께 뉴스 프로그램을 진행하게 된 사람은 화를 내며 항의했다. 결국 그 방송국은 일곱 달 반 만에 뉴스 프로그램 진행자 명단에서 그녀의 이름을 빼버렸다. 그녀에게 그것은 공공연한 실패였고, 방송인이 그런 식의 실패를 극복하고 되살아나기란 어려운 일이었다. 그녀는 그때 겪은 굴욕감과 좌절감을 지금도 여전히 기억한다고 한다. 그런데 그때 방송국이 그녀를 뉴스 프로그램 대신 '사람들은 이야기한다(People are talking)'라는 토크쇼를 진행하게 한 것이 그녀에게 중대한 전환점을 가져왔다. 시청률이 저조한 그 토크쇼를 맡아 진행하면서 그녀는 이내 자기도 알지 못했던 재능이 자기 안에 숨겨져 있었다는 사실을 알아차리게 됐다. 토크쇼라는 형식에서는 그녀의 개성과 따뜻한 인간미가 빛을 발했다. 오늘날 그녀는 전 세계에서 가장 영향력이 큰 여성 기업인 가운데 한 사람이 돼있다. 그녀는 자기 자신을 솔직하게 드러낸 것이 지금의 자기를 만들었다고 말한다. 그녀는 2013년에 하버드 대학의 졸업식에서 초청연설을 하면서 학생들에게 이렇게 말했다.

"실패는 우리를 또 다른 방향으로 이끌려고 하는 삶의 한 계기일 뿐입니다. 곤경에 빠졌을 때에는 자기가 실패한 것처럼 여겨집니다. …… 곤경에 빠졌을 때에, 인생에서 그런 시기가 왔을 때에 잠시 기분이 상할 수 있는데, 그런들 뭐 어떻겠습니까? 그래도 괜찮습니다. 손실일 수 있다고 생각한 것에 대해 슬퍼할 시간을 자기 자신에게 허용하십시오. 그러나 그런 다음에는, 지금부터가 중요한 이야기인데, 당신이 저지른 실수에서 배움을 얻으십시오. 왜냐하면 모든 경험, 모든 만남, 그리고 특히 당신이 저지른 모든 실수는 당신에게 가르쳐줄 것을 가지고 있으며, 당신이 보다 당신답게 되도록 당신의 등을 떠밀어주기 때문입니다. 그리고 그 다음에는 어떻게 하는 것이 옳은지를 생각하십시오. 당신이 어느 길로 가야 하는지를 알려줄 마음속의 도덕적, 감정적 위치파악시스템(GPS)을 개발하는 데 인생의 열쇠가 있습니다."[47]

"할 수 없다고 생각하는 일을 하라. 실패하면 다시 도전하라. 굴러 떨어진 적이 없는 사람들은 예외 없이 위험을 무릅쓰고 높은 곳에 올라간 적이 없는 사람이다."
- 오프라 윈프리

남에게 거부당하는 것은 고통스러운 일이지만 창의성을 발휘하게 하기도 한다. 스티븐 스필버그(Steven Spielberg)는 어릴 적에 종종 외롭게 지냈다. 스티븐은 자신이 정통파 유대교도인 부모 밑에서 자라면서 학교

친구들로부터 따돌림이나 해코지를 자주 당했다고 했다. 그는 영화감독이 되겠다는 꿈을 갖게 되어 가족의 생활을 촬영해 짧은 영화를 만들기도 했다. 그러나 읽기장애 증세를 가지고 있었던 그는 학교에서 공부를 하는 과정에서 어려움을 겪다 보니 고등학교를 평균 C등급의 부진한 성적으로 졸업해야 했다. 그는 서던캘리포니아 대학의 영화학교에 지원했으나 퇴짜를 맞았고, 대신 롱비치에 있는 캘리포니아 주립대학을 다니게 됐다. 그리고 그 주립대학의 학생 신분으로 영화제작사 유니버설 스튜디오에 들어가 인턴으로 일할 기회를 얻었다. 인턴으로서 하게 된 일에서 그의 재능은 빛을 발했고, 그는 유니버설 스튜디오와 영화감독으로 일하기로 하는 계약을 맺게 됐다. 이에 그는 아예 대학을 중퇴하고 본격적으로 영화감독의 길로 들어섰다.

오늘날 스티븐은 〈이티〉, 〈조스〉, 〈레이더스〉, 〈쉰들러 리스트〉, 〈라이언 일병 구하기〉 등 다수의 히트작을 낸 영화감독으로 유명하다(〈이티〉는 버림을 받고 외롭게 지내는 어린아이의 이야기를 바탕에 깔고 있는 영화인데, 스티븐이 자기 부모의 이혼에서 영감을 얻어 만든 것이라고 한다). 그러나 그에게 실패작들도 있었으며, 우리가 그런 사실을 알고 있지 못하는 것은 그런 사실에 관한 이야기를 듣지 못했기 때문일 뿐이다. 예를 들어 그가 2차 세계대전에서 힌트를 얻어 제작한 전쟁 코미디 영화 〈1941〉은 모든 비평가로부터 혹평을 들었다. 그러나 그는 자기가 만든 모든 영화에 대해 자부심을 갖고 있다고 말하곤 한다. 그는 아무리 재앙적인 실패라도 그것을 창의성에 거름이 되는 것으로 받아들일 줄 안다. 그는 이렇게 말한 적이 있다. "한 달에 한 번 정도는 내 머리 위로 하늘이 무너져 내린다. 정신을 차리고 보면 만들고 싶은 영화가 머릿속에 떠오른다."[48]

*

토머스 에디슨은 어렸을 때에 어느 선생님으로부터 "가르쳐봐야 너무나 멍청해서 배우지를 못한다"는 말을 들었고, 직장생활의 초기에는 심각한 실패를 거듭해서 장래가 촉망되기는커녕 오히려 걱정되는 청년이었다. 그는 젊었을 때에 여러 직장에서 해고당하기도 했다고 한다. 그러면서도 그가 자신의 길을 계속 걸어갈 수 있었던 힘은 어디에서 나온 것이었을까? 그는 어머니가 자기에게 매우 강한 자신감을 심어주었다고 말했다. 백열전구에 관한 실험에서 수도 없이 실패한 뒤에는 그가 실패자로 유명해졌다. 사람들의 입에 자주 오르는 이야기에 따르면 그때 한 신문기자가 그에게 이제는 포기할 때가 되지 않았느냐고 물었다. 그러자 그는 이렇게 대답했다. "나는 실패한 적이 없소. 나는 작동하지 않는 만가지 방식을 알아냈을 뿐이오. 이제 성공은 거의 내 손 안에 들어온 것이나 다름없소." 그는 실제로 포기하지 않았고, 그 이야기의 나머지 부분은 역사가 됐다.

그러나 실패 뒤에는 틀림없이 성공이 온다는 생각에 당신이 너무 사로잡히지 않도록 이쯤에서 애플의 혁신적인 창업자 스티브 잡스(Steve Jobs)의 이야기를 들려주는 것이 좋겠다는 생각이 든다. 스티브가 가장 큰 실패를 겪은 것은 이미 성공을 거둔 뒤의 일이었다. 이 사실에 대해 당신 스스로 깊이 생각해보라. 그는 1976년에 자기네 집 차고에서 친구 스티브 워즈니악(Steve Wozniak)과 함께 애플을 창업하고 애플 컴퓨터를 발표했다. 그들은 1980년에 애플을 증시에 상장했다. 그 뒤로 애플은 다소 부침을 겪다가 1983년에 데스크톱 컴퓨터 '애플 리사(Apple Lisa)'를 내놓았는데, 이것은 실패작이 돼버렸다. 그러나 이듬해에 애플은 혁신적인 제품 '매킨토시'를 출시했다.[49]

애플이 상장되어 공개기업이 된 뒤에도 스티브는 자신의 비전통적인 정신을 유지했다. 그런데 1983년에 영입된 새로운 최고경영자가 1985년에 매우 공개적인 방식으로 창업자인 스티브를 축출했다. 그로부터 20년 뒤에 스티브는 스탠퍼드 대학의 졸업식 초청강연에서 애플에서 축출당할 때에 자기가 느꼈던 끔찍한 고통에 대해 이야기했다. 그러고는 계속해서 이렇게 말했다. "그때에는 알지 못했지만, 애플에서 축출당한 것은 나에게 일어날 수 있었던 일들 가운데 가장 좋은 것이었음이 나중에 확인됐습니다. 성공하고 있는 상태에서 가졌던 중압감이 모든 것에 대해 확신을 덜 갖고 처음부터 다시 시작하는 상태에서만 가질 수 있는 경쾌감으로 바뀌었습니다. 그러한 마음의 경쾌함이 나를 자유롭게 해서 나로 하여금 인생에서 가장 창의적인 시기 가운데 하나에 들어서게 했습니다."[50]

스티브는 1997년에 애플에 최고경영자로 복귀하게 된다. 그 뒤로 그는 2011년에 56살의 나이로 죽을 때까지 일종의 반역자이기를 멈추지 않았다. 애플의 유명한 홍보의 글 '다르게 생각하라(Think Different)'는 주어진 환경에 적응하지 못하는 사람들, 그리고 유별나고 더 나아가 발칙하기까지 한 사람들에 대한 송가다. "그들을 미친 사람으로 보는 사람도 있겠지만, 우리는 그들에게서 천재성을 봅니다. 세상을 변화시킬 수 있다고 생각할 만큼 미친 사람들이 바로 세상을 변화시키게 되는 사람들이기 때문입니다."

스티브가 애플을 떠나 있었던 기간에 실행한 투자 가운데 가장 수익성이 높았던 것 가운데 하나는 '픽사(Pixar)'라는 기업에 대한 투자였다. 그런데 픽사의 역사도 실패로부터 성공을 이룩해내는 과정이었다. 스티브는 디즈니가 꼭 사들이고 싶어 할 정도로 이 기업을 변화시켰다. (말이 나온 김에 덧붙이자면 월트 디즈니의 이야기도 실패에서 성공으로 나아간 또 하나의 경우다. 그는 젊었을 때에 미주리 주의 한 신문사에 들어가 일하다가 "충분히 창의적이지 않다"는 이유로 해고당한 뒤에 래프오그램 스튜디오(Laugh-o-gram Studio)를 창립했다. 그런데 이 스튜디오도 파산하게 된다.) 픽사의 공동 창업자인 에드 캣멀(Ed Catmull)은 언젠가 인터뷰에서 이렇게 말했다. "우리는 실패에 대한 생각을 바꿀 필요가 있습니다. 실패에 적절하게 대처한다면 그것이 성장의 기회가 될 수 있다고 말하는 사람은 나 말고도 그동안 많이 있었습니다. 그런데 대부분의 사람들은 이런 주장을 실수는 필요악이라는 의미로 해석합니다. 실수는 필요악이 아닙니다. 실수는 결코 악이 아닙니다. 실수는 무엇인가 새로운 일을 하는 데 따르는 불가피한 결과입니다. 그렇기 때문에 실수는 가치가 있는 것으로 봐야 합니다. 실수가 없다면 우리는 독창성을 가질 수 없습니다. 나는 실패를 받아들이는 것은 배움의 중요한 한 부분이라는 말을 자주 하지만, 이 말이 진실임을 인정하는 것만으로는 충분하지 않다고 생각합니다. 실패에는 고통이 따르기 때문입니다. 우리가 그 고통을 느끼는 것이 실패의 가치에 대한 우리의 이해를 왜곡시킵니다. 그러므로 우리는 실패의 좋은 부분과 나쁜 부분을 가려내야 하는데, 그러기 위해서는 우리가 고통이라는 현실과 그에 따른 성장이라는 이득 둘 다를 인식해야 합니다."[51]

스포츠는 실패를 어떻게 받아들이고 극복해야 하는지에 관한 교훈을 매일 우리에게 던져준다. 스포츠 경기를 하다 보면 실점을 해서 적어도 일시적으로는 상대편에게 밀릴 수 있기 때문이다. 아이들이 스포츠 경기를 벌이고 있다면 우리는 그들이 실패를 잘 다루도록 도와줄 기회를 많이 포착할 수 있다. 우리가 스포츠에서 가장 먼저 얻을 수 있는 교훈은 '경기는 다른 날에 또 열린다'는 것이다. 스포츠는 우리가 특히 처음 배울 때에 넘어져도, 충돌해도, 발을 헛디뎌도, 공을 놓쳐도 괜찮다는 말을 듣게 되고 그래서 더 잘할 수 있게 된다는 점에서 유사한 예가 드문 분야인 것이 틀림없다. 이런 점은 우리 사회에서 스포츠가 사람들의 관심을 끌게 하는 요소가 되고 있다. 스포츠에서는 실패와 그로부터의 학습이 성공의 필수적인 요소다.

이와 같은 스포츠의 교훈은 아이들에게만 도움이 되는 것이 아니다. 세계에서 가장 훌륭한 스포츠 선수 가운데서도 경기에서 지기를 밥 먹듯이 하는 경우가 많다. 이는 슈퍼볼, 월드시리즈, 전미농구협회(NBA)

챔피언십 등의 경기를 본 사람이라면 누구나 알고 있다. 마이클 조던(Michael Jordan)은 이렇게 말했다. "내가 농구선수로 뛰면서 실패한 샷은 9천 번이 넘는다. 경기에서 진 경우는 300번 가까이 된다. 내가 결승점을 올려야 할 상황에서 샷을 성공시키지 못한 경우는 26번이다. 나는 그동안 실패하고, 실패하고, 또 실패했다. 내가 성공한 이유는 바로 거기에 있다." 탁월한 테니스 선수 세레나 윌리엄스(Serena Williams)는 이렇게 말했다. "얼마나 많이 승리하는가가 아니라 넘어졌을 때에 어떻게 일어나는가가 챔피언을 결정한다고 나는 진심으로 생각한다."

스포츠 선수들은 그보다 훨씬 더 가혹한 종류의 실패에 부닥치기도 한다. 그것은 바로 선수로서의 생명을 끊을 수도 있는 부상이다. 켈리 클라크(Kelly Clark)는 올림픽의 스노보드 부문에서 가장 많은 메달을 획득한 선수인데, 2015년에 노르웨이에서 열린 '엑스게임(X Games)'에 참가했다가 경기 도중에 사고로 큰 부상을 입었다. 햄스트링이 뼈에서 떨어져나갔고, 넓적다리뼈를 고관절에 이어주는 연골이 찢어졌다. 켈리는 두 다리가 묶인 상태로 병원 침대에 누워서 지냈고, 수술을 받은 뒤에는 걷기부터 다시 배워야 했다. 다른 선수라면 그와 같은 상태에서는 그동안 받은 메달에 만족하고 명예롭게 은퇴하는 길을 선택했을지 모른다. 그러나 켈리는 은퇴함으로써 그러한 부상이 자신의 선수생활을 끝내도록 하기를 거부했다. 그녀는 건강을 회복해서 훈련을 하고 다시 경기에 나서겠다는 대담한 결정을 내렸다. 그것은 자신이 경기에 나가 승리하기 위한 결정이 아니라 다른 사람들에게 희망을 주기 위한 결정이었다.

켈리는 2018년 평창 올림픽 출전권을 따냄으로써 전 세계 스포츠계를 놀라게 했다. 그녀가 스노보드 선수로서는 최초로 올림픽에 다섯 번째로 출전하게 됐기 때문이었다. 게다가 그녀는 34세였으니 자기에 비해 나이가 절반에 불과한 다른 선수들과 경쟁을 해야 했다. 그녀는 평창 올림픽에서 메달을 따지는 못했지만, 동메달의 바로 아래인 4위를 차지했다. 나는 평창 올림픽 중계방송을 보면서 그 경기에서 금메달을 딴 클로이 김(Chloe Kim)을 비롯한 다른 선수들이 그녀를 얼마나 존경하는지를 느낄 수 있었다.[52]

*

리처드 브랜슨(Richard Branson)은 전설적인 실패의 주인공이다. 그가 위험을 무릅쓰고 버진 애틀랜틱 항공(Virgin Atlantic Airways)을 설립했을 때에 그 벤처사업을 하기 위해 가지고 있었던 것은 비행기 한 대뿐이었다고 할 수 있다. 그런데 그 비행기도 시험비행 중에 새떼의 공격을 받았다. 그 뒤에도 그는 수많은 사업을 벌여나갔다. 그 가운데 제법 성공한 것들도 있었다. 코카콜라에 도전장을 내민 버진콜라(Virgin Cola), 온라인으로 자동차를 판매한 버진카(Virgin Cars)와 같은 것들이 그랬다. 그러나 브랜슨은 계속해서 모험사업 창업으로 되돌아왔다. 그는 실패, 재정비, 새출발을 지칠 줄 모르고 거듭하는 기업가정신의 화신이다. 오늘날 브랜슨의 버진그룹(Virgin Group)은 그 산하에 400여 개의 사업체를 거느리고 있다. 그는 이렇게 말한다. "엎어지면 기어서라도 앞으로 나아갈 수 있다."[53]

우리가 "다른 사람들이 남긴 발자국을 따라가라"라는 구절을 생각할 때에 그 발자국을 실패와 연관시키는 경우는 드물다. 그러나 나는 훌륭한 지도자들과 뛰어난 성취자들도 자기가 걸어온 성공의 길에서 실패했던 사람이며 그 가운데는 여러 차례 거듭해서 실패했던 사람도 적지 않음을 중점적으로 증명해 보이기 위해 이 장을 썼다. 그러므로 만약 당신이 앞으로 실패하게 된다면 거장들도 실패했고 당신은 그들의 뒤를 밟고 있는 것이라는 사실을 기억하라.

13 역경에 맞서라

나는 살아오는 동안에 내가 주위의 다른 사람들과 다르다는 느낌을 강하게 갖게 되는 순간을 여러 차례 겪었다. 그 느낌은 내가 살아온 내력, 여성으로서의 사회적 역할, 교육을 받아온 과정과 관련된 것이었다. 나는 다른 사람들과 다르다는 느낌은 나로 하여금 열등감을 갖게 하거나 '나는 지금의 내 지위에 앉아 있을 자격이 없는 사람인데 그럴 자격이 있는 사람인 척하고 있다'는 심리에 사로잡히는 이른바 '가면증후군(imposter syndrome)'을 앓게 했다.

수없이 많은 상황에서 나는 다른 사람들과 달랐다. 학교에 다닐 때에는 다른 학생들과 달리 나 혼자만 학비지원을 받아야 했다. 나중에 취직해서 직장에 다니다 보니 주위에 나 말고는 대학을 나오지 않은 사람이 없었다. 기업에서 이사가 되어 이사회에 참석해서 보면 나만 여성이었다. 내가 무슨 이야기를 하고 있는지를 이제는 당신도 알아차렸을 것이다. 사회 속에서 자기만 '다르다'는 느낌을 갖게 된 사람에게는 실패에 대한 두려움이 특히 자신감을 잃게 하는 심각한 영향을 미칠 수 있다. 자기와 유사한 지위에 있는 모든 사람에게 자기가 실망스러운 존재가 될까봐 두려워할 수 있기 때문이다.

그런데 이런 자기이질감은 의외로 더 큰 능력을 발휘하게 하는 능력 승수로 작용할 수 있다. '뭔가를 증명해야 하는' 사람, 다시 말해 틀에 들어맞지 않기 때문에 다른 사람들에 의해 배제당하기 쉬운 사람이 탁월한 능력을 발휘하며 성공하는 경우가 적지 않다. 흑인 여성인 오프라 윈프리가 그랬고, 멍청해서 가르칠 수 없다는 말을 들었던 토머스 에디슨이 그랬으며, 영화학교에서 퇴짜를 맞은 스티븐 스필버그가 그랬다.

작가 롤링(J. K. Rowling)은 그녀의 소설 작품 《해리 포터》 시리즈가 엄청난 베스트셀러가 되기 전에 인생의 저점에 있을 때에는 복지급여에 의존해 살아가는 싱글맘이었고 우울증에도 시달렸다. 그녀는 당시에 자기가 아는 인생 실패자 가운데 가장 형편없는 실패자가 자기였다고 나중에 회상했다. 그 시기는 그녀의 인생에서 암흑기였다. 그런데 그 암흑기의 경험이 그녀의 소설 작품에 토대가 되는 선과 악의 신비한 세계를 그녀로 하여금 상상하게 했다. 그녀는 밤에 커피숍에 앉아서 종이에 손으로 글을 쓰기 시작했다. 그렇게 해서 작품 하나를 완성한 그녀가 마침내 용기를 내어 여러 출판사에 원고를 보냈다. 그러나 그 원고를 받아주는 출판사는 한동안 나타나지 않았다.[54]

롤링은 그때에 출판사들로부터 받은 거절의 편지 가운데 일부를 2016년에 트위터에 올렸다. 작가로 성공하고 싶어 하는 사람들에게 포기하지 말라는 격려의 메시지를 보내고 싶어서였다. 그것을 본 사람들이 그녀에게 어떤 동기부여가 있었기에 그렇게 도전하기를 멈추지 않고 계속할 수 있었는지를 알고 싶어 했다. 그녀는 이렇게 대답했다. "나는 더 잃을 것이 아무것도 없었습니다. 때로는 그런 상황이 도전하기에 충분한 용기를 가져다줍니다." 수많은 작가 지망생이 트위터에 답장을 올려 그녀에게 감사하다는 뜻을 전하면서 그녀가 처음에 출판사들로부터 거절을 당한 이야기가 자기에게 도전을 계속할 용기를 주었다고 했다.[55]

*

1985년에 수단은 처참한 내전에 본격적으로 휘말리기 시작했다. 그 내전에서 몇백만 명이 죽고 몇백만 명이 살던 곳에서 쫓겨났다. 내전의 시기에 열한 살짜리 소년 살바 두트(Salva Dut)가 사는 마을이 공격을 당했다. 살바는 살기 위해 다섯 살짜리를 포함한 다른 소년들과 함께 남수단에 있는 그 마을을 떠나 몇백 마일을 걸어서 에티오피아에 있는 난민캠프로 갔다. 언젠가부터 그들을 포함한 수많은 소년과 소녀들이 '수단의 실종된 아이들'로 불리게 됐다. 그러나 살바는 나중에 TED 강연에서 당시에 자신이 겪은 일을 이야기하면서 "우리는 사실 '실종된 아이들'이 아니라 '걷는 아이들'이었습니다"라고 말했다. 그들은 땅 위를 걷다가 사자를 만나기도 했고, 물을 건너다가 악어를 만나기도 했다. 그러나 그들이 가장 두려워한 것은 군인들에게 발각되는 것이었다. 그렇게 되면 그들의 손에 죽임을 당할 것이니 성장해서 반군의 전사가 될 수 없게 된다고 생각했기 때문이었다.

소년들이 마침내 난민캠프에 도착해서 보니 그곳은 사람이 살아가기가 거의 불가능한 상태였다. 하루에 배급되는 음식이 한 국자 정도에 불과했다. 마실 물도 거의 없었고, 위생시설은 전혀 없었다. 무엇보다 큰 문제는 그들을 보살펴줄 어른이 없다는 것이었다. 아이들은 모든 일을 스스로 알아서 해야 했다. 그들은 결국에는 그곳에 계속 머물러 있을 수 없다고 생각했다. 살바는 열다섯 살이 됐을 때에 1500명의 아이들을 케냐에 있는 카쿠마 난민캠프로 이끌고 갈 소년 지도자로 선출됐다. 거기까지 가려면 지형이 험난한 곳을 포함해 몇백 마일을 걸어가야 했다. 그러나 어쨌든 소년들은 그곳에 도착했고, 그곳의 상태는 살기에 훨씬 나았다.

살바는 스물두 살 때에 정치적 난민으로 미국에 와서 가족과 함께 뉴욕 주의 로체스터 시에 정착했다. 그는 전등불의 스위치를 돌리는 법부터 음식료품 가게에 가서 먹을 것을 사는 법까지 온갖 것을 다 새로 배워야 했다. 그가 미국에 온 지 몇 년 뒤의 어느 날에 놀라운 소식이 그에게 전해졌다. 내전의 와중에 틀림없이 죽은 것으로 알았던 아버지가 아직 살아있다는 것이었다. 그는 열한 살 때 이후로는 한 번도 본 적이 없는 아버지를 찾기 위해 남수단으로 갔다. 그런데 가서 보니 아버지는 오염된 물을 마신 탓에 심각한 병에 걸려 누워있었다. 살바는 TED 강연에서 청중에게 그 물이 어떤 상태인지를 보여주려고 주머니에서 플라스틱 병을 하나 꺼내서 높이 치켜들었다. 그 병 안에는 진흙투성이 물이 들어있었다.

미국으로 돌아온 살바는 필랜스로피에 대해서는 아무것도 모르는 채 '워터 포 사우스 수단(Water for South Sudan)'이라는 비영리 조직을 만들었다. 그는 이 조직을 통해 자기가 도망쳐 나온 남수단 지역에 안심하고 마실 수 있는 물을 공급하기 위한 싸움을 시작했다. 그가 5만 달러를 모금해서 아버지가 사는 마을에 우물 하나를 파기까지 4년이 걸렸다. 워터 포 사우스 수단은 2005년에 판 그 우물을 포함해 그동안 남수단 지역에서 모두 304개의 우물을 팠고, 그 혜택은 그 지역의 주민 몇십만 명에게 돌아갔다. 살바의 이야기는 여러 차원에서 주목할 만하지만, 그 자신이 지속적으로 전달하고자 하는 메시지는 희망과 인내다. 그가 자신의 삶을 관통하는 테마로 내세우는 것은 '걷기'인데, 이것은 끈기를 가리키는 은유적 표현이다. 그는 지금도 여전히 어려운 일에 부닥쳐도 "두 발을 한걸음씩 번갈아 내디디면서 그저 계속 걸어간다"고 말한다. 그러면서 그는 이렇게 말한다. "나는 인생에서 상황이 아무리 힘들더라도 끈기 있게 계속 걸어가다 보면 좋은 것을 많이 성취할 수 있음을 배웠다."[56]

살바의 경우와 같은 이야기들은 우리에게 감동을 주는데, 그렇다면 자기가 버림을 받았다고 느끼는 주위의 사람들을 위해 우리는 어떤 일을 하고 있는가? 우리 미국인은 전쟁터에 가서 싸우고 돌아온 퇴역군인들을 영웅이라고 부른다. 우리는 전쟁터에서 그들이 보여준 용기를 칭찬하기도 한다. 그러나 바버라 반 달렌이 우리에게 일깨워주었듯이 우리는 귀국한 그들에게 거의 아무것도 제공하지 않는다. 전쟁터에 갔던 병사 가운데 다수가 정신적 외상을 입고 돌아온다. 이라크와 아프가니스탄에 가서 싸우고 돌아온 병사 가운데 적어도 20퍼센트 이상은 외상 후 스트레스 장애를 앓고 있다. 용감한 병사였던 사람 가운데 너무나 많은 이들이 한때 자신의 일상생활을 규정했던 소속감과 목적의식을 잃고 사회복귀에 어려움을 겪고 있다. 퇴역군인 가운데 자살을 하거나 홈리스로 지내는 비율이 높다는 사실은 그들이 순조로운 삶을 살지 못하고 있음을 분명하게 알려주는 고통스러운 증거다.

팀 루비콘(Team Rubicon)을 생각해보자. 2010년 1월에 아이티의 포르토프랭스에서 진도 7.0의 지진이 일어났을 때에 100만 명에 가까운 주민들이 집을 떠나 홈리스가 되고 몇천 명이 죽었다. 미국의 해병대원 제이크 우드(Jake Wood)와 윌리엄 맥널티(William McNulty)는 곧바로 구호활동에 나섰다. 이 두 해병대원은 퇴역군인과 친구 등 다른 사람 여섯 명과 함께 모금을 하고 의약품 등 구호용 물품을 구입했다. 그러고는 우선 비행기를 타고 도미니카공화국에 갔고, 그곳에서 트럭을 구해서 가지고 간 구호용 물품을 거기에 싣고 아이티로 들어갔다. 이들 팀 루비콘은 아이티의 재난 피해자를 구호하는 활동을 벌이는 과정에서 자기네가 퇴역군인들이 필요로 하는 것도 제공할 수 있음을 알게 됐다. 퇴역군인들에게 소속감과 목적의식을 불어넣어줌으로써 그들의 자존감을 회복시킬 수 있음을 깨달은 것이었다.

팀 루비콘에 참여한 사람들은 처음에는 팀 루비콘을 '퇴역군인의 봉사를 활용해 재난구호 활동을 벌이는 조직'으로 보았다. 그러나 퇴역군인으로서 팀 루비콘에 처음부터 참여했던 클레이 헌트(Clay Hunt)가 자살로 삶을 마감한 뒤에는 그들이 팀 루비콘을 '재난구호 활동을 활용해 퇴역군인의 봉사를 지원하는 조직'으로 보기 시작했다. 제이크 우드는 언젠가 감동적인 강연에서 자신의 친구들을 언급하며 자긍심과 손실감이 교차하는 퇴역군인의 심리에 관해 이야기했다. "캔자스시티에서 고등학교를 졸업한 열여덟 살짜리 청년이 있다고 합시다. 그가 군에 입대합니다. 군은 그에게 소총을 주고 그를 이라크로 보냅니다. 군은 그의 가슴에 훈장을 달아줍니다. 그는 귀국해서 색종이가 뿌려지는 환영행사에서 행진을 하고 고향으로 돌아갑니다. 그는 군복을 벗고 평소에 입던 옷으로 갈아입습니다. 이제 그는 더 이상 아무개 병장이나 아무개 하사가 아닙니다. 그는 캔자스시티의 아무개입니다. 이제 그는 종전의 자존감을 갖고 있지 않습니다. 그렇지만 토네이도가 휩쓸고 지나간 미주리 주의 조플린 시에 그를 보내봅시다. 그곳에서 다시 누군가가 그에게 다가와 악수를 청하며 그의 봉사에 감사한다고 말합니다. 그러면 그는 다시 자존감을 갖게 됩니다."[57]

나는 과거에 필랜스로피의 수혜자였고, 지금은 필랜스로피 사업을 하는 재단을 이끌고 있다. 특권층 인사가 많이 모이는 필랜스로피 분야에서 만나게 되는 다른 리더들 가운데 삶의 이력이 나와 비슷한 사람은 그리 많지 않다. 그래서인지 나는 대런 워커(Darren Walker)를 처음 만나서 그로부터 자기가 어떻게 해서 불리한 조건을 극복하고 미국에서 규모가 가장 큰 재단 가운데 하나인 포드 재단(Ford Foundation)의 총재가 됐는지에 관한 기억해둘 만한 이야기를 들었을 때에 흥미 이상의 것을 느꼈다. 그가 하는 이야기를 듣고 나는 마음 깊이 감동했다. 전통과 명성에서 압도적이며 자산이 120억 달러가 넘는 엄청난 규모를 자랑하는 포드 재단을 이끄는 대런이 알고 보니 불우한 어린 시절을 보낸 사람이었다. 그리고 그는 그런 자신의 어려웠던 성장과정을 언제나 터놓고 스스럼없이 이야기한다. 그는 〈워싱턴 포스트〉에 실린 가슴 울리는 인터뷰에서 저널리스트 조너선 케이프하트(Jonathan Capehart)에게 이렇게 말했다. "나는 나의 과거를 그대로 받아들입니다. 나는 가난에 대해 알기 위해 저소득 농촌 마을이 처한 상황을 연구해야 할 필요가 없었습니다. 나는 살면서 그것을 체험했습니다."

이제는 나의 친구이기도 한 대런은 자기와 같이 대단히 불리한 조건을 극복하고 포드 재단의 총재와 같은 자리에 앉게 된 것은 드문 경우임을 스스로 잘 알고 있다. 그는 미국 남부지역 출신의 흑인이며 동성애자이지만 사회적 편견을 비롯한 그 어떤 높은 장벽도 자기가 꿈을 이루는 것을 방해하도록 허용한 적이 없다. 그가 살아온 특이한 삶의 이야기는 많은 사람에게 영감을 주었고, 많은 매체로 하여금 그 이야기를 소개하도록 했다. 시사잡지 〈타임〉은 '세계에서 가장 영향력이 큰 100명'에 그를 포함시켰다. 그는 남들이 선망하는 지위에 올랐거나 사회적 발언권을 가진 사람은 다른 사람들의 힘을 북돋아서 그들을 통해 우리 사회에 변화가 일어나게 해야 한다고 말한다. 그는 "미국의 미래에 대해 나는 매우 낙관적"이라고 말하곤 한다. 우리를 고무시키는 그와 같은 사람들의 이야기는 우리로 하여금 누구나 불리한 조건을 극복할 수 있음을 상기시켜준다.[58]

자기가 넘어지면 다른 사람들이 무슨 말을 할지를 예단하고 그로 인해 부담감을 갖는 사람들이 있는데, 어쩌면 당신도 그런 사람일지 모르겠다. 특히 당신이 나와 비슷한 사람이어서 자신의 실패가 '누구는 훌륭한 일을 할 수 있지만 누구는 그렇지 못하다'는 주위의 편견에 먹잇감이 될 수 있다고 생각한다면 더욱 그럴 것이다. 나는 당신에게 이 장에서 내가 부각시켜 소개한 사람들에게 시선을 집중하기를 권하고 싶다. 그들은 자기가 사회에서 배척당하고 있거나 주위의 다른 사람들과 다르다고 느꼈을 뿐 아니라 실제로도 그랬다. 그러나 그들은 자기가 실패자가 될 수 있다는 생각이 불러일으키는 두려움을 극복했다. 그렇게 함으로써 그들은 훌륭한 일을 해냈을 뿐만 아니라 '다른 사람들과 다른 사람'의 잠재력에 대한 우리의 편견을 줄이는 데 기여했다. 그들의 이야기에서 영감을 얻고, 당신을 앞으로 나아가지 못하게 할 수 있는 불안감을 그 영감의 힘으로 극복하라.

14 길게 내다보라

내가 가고 싶었던 대학에 가지 못해서 살던 곳에 머물러 살게 됐을 때에 그렇게 된 것이 나중에 나로 하여금 레이건 행정부에 고용되어 워싱턴 디시로 가게 하리라는 것을 알았더라면! 워싱턴 디시에서 내가 앉아있던 일자리가 예산부족으로 폐지되는 바람에 방세 낼 돈을 벌기 위해 테크놀로지 분야의 스타트업에 임시직으로 취업했을 때에 그렇게 된 것이 나중에 나 스스로는 상상할 수도 없었던 직업경로로 나를 인도하리라는 것을 알았더라면! 나는 지금도 과거를 회상하다 보면 방금 이야기한 두 경우에 쓰라린 좌절감과 함께 이제 내가 갈 곳은 아무데도 없을 것 같다는 생각에 두려움을 느꼈던 일을 생생하게 기억한다. 미래를 보여준다는 수정구슬이 나한테 있었더라면 얼마나 좋았을까.

누구의 인생이든 여러 단계를 거치기는 마찬가지다. 현명한 사람은 좌절 속에서 싹터 나오는 새로운 기회를 볼 줄 안다. 현명한 조직도 그렇다. 나는 언젠가 어떤 기업의 창업자가 그 기업을 성장시키기 위해 다음 차례로 추진할 사업에 관한 구상과 실행계획을 종이에 적고 그 종이를 자신의 책상서랍 속에 넣어두었다는 이야기를 들은 적이 있다. 그는 그 사업을 실행하기에 적합한 조건과 상황이 갖춰질 때를 기다렸던 것이다. 어느 정도는 그와 같이 하는 것이 현명할 수 있다. 그런데 무엇인가 대담한 일을 시도하기에 완벽하게 조건과 상황이 갖춰지는 시점은 결코 오지 않는 것도 사실이다. 너무 오래 기다리기만 한다면 그런 시점은 모르는 사이에 지나가버릴 수 있다. 그러니 타이밍이 매우 중요하다. 그러나 이런 속담도 있다. "나무 한 그루를 심기에 가장 좋은 시점은 20년 전이었다. 그 다음으로 좋은 시점은 지금이다."

아이디어가 성공에 이르는 과정에서 타이밍과 외부요인이 큰 역할을 할 수 있다. 아이디어가 실패에 이르는 과정에서도 마찬가지다. 큰 것을 시도했다가 실패하는 사람, 기업, 조직이 많이 있는 것을 보면 새로운 것을 시작하기 위해서는 위험을 감수해야 한다는 현실에 대해 냉철한 태도를 갖는 것이 중요하다. 우리는 모두 실패는 실제로 일어나는 것이며 그 가운데 일부는 불가피한 것임을 인정해야 한다. 페이스북이 있으면 프렌드스터가 있고, 스포티파이가 있으면 냅스터가 있다. 뇌종양 치료 분야의 획기적인 발전이 이루어지게 하는 데 성공적으로 재정지원을 한 조직이 있다면 헌신적인 의사와 기술자들로 가득한데도 미래 세대의 건강에 의미 있는 기여를 하지 못하는 실험실이 있다.

때로는 아이디어가 나빠서가 아니라 그 실행을 잘못해서 실패에 봉착하기도 한다. 기업이나 사회운동 조직을 창설해서 성공을 거둔 사람들과 대화를 나누다 보면 그들로부터 초기에 자기에게 시간과 자금이 얼마나 부족했으며 재능이 일류급에 얼마나 못 미치는 인력을 가지고 일을 해야 했는지를 회상하는 이야기를 듣게 되는 경우가 많다. 성공한 그들도 그랬다고 하니 우리도 실패의 조짐을 일찌감치 식별해내어 너무 늦기 전에 경로수정을 할 수 있어야 한다. 무엇이 잘 작동하고 무엇이 그렇지 않은지를 놓고 솔직하게 토론을 해보는 것도 중요하고, 무엇이 잘못됐는지를 알아내어 필요한 조정을 하기 위해 다른 사람들의 도움을 받는 것도 중요하다.

2006년에 게이츠 재단(Gates Foundation)은 2010년까지 소아마비를 근절하는 일에 130억 달러를 투입하겠다고 선언했다.[59] 그것은 대담한 계획이었다. 하지만 게이츠 재단은 그 계획을 실현해낼 수 있다고 스스로 믿었고, 게이츠 재단의 노력에 힘을 보탠 사람들도 그렇게 믿었다. 그러나 게이츠 재단이 소아마비 근절 대상지역으로 지목했던 나라들 가운데 일부에서는 2010년에도 소아마비가 확산되고 있었다.

나도 그들과 같은 정도는 아니었겠지만 그들이 느꼈을 법한 고통을 같이 느꼈다. 왜냐하면 나도 게이츠 재단에 관여하고 있었기 때문이다. 그들이 순전한 선의에서 그런 막대한 자금을 투입하고 자신들의 시간과 존경할 만한 사람들의 재능을 쏟아 부은 것을 생각해보라. 그런데 그와 같은 노력이 계획한 대로 효과를 내주지 않았다. 그것은 빌 게이츠에게 타격이었다. 그러나 그는 좌절에 빠지지 않고 길게 내다보는 태도를 취했다. 그는 "다음 차례로 무엇을 해야 할까?"라고 물었다. 그것은 정확하게 올바른 질문이었다. 게이츠 재단 팀은 계속 앞으로 나아갔고, 계속 노력했고, 계속 투자했다. 내가 이 책을 쓰고 있을 때에 게이츠 재단은 이제는 소아마비 바이러스 감염 사례가 두 나라에서 모두 열두 건뿐이라고 발표했다. 게이츠가 아내와 함께 게이츠 재단을 통해 추진해온 이 사업의 목표 달성이 가시권 안에 들어온 셈이다. 이 이야기에서 주목해야 할 부분은 게이츠 부부가 자신들이 가야 할 길을 가고 있음을 결코 의심하지 않았다는 것이다. 그들은 그 길에서 벗어날 생각을 조금도 하지 않았다. 그들은 길게 내다보는 관점을 취했고, 그래서 도중에 좌절을 맛보더라도 하고자 한 일을 완수하려면 무엇이 필요한지를 궁리했다.

스포츠 팀 가운데 패배나 약점노출이 거듭되고 있는 가운데 길게 내다보는 관점을 취할 필요가 있는 경우를 종종 보게 된다. 아이스하키 팀인 워싱턴 캐피털스(Washington Capitals)의 소유주 테드 레온시스(Ted Leonsis)의 이야기를 예로 들어보자. 테드는 AOL에서 나에게 동료이자 좋은 친구였던 사람이다. 그가 설립한 테크놀로지 기업을 AOL이 인수함으로써 그렇게 됐다. AOL에서 일하던 사람들은 모두 그가 큰 꿈을 가진 똑똑하고 유능한 리더이며 이미 여러 가지 탁월한 성취를 거둔 인물로 그를 알고 있었다. 그는 1999년에 워싱턴 캐피털스를 매수했을 때에 오직 하나의 목표에 집중했다. 그것은 스탠리컵 대회에서 우승하는 것이었다. 워싱턴 캐피털스는 그 뒤로 경기력이 뛰어난 엘리트 선수들을 많이 영입했고, 2010년 이후 3차례나 정규 시즌에 최다 득점을 해서 북미 아이스하키리그(NHL)의 프레지던츠 트로피를 거머쥐었으며, 여러 번 NHL의 플레이오프에 올랐다. 그러나 테드에게 인수된 뒤로 20년이 거의 다 되어가도록 스탠리컵을 워싱턴 디시로 가져오는 데에는 실패하고 있었다. 그는 그동안 경영자로서 보여준 기업가정신을 이번에도 거의 비슷하게 발휘하며 성공을 향해 밀어붙이기를 계속했다. 결국에는 목표를 달성할 것이라는 신념을 결코 버리지 않으면서 그 가능성을 높이는 데 필요한 조정을 해나갔다. 그 기간에 팬들의 지지 열기가 식지 않았음은 관람권 판매 실적으로 증명된다. 워싱턴 캐피털스가 스탠리컵 최종결승전에 오르지 못한 기간에도 이 팀의 경기를 볼 수 있는 관람권은 400차례 넘게 연속으로 매진됐다.

테드와 그의 팀은 마침내 2018년에 목표를 달성했다. 스탠리컵 대회에서 우승한 것이었다. 이로써 이 대회의 역사상 처음으로 스탠리컵을 워싱턴 디시로 가져올 수 있게 됐다. 박수갈채가 쏟아지는 가운데 이 대회 우승에 이르기까지 기나긴 여정을 걸어온 것에 관한 질문을 받은 테드는 이렇게 말했다. "등산을 할 때에 힘들고 고통스러운 과정을 겪고 나서 정상에 오르면 훨씬 더 기분이 좋습니다. 삶이란 그런 것이지요. 위대한 기업도 그렇게 탄생합니다. 쉬운 일은 결코 없습니다."[60]

나는 길게 내다보는 지혜의 중요성을 과거의 역사를 돌아보다가 새삼 깨닫곤 한다. 만약 당신이 누군가에게 실패자라는 낙인을 찍으려고 한다면 그러기 전에 잠깐이라도 밀턴 S. 허시(Milton S. Hershey)를 상기해보라. 허시는 1857년에 미국 펜실베이니아 주의 농촌에서 태어났다. 그의 아버지는 가족을 저버렸고, 어머니는 오래 병을 앓아 아들의 보살핌을 필요로 했다. 그는 정규교육을 받을 기회를 거의 갖지 못했다. 그는 열네 살 때에 랭커스터 시에 있는 제과점에 견습생으로 취직해 일하면서 제과기술을 배우기 시작했다. 견습생으로 4년을 지낸 뒤에 그는 독립하기로 결심하고 친척 아주머니에게서 빌린 150달러의 돈을 가지고 필라델피아 시로 가서 제과 사업을 시작했다. 그의 열정과 끈기에도 불구하고 그의 사업은 5년 만에 망했다. 그는 실패에 굴복하지 않고 덴버 시로 가서 아버지와 같이 살면서 다른 제과점에 다니며 캐러멜이라는 새로운 과자를 만드는 기술을 익혔다. 캐러멜이 미국의 소비자들을 사로잡을 것이라고 생각한 그는 사업을 벌이기에 적합해 보이는 다른 지역을 몇 군데 돌아다니다가 마침내 스물여섯 살 때에 뉴욕 시에 자리를 잡았다. 그는 그곳에서 자신의 제과점을 열었지만 3년 만에 문을 닫아야 했다.

그는 펜실베이니아 주의 고향으로 돌아갔다. 가족은 그를 떠돌이로 여겨서 그가 가족모임에 참석하는 것을 원하지도 않았다. 그는 자신이 기울인 노력의 결과로 남들에게 보여줄 것이 아무것도 없는 상태로 마흔 살을 눈앞에 두게 됐다. 그렇다면 이제는 그가 사업가로서의 꿈을 포기해야 할 때였을까? 그는 포기하지 않았다. 오히려 그는 '랭커스터 캐러멜 컴퍼니'라는 회사를 차렸다. 그가 '입 안에서 녹는 과자'를 만드는 방법을 실험할 때에는 그의 어머니와 친척 아주머니가 그를 도와주었다. 이 회사는 성공작이었다. 그는 1900년에 이 회사를 100만 달러에 매각했다. 그즈음에 그는 원대한 꿈을 꾸고 있었다. 그것은 초콜릿 과자 사업을 하는 것이었다.

초콜릿 과자 자체는 새로운 것이 아니었지만, 그것을 대량생산하는 기술은 새로운 것이었다. 허시는 최신의 초콜릿 과자 제조기를 매입해서 고향 마을인 데리파크(Derry Park, 이 마을의 이름은 나중에 허시(Hershey)로 바뀌게 된다)에 '허시 초콜릿 컴퍼니'를 차렸다. 어렵게 살아가는 사람들의 고통을 알고 있어서 그랬는지는 모르겠지만, 그는 이 회사를 중심으로 그 주위를 일종의 '모델 타운'으로 만들기로 계획했다. 그 지역을 사람들이 비교적 안락하게 살면서 일도 하고 놀기도 하는 곳으로 만들기로 한 것이었다. 마침내 그는 자신의 꿈을 이루었다.

허시가 이 세상에 기여한 것은 그것만이 아니었다. 허시 초콜릿 컴퍼니의 문을 열기 전에 그는 인생의 반려가 될 여성 캐서린을 만났다. 두 사람은 결혼해서 부부가 됐지만 아이를 낳을 수 없다는 사실을 알게 됐다. 이를 계기로 허시 부부는 자신들이 펼치는 필랜스로피 노력을 불우한 아이들에게 집중하기로 결심했다. 그들은 고아들을 위한 직업학교 '허시 인더스트리얼 스쿨'을 설립했다. 그들은 이 학교의 학생들이 직업

기술 교육을 받고 나서 좋은 직장에 취직하게 되기를 바랐다. 1915년에 아내 캐서린이 세상을 떠난 뒤에 허시는 자기 재산의 대부분을 이 학교에 양도했다. 오늘날에는 '밀턴 허시 스쿨(Milton Hershey School)'로 이름이 바뀐 이 학교에서 2천 명 이상의 불우한 남녀 학생들이 기숙사 생활을 하면서 공부하고 있다. 이 학교는 과거에는 남자아이만 입학시켰지만 이제는 여자아이도 입학시키고 있다. 허시는 애초에 이 학교를 설립했을 때에 학생들에게 하루에 두 번씩 암소의 젖을 짜는 일을 시키라는 지침을 교사들에게 주었다. 이 지침은 오랫동안 지켜지다가 1989년부터는 더 이상 실행되지 않고 있다. 미래를 내다본 허시의 재산 양도 덕분에 이 학교는 현재 125억 달러나 되는 기본재산을 가지고 운영되고 있다. 아이비리그의 대학 가운데도 기본재산이 이에 못 미치는 학교가 몇 군데 있다.[61]

*

인생에서 느지막이 성공을 거두는 사람을 가리켜 '대기만성형 인간(late bloomer)'이라고 한다. 맬컴 글래드웰(Malcolm Glaswell)은 잡지 〈더 뉴요커〉에 실린 글에서 "커다란 성취로 가는 도중에 있는 대기만성형 인간은 실패자처럼 보일 것"이라고 했다.[62] 이는 허시에게는 분명하게 적용되는 통찰력 있는 말이다. 우리는 창의성을 기반으로 큰 꿈을 꾸는 데에는 나이가 든 사람보다 젊은이가 더 유리하다고 생각하는 경향이 있다. 그러나 젊어서 성공을 거두지 못한 채로 나이가 든 사람도 미래에 대해 올바른 태도와 건강한 관점을 갖는다면 대기만성형 인간으로 성공을 거둘 수 있다.

우리는 통 큰 베팅을 하는 데에서 절박함이 중요한 역할을 한다는 것을 인정하지만, 때로는 길게 내다보는 관점이 통 큰 베팅의 관건이 되기도 한다. 실패도 그런 관점에서 바라보는 것이 중요하다. 야구에서 1회에 삼진을 당했다면 그것을 9회까지 게임 전체의 맥락 속에서 고려할 필요가 있다(베이브 루스(Babe Ruth)는 홈런왕인 동시에 피삼진왕이었다고 한다). 장기적 비전보다 분기별 이익에 더 신경을 쓰다가 실패하는 기업이 아주 많다.

워런 버핏(Warren Buffett)은 특출하게 성공한 투자자로서 많은 사람이 투자와 사업의 스승으로 떠받들며 따르는 인물이기도 하다. 최근의 몇 년 동안 나는 연례 '기부서약(The Giving Pledge)' 모임에서, 그리고 그 밖의 사업 관련 자리나 콘퍼런스 행사장에서 워런과 함께 시간을 보내는 즐거움을 누릴 수 있었다. 기부서약은 2010년에 빌 게이츠와 그의 아내 멜린다가 워런과 함께 창설한 조직으로 보유 재산 가운데 상당부분을 기부해온 개인이나 가족들의 네트워크를 대표한다. 나는 남편 스티브와 함께 테크놀로지 분야에서 일하기 시작한 초기부터 빌과 멜린다와 알고 지내며 유익한 관계를 맺었지만, 워런과는 우리가 기부서약에 참여하기 전에는 서로 잘 아는 관계가 아니었다. 나는 흔히 '오마하의 현인'으로 지칭되는 워런과 같이 시간을 보낼 기회를 가질 수 있기를 늘 기대했다. 워런은 자기가 88년의 인생을 살아오면서 얻은 지혜를 사람들과 나누는 자리로 기부서약 모임을 이용하고 있고, 전 세계의 쉽지 않은 도전과 제들을 다루는 일에 매우 진지한 관심을 가지고 있으면서도 모임에 유머와 경쾌함의 감각을 불어넣고 있다.

워런은 세계에서 세 번째로 부자다. 그러나 그는 자기도 나름대로 값비싼 실수를 저질러왔다고 인정하기를 주저하지 않는다. 그의 명성은 버크셔 해서웨이의 막강한 위력이 뒷받침하고 있다. 그럼에도 그는 2010년에 CNBC와의 인터뷰에서 "내가 산 주식 가운데 가장 한심한 것이 버크셔 해서웨이의 주식"이라고 말했다. 그는 다음과 같은 설명을 덧붙였다. 그가 버크셔 해서웨이의 지분을 많이 사들였을 때에 그 회사는 섬유직물업을 하고 있었다. 그 회사는 쇠퇴하는 산업에 속하는데다가 그 최고경영자가 경영을 소홀히 한 탓에 쪼그라들고 있었다. 그 회사의 부진한 실적은 그 뒤에 워런이 그 회사의 이름으로 한 다른 모든 투자의 성과를 갉아먹는 요인이 됐다. CNBC와의 인터뷰에서 워런은 잘못된 판단으로 버크셔 해서웨이의 지분을 사들여서 자기가 감수해야 했던 비용은 엄청나다고 말했다.[63] 그러나 그는 장기적 관점의 투자전략, 즉 시장에서 일어나는 일시적인 변화를 보고 주식을 매매하기보다는 장기적 가치를 쌓아갈 기업을 찾아서 그 주식을 매입하고 오래 보유하는 투자전략을 구사해 자신의 실패를 극복했다. 그가 오마하의 현인이라고 불리게 된 데에는 그만한 이유가 있었던 것이다. 사실 그의 인생 전부가 장기적 관점의 삶으로 정의된다. 버핏이 자기 재산의 대부분을 50세 이후에 벌어들였다는 사실을 당신은 알고 있었는가? 뿐만 아니라 그의 재산 가운데 그가 83~87세였던 기간에 늘어난 부분은 그가 태어나 66세가 될 때까지 축적한 재산과 크기가 거의 같다. 그는 여러 측면에서 특별한 사람이지만, 우리도 한 개인으로서 그의 방식을 자기의 것으로 선택할 수 있다.

이 장에서 소개된 이야기들은 도중에 실패에 직면해도 인내심을 가지고 계속 노력하는 것이 중요함을 증명해주는 것 위주로 채택된 것들이다. 우여곡절을 겪거나 실패에 직면하더라도 달성하고자 하는 목표에 계속해서 시선을 집중시킨다면 시간이 좀 걸릴지는 모르겠지만 보다 힘차게 그 목표를 향해 나아갈 수 있을 것이다.

15 자 이제, 실패에서 배워라

통 큰 베팅을 하려면 실패의 위험을 무릅써야 한다. 우리가 앞에서 살펴본 이야기들은 이런 원리를 잘 예시해준다. 그 이야기들에서 알 수 있듯이 위대한 혁신가는 모두 실패를 겪었는데, 그 가운데서도 정말로 위대한 혁신가만이 자기가 겪은 실패가 가르쳐준 교훈을 앞으로 더 나아가는 데 활용할 줄 알았다. 당신은 어떤가? 실패나 실패에 대한 두려움이 당신이 나아가고자 하는 길에 장해물이 되고 있지는 않은지 스스로에게 물어보라.

실패는 당황스러운 것이기 때문에 자신의 실패를 숨기고 싶어 하는 것이 인간의 본성이다. 당신도 무엇인가를 달성하려고 했지만 결과는 미흡했다고 말해야 할 경우가 있을 것이다. 그럴 때에 창피해하며 숨을 구덩이를 파는 대신에 당당하게 일어서서 당신은 실패했음을 선언하고 그 기회를 이용해 당신이 실패에서 무엇을 배웠는지를 말하고 목표를 향한 당신의 의지를 재천명하는 것이 어떨까? 이렇게 하는 것이 얼마나 마음을 홀가분하게 만드는지는 아무리 강조해도 지나치지 않다. 이것도 나 자신이 그동안 살아오면서 겪은 실패에서 얻은 교훈이다.

거절을 당한 것도 실패한 것과 비슷하게 고통스럽다. 그러나 거절을 당한 것도 나중에 보면 명예의 훈장과 같은 것이 되어 있을 수 있다. 이 점도 아인슈타인과 마찬가지로 실패의 경험이 자기를 성공으로 훨씬 더 가까이 다가가게 해주었다고 인정하는 혁신가나 선도자들로부터 우리가 얻을 수 있는 교훈이다. 애스트로 텔러는 실패를 성공에 그 구성요소의 하나로 일부러 장착했다. 워런 버핏은 투자에서 장기적 관점을 유지해야 함을 우리에게 상기시킨다. 당신이 어떤 차질이나 실패를 겪게 된다면 이들과 같이 큰 성취를 거둔 사람의 지혜를 빌려 그 힘으로 다시 일어서도록 하라.

제프 베이조스는 2014년에 아마존의 주주들에게 보낸 편지에 이렇게 썼다. "실패는 창조의 중요한 구성요소로 창조와 함께 우리에게 옵니다. 그것은 선택하거나 말거나 할 수 있는 것이 아닙니다. 우리는 이 점을 이해하고 있고, 그렇기에 실패를 일찌감치 해야 할 뿐만 아니라 창조를 제대로 해낼 때까지 거듭 실패해야 한다고 믿습니다." 이는 오래 전에 토머스 에디슨이 한 말을 그가 나름의 방식으로 다시 말한 것이다.

여기에서 잠시 시간을 내어 당신 자신의 삶에 대해 생각해보라. 아마도 당신은 실패를 겪은 당신 자신의 이야기를 가지고 있을 것이다. 실패에 부닥쳤을 때에 당신은 마음속 깊이 낙담한 상태에서 결코 회복될 수 없을 것이라고 생각했을 것이다. 지금은 어떤가? 그 실패의 경험이 당신에게 선물이었다고 생각하지 않는가? 당신은 그 암흑의 시간에 무엇을 배웠는가? 그 실패가 당신에게 어떤 미래의 기회를 보여주었는가?

> *"모든 실패의 이면에는 대안의 행동경로가 있다. 당신은 그것을 찾아내기만 하면 된다. 가던 길에서 장해물을 만나면 돌아가는 길로 가라."*
> *- 메리 케이 애시 (미국의 여성 기업가)*

나는 완벽하다는 것, 다시 말해 결코 실패하지 않는다는 것은 일종의 신화라고 생각한다. 우리의 문화 속에는 완벽해지라는 압력이 엄청나게 크게 존재하며, 이런 압력은 특히 젊은이들에게 가해진다. 요즘에 좋은 대학에 들어가려면 고등학교 때까지의 성적이 완벽해야 할 뿐만 아니라 과외활동 이력도 완벽해야 한다. 좋은 직장에 들어가려고 해도 대학 성적이 완벽해야 할 뿐만 아니라 인턴으로 일한 경험을 비롯한 교외활동 이력도 완벽해야 한다. 미국 심리학협회에서 완벽해져야 한다는 압박감에 의한 스트레스가 십대 청소년들 사이에 우울증의 증가를 가져오고 있다고 보고한 것도 무리가 아니다.

소아마비를 근절하기 위한 게이츠 재단의 노력에 관한 이야기는 우리에게 매우 중요한 교훈을 하나 던져준다. 당신이 노력했음에도 불구하고 결과가 미흡하다면 "다음 차례로 무엇을 해야 할까?"를 스스로에

게 물어라. 성공에 이르기 위해서는 도중에 계곡도 있고 바위도 있는 험
난하고 기나긴 길을 걸어가야 한다. 당신이 자신의 목적지를 향해 길을
떠나려고 한다면 남극대륙을 탐험한 섀클턴의 현명한 말을 기억하고 그
것을 마음속에 담아 가지고 가라. 앞에서도 언급한 바 있는 그 말은 이
것이다. "곤경이란 결국에는 극복해야 할 것일 뿐이다."

원칙 4

울타리 밖으로 나가라

16 맹점영역을 제거하라

"지금 어디에 계시죠?" 차 안의 블루투스 스피커에서 사업상 제휴 관계에 있는 사람의 목소리가 튀어나왔다. 나는 이렇게 대답했다. "남편 스티브와 함께 레저용 차량을 몰고 펜실베이니아 주의 여기저기를 돌아다니고 있어요." 그것은 중요한 사업상 전화였다. 우리는 휴가를 내서 장거리 자동차 여행에 나선 참이었기에 사업과 관련된 일에는 신경을 끄고 싶었지만 그 사람이 이왕 전화를 걸어왔으니 그와 통화해야 했다. 그는 우리가 왜 그렇게 돌아다니고 있는지 의아해하는 것이 분명했다. "놀랄 만한 일이네요. 당신네 두 사람은 왜 그러고 다니는 거죠?"

남편과 나는 아이들이 성장해 모두 집에서 나가 빈 둥지를 지키는 신세가 된 뒤로 해마다 8월이 되면 캠핑용 밴을 차 뒤에 매달고 여행길에 오른다. 드넓게 펼쳐진 전원의 아름다움을 감상하거나 캠프파이어 옆에서 식사를 하면서 소박한 즐거움을 느끼거나 하는 삶의 단순한 행복을 찾아 누리기 위해 그러는 것이다. 우리는 도중에 잠깐씩 따뜻한 물이 나오는 샤워시설을 3분 단위로 이용할 때에 지불하기에 편리한 25센트짜리 동전을 잔뜩 담은 주머니도 가지고 다닌다.

우리는 차를 몰고 작은 마을, 지역 명소, 기념물, 공원 등에 찾아가 둘러보면서 미국의 다양한 면모를 살핀다. 우리 부부에게는 이런 자동차 여행이 일종의 탐험인 것이다. 나는 원래 미국 중서부 지역의 노동자계급 출신이지만 지금은 남편과 함께 워싱턴 디시에서 여유 있는 삶을 살고 있다. 그렇게 살고 있는 우리 부부에게 이런 자동차 여행은 익숙해진 사람이나 장소와는 다른 사람이나 장소와 관계를 맺을 수 있게 해준다. 우리는 연안 지역에 사는 사람들에게 편견이나 배척의 대상이 되곤 하는 사람들을 직접 만난다. 우리는 여행 중에 어디에 가든 그곳에서 새로운 관점을 얻게 되고 그곳을 존중하는 마음이 일어나는 것을 느낀다. 때로는 흔히 무시되거나 잘못 이해되는 곳에서 해볼 만한 일과 새로운 기회를 발견하기도 한다.

최근의 여행에서는 각 지역의 음식점들에 대해 사람들이 써 놓은 평가의 글을 읽다가 마음을 끌어당기는 음식점이 있어서 그곳을 찾아 펜실베이니아 주의 동부지역에 있는 한 탄광마을에 들어간 적이 있다. 한때 번성했던 그 탄광마을에서 우리 부부는 맑고 상쾌한 8월의 전형적인 날씨를 즐길 수 있었다. 그러나 그곳의 중심가로 차를 몰고 가면서 둘러보니 그곳에 살던 사람들이 많이 떠나 황폐해진 분위기가 역력했다. 우리가 다른 어떤 마을에 가서도 그 중심가에서는 캠핑용 밴을 매단 우리 차를 댈 수 있을 만한 주차공간을 찾아내기가 그리 쉽지 않았는데, 그 마을에서는 그런 주차공간이 금세 눈에 띄었다. 다른 차량들의 통행에 방해가 되지 않도록 차를 도로변에 잘 주차한 뒤에 우리는 차에 기름을 보충하기 위해 내렸다.

우리는 그 도로를 따라 좀 더 걸어 내려가 'M&M 레드존'이라는 스포츠 바로 들어갔다. 그 스포츠 바는 지역안내 앱인 옐프(Yelp)에서 별 다섯 개짜리로, 트립어드바이저(TripAdvisor)에서는 1등급으로 평가되고 있음을 자랑스레 내세우고 있었다. 우리가 자리에 앉자 그 스포츠 바의 주인이 와서 메뉴에 관해 도움말을 해주었다. 이름이 보비 무셰런이라고 자기를 소개한 그는 필리 치즈 스테이크와 스페셜 치킨 윙을 추천했고, 우리는 그대로 주문했다. 음식이 나오기를 기다리는 동안에 우리는 그에게 그 마을과 그 자신의 이야기를 청해 들었다. 미국 사람의 이야기가 으레 그렇듯이 그의 이야기도 우여곡절로 가득했다. 그는 그 마을에서 태어나 자라서 대학까지 다닌 뒤에 그곳을 떠나 다른 곳에 가 전화회사에 취직했다. 그 전화회사가 그에게 맡긴 일은 지금은 더 이상 존재하지 않는 전화교환원이었다. 그는 전화교환원으로 일하던 중에 당시로서는 새로운 기술이었던 사설구내교환(PBX) 시스템을 익힐 기회를 얻게 됐다. 그 기회가 그에게 괜찮은 직업경로를 열어주었고, 그는 그 직업경로를 따라 순조롭게 직장생활을 하다가 최근에 은퇴했다. 마하노이 시티(Mahanoy City)로 돌아온 그에게 이번에는 M&M 레드존 가게를 매수할 수 있는 기회가 찾아왔고, 그는 그 기회를 붙잡았다. 그는 그 가게가 서있는 땅이 과거에 자기 고조할아버지의 소유지였다고 했다.

마하노이 시티는 미국의 방방곡곡에서 많은 마을이 직면하고 있는 도전과제와 같은 종류의 문제를 안고 있다. 한때는 번성했던(인구 대비 술집 수의 비율이 미국에서 가장 높았다고 한다) 마하노이 시티가 지금은 과거의 좋았던 시절로 돌아가기 위해 애써야 하는 마을로 변했다. 경제적 쇠퇴와 그에 따른 마약, 실업, 저임금 등의 문제는 새로운 희망을 품고 고향으로 돌아온 보비와 같은 사람이 대응하기에 어려운 환경을 만들어낸다. 미국의 인구통계국에 따르면 가계소득 중간값이 미국 전체는 5만 9천 달러인 데 비해 마하노이 시티는 2만 7천 달러에 불과하다. 그럼에도 불구하고 우리가 마하노이 시티에 들렀던 날을 전후한 일주일 사이에 보비의 페이스북 페이지에는 텍사스 주에 불어 닥친 허리케인 하비(Harvey)로 인한 희생자들을 돕기 위해 구호금품을 보냈다고 알리는 그의 친구와 이웃들의 인증샷이 잇달아 올라왔다. 우리는 미국의 본래 모습을 찾아 돌아다니다가 그 마을에서 그런 모습을 발견했다. 어려움을 겪는 지역의 주민들이 자기네보다 사정이 더 나쁜 다른 지역의 주민들을 돕기 위해 자기네가 가지고 있던 것을 기부하고 있었다.

우리 부부는 펜실베이니아 주, 뉴욕 주, 버지니아 주의 작은 마을들을 돌아보는 1800마일의 여행을 하는 동안에 만난 많은 사람에게서 미국의 얼굴을 보았다. 자기가 사는 곳에 대해 희망이 없는 상태라고 퉁명스럽게 이야기하는 사람들도 있었다. 예를 들어 우리가 도중에 차를 멈추었을 때에 거기에 있던 어떤 여자는 우리에게 이렇게 말했다. "당신네가 여기에 와서 무엇을 하겠다는 것인지 알 수가 없네요. 미친 사람이 아니라면 당장에 다시 차를 몰고 돌아가세요. 이 마을에는 당신네에게 좋을 것이 아무것도 없어요." 하지만 부정적인 내용의 말을 들은 경우보다 독특한 관점을 제시해주고 우리로 하여금 미소를 짓게 하는 긍정적인 내용의 말을 들은 경우가 두세 배 더 많았다. 아홉 명의 자녀를 학교에 보내지 않고 홈스쿨링으로 기르며 고속도로가 지나가는 곳에서 유기농 식품 가게를 운영하는 메노파 기독교도 부부를 만났을 때에 그랬고, 아직 취학연령에 이르지 않은 어린 아이 둘을 기르는 어느 엄마를 만났을 때에도 그랬다. 그 두 아이의 엄마는 우리 부부가 레저용 차량으로 여행하면서 밤은 아름다운 주립공원에서 보낸다고 말해주었더니 매우 부러워하며 이렇게 말했다. "사람들이 왜 많은 돈을 써가며 비싼 호텔에 가서 묵으려고 하는지 모르겠어요. 가장 아름다운 장소들은 모두 주립공원이나 국립공원에 있고, 게다가 그런 곳에서 묵는 데에는 비용이 하룻밤에 20달러나 30달러 정도밖에 안 되는데 말이죠." 그녀는 핵심을 잘 짚었다.

우리 부부는 여행이 끝나갈 즈음에 크라우드 소스 기반의 모든 웹사이트에서 아침식사가 가능한 음식점 가운데 최고 등급으로 평가되고 있는 곳으로 가기로 했다. 우리는 고속도로에서 벗어나 서스쿼해나 강변의 작은 마을로 들어가 그 음식점을 찾았다. 우리는 그곳에 도착해서야 비로소 그렇게 높은 평가를 받고 있는 그 음식점이 편의점을 겸한 약국 안에 있다는 사실을 알게 됐다. 그 앞에는 사람들이 줄지어 서서 자기 차례를 기다리고 있었다. 마침내 그 음식점 안으로 들어선 우리 부부의 눈에 사람들로 붐비는 고전적인 카운터가 가장 먼저 들어왔다. 우리는 마치 다른 시대에 들어선 듯한 느낌을 받았다. 마을 사람들이 들어오고 나가면서 서로 이름을 부르며 친숙하게 인사를 나누고, 가족의 안부를 묻고, 마을에서 일어난 일에 대해 한마디씩 하는 것이었다. 그 모습이 바로 첨단의 기술과 빠른 이동을 자랑하는 오늘날 우리의 시대에 그토록 많은 사람이 그리워하는 지역공동체 정신을 보여주는 것이라고 우리 부부는 생각했다.

우리 부부는 미국의 시골길을 누비는 이런 식의 레저용 차량 여행을 매년 거르지 않고 한다. 그 여행은 우리가 자신의 울타리 너머로 이 세상에 대한 이해의 폭을 넓히고, 자신과 다르게 사는 사람들에 대한 우리의 맹점영역(blind spots)과 편견을 줄이는 우리 나름의 방법이다. 모든 인간이 이런저런 편견을 가지고 살아간다는 것은 수많은 연구에서 거듭 확인되는 사실이다. 그러므로 당신이 스스로 변화의 선도자가 되고자 한다면 이 세상에 대한 이해의 폭을 넓혀야 한다. 그러는 것 말고는 다른 방법이 없다.

2017년에 나와 친구이자 오랜 동료인 로스 베어드(Ross Baird)가 《혁신의 맹점영역》이라는 책을 냈다. 이 책은 성장과 기회를 제한하는 맹점영역에 초점을 맞추면서 오늘날 미국의 기업가정신, 투자, 혁신이 어떠한 상태인지를 묘사하고 있다. 로스는 이 책을 통해 그동안 미국이 다른 나라들과 다른 독특한 나라가 된 것은 기업가정신 덕분이었다고 할 수 있는데 이제는 미국에서 기업가정신을 보여주는 활동이 40년래 최저 수준임을 우리에게 깨우쳐준다. 간단히 말해 지금은 매일 미국에서 새로 생겨나는 사업체의 수보다 사라지는 사업체의 수가 더 많다는 것이다.[64]

물론 '혁신의 나라'라고들 하는 미국에 현재 번성하고 있는 부문이 없는 것은 아니다. 특히 대기업은 번성하고 있고, 자본과 인적 네트워크에 대한 전통적인 접근권을 누려온 엘리트도 번성하고 있다. 그러나 그 밖의 사람들은 미국의 어디에서나 혁신경제의 흐름에서 뒤처지고 있는데, 특히 여성, 유색인, 중부 내륙지역 주민, 저소득층 등이 그렇다. 나의 남편 스티브의 '라이즈 오브 더 레스트' 투어에 빠짐없이 동참해온 로스는 이런 추세가 내륙지역 출신을 포함한 다양한 출신배경의 혁신가들에게 장해가 된다는 점을 잘 이해하고 있다. 그의 책은 여러 측면에서 애덤 그랜트(Adam Grant)의 저서 《오리지널스》나 스티브가 2016년에 펴낸 책 《제3의 물결》의 자매서인 것처럼 보인다.[65] 이 세 권의 책은 모두 위대한 혁신은 의외의 장소에서 의외의 사람에 의해 이루어진다는 견해를 분명히 밝히고, 우리 모두에게 우리 자신이 잘 아는 영역 너머에서 무슨 일이 벌어지고 있는지에 주목하라고 촉구한다.

스티브의 '라이즈 오브 더 레스트' 투어에 언제나 동참하는 또 한 사람으로 밴스(J. D. Vance)가 있다. 그가 쓴 책 《힐빌리의 애가(Hillbilly Elegy)》는 2016년에 가장 많이 읽힌 책 가운데 하나였고, 앞으로도 계속 베스트셀러로 남을 것이 틀림없다. 오하이오 주의 미들타운에서 태어나 가난 속에서 자란 그는 내륙지역 사람들이 보여주는 삶의 가치에 관한 진실을 이야기로 풀어내는 데 탁월한 재능을 발휘해서 우리 사회에서 그들이 도전하고 기여한 것에 대해 우리 모두가 이해할 수 있도록 도움을 주었다. 스티브는 지금 자기가 하고 있는 일에 그가 동참하는 것을 언제나 환영한다.

우리의 마음속이나 우리의 조직에서 맹점영역을 제거하는 것이 쉬운 일이 아니라고 여겨질 수도 있겠지만, 그렇게 하는 것은 우리의 시야를 넓힐 수 있는 강력한 기회가 될 뿐 아니라 우리가 안고 있는 문제에 대한 참신한 해법을 가져다주기도 한다. 우리가 미국의 광범한 내륙지역을 가리킬 때에 사용하는 '플라이오버 컨트리(flyover country)'라는 말은 마치 그 지역의 강점에는 우리가 진지하게 주목할 필요가 없다는 투의 표현이다. 이런 폐쇄적인 마음가짐은 미국이 하나의 나라로서 갖는 잠재력을 제한한다. 그것은 미국의 역사를 거스르는 것이기도 하다. 왜냐하면 미국의 역사는 모든 곳에서 다양한 배경을 가진 사람들이 모여들어 새로운 빅 아이디어를 실현해온 이야기이기 때문이다.

*

예전에 철강도시였던 피츠버그 시는 철강산업 쇠퇴에 따른 희생양이라고 생각하는 사람이 많다. 그런데 나는 최근에 피츠버그에 갔을 때에 피츠버그가 이제는 그 도시를 부흥시키는 일에 몰두하고 있는 스타트업

액셀러레이터, 대학, 테크놀로지 기업, 투자자 등의 독특한 조합임을 알게 됐다. 포드자동차가 피츠버그에 본사를 두고 인공지능과 자율주행차 기술 분야의 사업 활동을 하는 한 기업에 향후 5년간에 걸쳐 10억 달러를 투자하기로 한 이유가 바로 여기에 있다. 우버(Uber)가 피츠버그를 자율주행차 기술의 허브로 만들려고 이 도시에 투자한 것도 같은 이유에서다.[66] 피츠버그의 혁신가들을 꼽아보면 파킨슨병 환자용 장비를 만드는 바이오메디컬 기업 어빌리라이프의 창업자 커트니 윌리엄슨(Courtney Williamson), 인공지능을 이용해 폐기물 속에서 재활용할 수 있는 것을 가려내는 '트래시봇'을 개발한 기업 클린로보틱스의 창업자 바이슈 크리슈나무르티(Vaish Krishnamurthy), 걸어가는 사람의 발바닥 압력을 에너지로 전환시켜 휴대용 기기의 배터리를 충전할 수 있게 해주는 신발깔창(이것은 미국 육군이 각별한 관심을 가질 만한 것이다)을 개발한 기업 솔파워의 공동창업자 매슈 스탠턴(Matthew Stanton)과 하나 알렉산더(Hahna Alexander) 등이 있다 (주: 진 케이스는 남편 스티브와 함께 솔파워에 투자했다).

디트로이트 시도 획기적인 재탄생의 도정에 올랐다. 2008년에 경제위기가 휩쓸고 지나간 뒤에 퀴큰론스(Quicken Loans)의 창업자 댄 길버트(Dan Gilbert)와 같은 미래 선도자들이 자신의 기업을 디트로이트로 옮기면서 종업원들을 다 데리고 왔다. 디트로이트에서 댄 길버트는 부동산에 많은 투자를 했고, 몇십 개의 스타트업에 도움을 주었으며, 현재 1만 7천 명을 고용하고 있다. 디트로이트의 부활에는 공공부문과 민간부문 사이에 형성된 의외의 협력관계도 한몫을 했다. 이렇게 되는 데에는 특히 크레스기 재단, 포드 재단, 켈로그 재단을 비롯한 주요 필랜스로피 조직들이 중요한 역할을 했다. 이들 조직은 사회의 모든 부문이 참여하도록 적극 유도함으로써 디트로이트가 경제적, 사회적 재활성화를 이루게 하는 데에 핵심적인 영향을 미쳤다. 이러한 공동노력 덕분에 디트로이트는 부활의 노력에 박차를 가할 수 있게 됐으며, 그런 노력에서 보이는 낙관적인 태도는 이 도시가 다른 도시들에 훌륭한 모델이 되도록 하고 있다. 한때 크게 번성했던 자동차산업의 쇠퇴가 드리운 그림자 속에서 이 도시의 새로운 발전 방법이 찾아지고 일자리 창출에 관한 새로운 사고가 생겨나고 있는 것이다.

*

당신이 울타리 안에 있다는 것은 그런 상태의 본질상 당신 자신이 그런 사실을 인식하지 못하고 있음을 의미하는 경우가 많다. 울타리 안에서 자족하는 상태에서 떨치고 일어나 울타리 밖으로 나가서 주위를 둘러보기 위해서는 그렇게 하려는 의도와 노력이 필요하다. 여성 코미디언 티나 페이(Tina Fey)는 '새터데이 나이트 라이브'라는 프로그램의 대본을 준비하는 방송작가들의 집필실에서 자신이 보고 겪은 일에 관해 이야기한 적이 있다. 그녀는 그 집필실에서 일하는 방송작가들이 거의 다 남성일 경우에는 그렇지 않은 경우에 비해 여성 코미디언이 맡을 대사나 여성에 관한 내용이 들어간 대사가 대본에 훨씬 덜 포함된다고 했다. 이는 의도적인 차별의 결과는 아니었겠지만, 다른 목소리를 배제할 경우에 어떤 일이 벌어지는지를 잘 보여주는 사례라고 할 수 있다. 방송작가들의 집필실에서 더 많은 여성이 대본을 쓰는 일에 참여할수록 여성이 쓰고 여성의 경험이 들어간 이야기가 더 많이 방송전파를 타게 되는 것이 당연하다.

울타리 밖으로 나가라는 말은 당신이 자신의 통 큰 베팅을 밀고나갈 때에 관점과 배경이 당신과 다른 사람들을 일부러라도 찾으라는 의미다. 당신과 비슷하지 않은 사람들을 이해하고 그들과 같이 일할 줄 아는 능력은 성공의 비결 가운데 하나다.

17 의외의 협력관계를 구축하라

한 사람의 머리보다 두 사람의 머리가 낫다는 속담이 있다. 물론 혼자라면 더 잘 돌아가는 두뇌를 갖는 것이 좋다고 할 수 있다. 이런 말을 하다 보니 대부분의 사람들이 획기적인 혁신이나 발명에 관해 생각할 때에 잘 벗어나지 못하는 오해도 지적해야겠다는 마음이 생긴다. 그것은 앞에서도 이야기한 바 있지만 창의성을 흔히 고독한 천재의 것으로 치부하는 것이다. 실제로는 서로 간에 많이 다르면서 서로 능력을 보완해주는 사람들 사이의 협력이 조직, 제품, 운동을 발전시켜 그런 것들이 더욱 훌륭한 것이 되게 하는 경우가 많다. 이런 종류의 협력에 의해 뒷받침되는 프로젝트는 강력한 경쟁력을 갖는다.

이는 여러 연구에 의해 입증된 사실이다. 2015년에 매킨지(McKinsey)는 〈다양성은 중요하다〉라는 보고서를 통해 캐나다, 중남미, 영국, 미국의 다양한 산업에 속하는 상장기업 366개사의 여러 가지 재무지표와 최고경영자를 포함한 이사회의 구성을 살펴본 결과 성, 인종, 민족의 측면에서 다양성의 수준이 높은 기업일수록 더 나은 재무적 성과를 올릴 가능성이 높은 것으로 나타났다고 발표했다. 이런 결과는 모든 측면에서 전반적으로 확인된 것이다. 인종과 민족의 측면에서 다양성의 수준이 가장 높은 기업의 재무지표상 수익성은 그 기업이 속한 나라의 기업들 전체가 실현한 수익성의 중앙값을 35% 초과했으며, 성의 측면에서 다양성의 수준이 가장 높은 기업은 이런 수익성 초과비율이 15%였다. 특히 미국의 기업들에서는 다양성과 실적이 직접적인 상관관계를 가지고 있음이 밝혀졌다. 그 상관관계는 구체적으로 인종과 민족의 측면에서 다양성의 수준이 10% 상승할 때마다 이익의 실적이 0.8% 증가한다는 것이었다. 이처럼 다양성을 갖춘 기업들의 실적은 의외의 협력관계가 형성되는 데 따르는 이득을 예시해준다.[67]

나는 비즈니스 스쿨에 초청받아 가서 강연을 하게 되면 내셔널 지오그래픽 협회가 매우 놀랄 만한 방식으로 그 자신의 울타리를 벗어난 이야기를 학생들에게 들려주기를 좋아한다. 내셔널 지오그래픽 협회는 전세계의 뛰어난 탐험가, 사진가, 과학자, 스토리텔러 등을 섭외해서 그들로 하여금 미지의 세계를 찾아가 그 가장 깊숙한 데까지 들어가도록 하고 거기에서 직접 보고 겪은 것을 세상 사람들에게 알리게 함으로써 울타리 밖을 지향하는 것을 언제나 핵심적인 사명으로 삼아왔다. 나도 내셔널 지오그래픽 협회 탐험가들과 여행을 하면서 세계에서 가장 고도가 높은 위치에 자리 잡고 있는 사찰을 찾기 위해 히말라야 산맥에 속하는 여러 산을 그 꼭대기까지 올라가봤다. 뿐만 아니라 바다의 밑바닥까지 깊이 잠수해보기도 했고, 멸종위기 동물을 관찰하기 위해 대륙을 횡단하면서 넓은 들판을 누벼보기도 했다. 이와 같은 내셔널 지오그래픽 협회 탐험가들의 흥분되는 작업은 물론이고 지구상의 곳곳에서 추진되는 중요한 일을 찾아내어 그 일에 필요한 자금을 지원하는 이 협회의 활동도 독특한 파트너십에 의해 비로소 가능한 일이다.

> *"빨리 가고자 한다면 혼자 가라. 그러나 멀리 가고자 한다면 같이 가라."*
> *– 아프리카의 속담*

1888년의 어느 눈 내리는 겨울밤에 워싱턴 디시에서 내셔널 지오그래픽 협회가 창립되고 얼마 지나지 않아 이 협회는 전 세계의 과학자와 탐험가가 이룬 위업을 다루는 과학잡지를 창간하고 그것을 판매해서 거둔 수익으로 더 많은 과학자와 탐험가를 지원하기로 했다. 나는 이 협회가 펴내는 잡지 〈내셔널 지오그래픽〉이 사회적 기업의 효시라고 사람들에게 이야기하곤 한다.

그로부터 기나긴 세월이 흐른 뒤인 지금에도 그 기업 모델은 여전히 살아있을 뿐 아니라 더욱 번영하고 있다. 2015년에 내셔널 지오그래픽 협회와 21세기 폭스 사이에 새로운 의외의 파트너십이 이루어졌다. 그 파트너십은 내셔널 지오그래픽 협회의 잡지와 케이블 채널, 그리고 디지털 콘텐트에 관한 것이었다. 내셔널 지오그래픽 협회와 같은 조직이 미디어와 엔터테인먼트 분야의 대기업과 비영리 사업에 관한 파트너십을 맺는다는 것은 쉽게 상상할 수 있는 일이 아니었다. 양쪽 모두가 자신의 안락한 영역에서 벗어나야 했다. 21세기 폭스는 비영리 조직과 함께 일을 하게 됐다는 점에서, 그리고 내셔널 지오그래픽 협회는 스포츠에서 영화에 이르는 다양한 콘텐트를 제작해 판매하는 민간기업과 함께 일을 하게 됐다는 점에서 그랬다. 그런데 이 파트너십 덕분에 잡지 〈내셔널 지오그래픽〉의 콘텐트는 전 세계에 걸쳐 매달 거의 10억 명에 이르는 시청자나 독자에게 전해질 수 있게 됐다. 오늘날 내셔널 지오그래픽 협회는 기본재산이 13억 달러에 이르며, 21세기 폭스와의 파트너십 사업에서 매년 1억 달러의 수익을 내고 있다. 이런 재원은 이 협회로 하여금 과학, 탐험, 교육, 스토리텔링 분야에서 전 세계의 중요한 활동을 지원해온 전통을 계속 이어갈 수 있게 해주고, 그 과정에서 이 협회의 브랜드와 사업을 더욱 강력하고 확고한 것으로 만들어주고 있다.[68]

공동브랜딩(Co-branding)만 놓고 말한다면 그것은 이제 더 이상 새로운 아이디어가 아니다. 그러나 하나의 조직이 자신의 울타리를 벗어나려면 자신과 명백하게 양립할 수 있는 다른 조직과 협업을 하는 것만으로는 부족하다. 그러한 협업을 하는 것이 쉽지 않은 일일 수 있다는 데에는 의문의 여지가 없다. 그러한 협업이 이루어지려면 협업의 당사자들이 각각 자기네가 소중하게 여기는 가치를 지키는 가운데 자기네의 지배권을 어느 정도는 포기하고 타협을 해야 한다. 그런데 주된 활동영역이 상이한 주체들이 뭉쳐서 새로운 활동주체를 형성한다면 그 결과는 마법과도 같은 것이 될 수 있다. 그렇게 하면 각자가 따로 성취할 수 있는 것보다 훨씬 더 큰 것을 성취할 수 있게 되는 것이다.

> *"당신의 정신과 전략이 아무리 탁월하다고 하더라도 당신이 단독 플레이를 하려고 한다면 팀을 상대로 해서는 언제나 질 것이다."*
> *- 리드 호프먼 (링크드인의 창업자)*

나사(NASA)와 레고(LEGO) 사이에 맺어진 의외의 파트너십을 생각해보자. 우주개발을 위해 설립된 공적 기관과 장난감을 만드는 민간기업은 추구하는 목적의 측면에서 서로 다르고 상대하는 관계자나 고객 집단의 측면에서도 서로 다르다고 보는 것이 일반적인 관점이었을 것이다. 그런데 2010년에 각성의 불꽃이 일어나면서 두 조직이 손을 잡았다. 나사는 신세대 청소년들을 고무해서 과학이나 공학 분야의 전문가가 되게 하고 싶었고, 레고는 아이들이 자신의 미래에 대해 큰 꿈을 꾸고 창의적으로 생각하게 되기를 바랐다. 나사는 레고와의 협업에 나섰다. 나사는 레고의 작은 우주선 모형 장난감을 자신의 우주선 디스커버리 호에 실어 우주로 보내는 동시에 레고가 우주선을 본떠 만드는 장난감 상품에 '나사'라는 브랜드를 사용하는 것을 허용했다. 그리고 레고는 우주탐사에 관한 아동용 웹사이트를 개설했다.

다음해인 2011년에 나사와 레고의 협업 프로그램이 장난스럽게 말하자면 '진짜로 이륙했다'. 우주선 엔데버 호가 11개의 레고 장난감 키트를 싣고 국제우주정거장으로 갔다. 그곳에서 과학자들이 그 장난감을 가지고 과학실험을 하는 동안에 지상에서는 아이들이 선생님과 함께 그 영상을 보며 가상 우주여행을 했다. 보충수업 시간에는 아이들이 나름대로 우주선 모형을 만들어보기도 하고 우주비행사들과 원격대화를 나누기도 했다. 나는 나중에 언젠가는 어릴 적에 레고 장난감으로 우주선을 만들어본 것이 자기가 우주인이 되는 출발점이었다고 말하는 우주인이 나타날 것이라고 상상해본다.[69]

앞에서 나는 에어비앤비를 통 큰 베팅의 한 사례로 소개했다. 그런데 에어비앤비는 여러 번에 걸친 의외의 파트너십 덕분에 크게 성장한 기업의 한 사례이기도 하다. 첫 파트너십은 2014년에 KLM 항공을 상대로 이루어졌다. 에어비앤비와 KLM 항공이 서로 간에 사업이 겹치는 부분이 있음을 깨닫고 파트너십을 추진한 것이었다. 이 파트너십에서 특히 흥미로운 점은 두 회사가 협업하게 된 사업을 홍보한 방식이다. KLM 항공은 우선 자사의 MD-11 항공기 하나를 에어비앤비를 통해 예약할 수 있는 숙박시설인 것처럼 꾸몄다. 그 항공기 안의 좌석들을 치우고 그 대신 거기에 쾌적한 거실을 만들고 넓고 편안한 침대를 몇 개 갖다 놓았다. 그런 다음에 에어비앤비와 함께 경품행사에 들어갔다. 응모자 가운데 세 명을 뽑아 그 항공기에서 하룻밤을 보낼 수 있는 무료 탑승권을 주는 행사였다. 응모하는 방식은 왜 자기가 뽑혀야 하는지에 대해 100단어 이내의 글을 써서 보내는 것이었다.

이 경품행사는 대성공을 거두었다. 홍보용 동영상은 300만 뷰 이상의 시청실적을 기록했다. 행운의 당첨자들은 그 항공기에서 숙박하면서 에어비앤비를 이용한 것과 비슷한 경험을 했다. 그 항공기에서 숙박하는 데는 몇 가지 규칙이 있었다. 예를 들어 '이 항공기로 하늘을 날아서는 안 됩니다'라든가 '이 항공기를 당신이 소유한 항공기인 것처럼 조심해 이용해주십시오'라든가 하는 규칙이었다. 두 기업은 지금도 공동 마케팅을 하고 있다. KLM 항공을 이용해 여행을 하려는 사람은 탑승권을 예매할 때에 KLM 항공을 통해 에어비앤비에 등록된 숙박시설도 예약할 수 있다. 상상력의 점화에 이은 자원과 신뢰성의 적극적인 공유가 오래 지속될 수 있는 파트너십을 만들어낸 것이다.[70]

같은 원리를 보여주는 또 하나의 훌륭한 사례로 임팩트 투자(impact investing)를 들 수 있다. 임팩트 투자는 재무적 수익과 사회적 이득 둘 다를 추구하는 투자로 정의되며, 모든 자산종류, 부문, 지역을 대상으로 한다. 우리는 이미 앞에서 임팩트 투자를 했다고 볼 수 있는 몇몇 기업들을 들여다보았다. 예를 들어 워비 파커, 해피 패밀리, 그레이스 턴 베이커리가 그런 기업이다. 그렇지만 창업자가 애초부터 이윤과 사회적 목적 둘 다를 동등하게 염두에 두고 설립한 새로운 기업들을 살펴보면 우리가 앞에서 이야기한 기업들은 빙산의 일각일 뿐임을 알게 될 것이다.

최근에 임팩트 투자 운동을 지지하는 기업, 재단, 조직 등이 눈에 띄게 많이 생겨나고 있다. 제휴, 콘퍼런스, 조사연구, 컨설팅, 온라인 플랫폼 등이 결합되면서 이 운동을 떠받치는 생태계가 형성됐다. 이와 같은 흐름에서 이미 세계적으로 인기를 모으는 브랜드들도 생겨나고 있다. 이런 브랜드들은 시장에 내놓은 그들 자신의 제품이나 서비스를 통해 사회에 긍정적인 영향을 미치고 있다. 새로운 부류의 투자자와 기업가들이 '사회적 영향은 재무적 수익과 동등하게 중요하다'는 단순하면서도 다소 급진적인 생각을 가지고 이 운동에 합류하고 있다.

임팩트 투자에 관한 통계를 보니 이 새로운 분야로 2017년에 새로 유입된 투자가 전년에 비해 갑절 이상으로 증가해 투자된 자본 총액이 2280억 달러에 이르렀다고 한다. JP모건, TPG캐피털, 골드먼삭스, 베인캐피털과 같은 전통적인 금융회사들도 여기에 뛰어들었고, 세계에서 가장 규모가 큰 연금기금인 GPIF(일본 연금적립금관리운용)는 1조 엔 이상을 사회적 책임 투자에 할당했다. 이 밖에 포드 재단이 10억 달러, 내셔널 지오그래픽 협회가 5천만 달러의 임팩트 투자를 하겠다고 각각 선언하는 등 필랜스로피 조직이나 비영리 조직들도 속속 가담하고 있다. 이들 조직은 임팩트 투자가 자신에게 주어진 사명의 이행을 촉진함과 동시에 재무적 수익을 늘리는 데에도 매력적인 수단이 될 수 있다고 믿고 있다.[71]

*

얼핏 보기에는 가장 조화롭지 않은 것 같은 파트너십의 사례로 내가 자주 거론하는 것은 전 세계가 에볼라 위기에 대응하기 위해 애쓰는 과정에서 형성된 파트너십이다. 2014년 3월부터 2016년 3월까지 서부 아프리카에서 역사상 가장 큰 규모로 에볼라가 발병했다. 오바마 대통령은 우리의 친구이자 동료인 론 클레인(Ron Klain) 케이스 재단 이사를 '에볼라 차르(Ebola Czar)'로 임명했다. 구호인력과 의료진이 서둘러 그 지역으로 갔는데, 현장에서 에볼라 바이러스에 감염될 위험성이 매우 높았다. 그런데 안타깝게도 그들에게 공급된 방호복은 사용하기에 매우 불편했다. 그것을 입으려면 20분 동안 31단계를 거쳐야 했고, 그것을 벗으려면 다른 두 사람의 도움을 받아야 했다. 또한 공기가 잘 통하지 않는 소재로 만들어진 그것을 입고는 숨을 쉬기도 어려웠고, 머리를 덮어주는 부분의 마스크는 그것을 입은 지 불과 몇 분 만에 김이 서려 시야를 가렸다. 게다가 그것은 가장 일반적인 디자인을 기준으로 감염이 우려되는 부분이 알려진 것만 28군데나 되는 것이었다. 뭔가 대책이 필요했다.

이 문제에 대한 해법을 찾는 노력의 첫걸음으로 국제적인 비영리 보건조직인 자피에고(JHpiego)와 존스홉킨스 대학이 더 나은 방호복을 만들기 위한 디자인을 공모했다. 그런데 응모자 가운데 의외의 배경을 가진 사람이 많았다. 그 가운데 공학을 전공하는 학생, 보건 분야에서 일하는 노동자, 바이러스를 연구하는 학자 등이 있었던 것은 그럴 수 있겠다 싶었다. 그러나 질 앤드루스(Jill Andrews)라는 이름의 웨딩드레스 재봉사가 응모한 것은 뜻밖이었다. 질은 고정관념에 갇히지 않은 여성이었고, 그래서 겁이 없었다. 그녀는 이렇게 말했다. "다 구조설계에 관한 문제입니다. 브래지어를 만들 수 있는 사람이라면 다리도 놓을 수 있습니다." 울타리를 벗어나기를 두려워하지 않은 그녀는 존스홉킨스 대학에서 주말에 개최된 방호복 디자인 개발 대회에 참여했다. 그리고 겁 없는 도전이 종종 그렇듯이 그녀의 그러한 도전도 대단한 혁신을 가져왔다.

질은 존스홉킨스 대학의 지원팀과 함께 에볼라 방호복 디자인을 완성했다. 그것은 전체가 하나로 된 원피스 형태의 방호복이었고, 등 뒤에 달린 지퍼를 내리는 방식으로 간편하게 벗을 수 있게 되어 있었다. 또한 종전의 방호복에 비해 얼굴 부분의 마스크가 넓어졌고, 머리 부분의 안쪽으로 공기를 넣어줄 수 있도록 배터리로 구동되는 팬이 장착됐다. 이런 방호복 디자인으로 그녀는 1500여 명의 응모자를 제치고 우승자로 선정됐고, 그 방호복 디자인을 더 발전시키는 데 필요한 상당한 금액의 자금을 연방정부의 국제개발처(USAID)로부터 받았다. 그녀는 먼저 그 에볼라 방호복을 뉴욕의 패션 위크(Fashion Week)에 가지고 가서 전시했다. 자피에고는 국제구조위원회(IRC), GE 재단과 제휴해서 그녀가 만든 에볼라 방호복을 전시할 팝업 라운지를 설치해주었다. 질은 그동안 늘 패션 위크에 가서 자신이 만든 옷을 전시해보고 싶어 했지만, 사람의 생명을 구하는 방호복을 가지고 그런 자신의 꿈을 이루게 되리라고는 상상해본 적도 없었다. 에볼라 감염자들을 돌보는 인력을 위한 다음 세대의 방호복을 개발하는 일에 뛰어들어 혁신을 시도하는 사람들이 지금도 여전히 있는데, 위와 같은 종류의 사고방식이 그들에게 영감을 주게 되기를 나

는 기대한다.[72]

　질 앤드루스가 증명해 보였듯이 때로는 당신이 찾는 해답이 당신의 인적 관계망 바깥에 존재할 수 있다. 의외의 협력에 대해 개방적인 태도를 갖는다면 새로운 문제해결 도구를 얻게 될 수 있고, 도전할 수 없을 것처럼 보였던 과제가 도전할 수 있는 것으로 바뀔 수 있다. 멜린다 게이츠(Melinda Gates)도 2016년에 '비영리 조직은 코카콜라에서 무엇을 배울 수 있나?'라는 제목으로 TED 강연을 하면서 이러한 진실을 강조했다. 그녀는 강연의 제목으로 흥미로운 질문을 던진 셈이었다. 그녀는 이렇게 말했다. "어디에 가서 봐도 코카콜라가 있습니다. 실제로 나는 개발도상국을 여행할 때에 코카콜라가 없는 곳이 없다고 느꼈습니다. 개발도상국을 여행하고 집에 돌아온 뒤에는 경제개발 문제에 대해서도 생각을 해보았고, '개발도상국에 콘돔과 백신을 공급해주는 일을 해야 하지 않을까?' 하는 생각도 했습니다. 그런데 코카콜라 거둔 성공은 우리에게 이런 의문을 갖게 합니다. '어떻게 해서 지구상의 그 멀고 외진 곳들에까지 코카콜라를 보내서 팔 수 있는 걸까? 코카콜라가 할 수 있는 일이라면 정부와 비정부 조직이라고 해서 하지 못할 이유가 없지 않을까?'" 게이츠 재단은 코카콜라를 비롯한 다른 조직들과 제휴해서 '프로젝트 래스트 마일(Project Last Mile)'이라는 사업을 시작해 아프리카의 오지에 생명을 구하는 데 필요한 백신을 공급했고, 이로써 그동안 메울 수 없다고 여기고 방치해온 구호의 간극을 메울 수 있었다.[73]

> *"변화를 일으키려면 당신이 보기에 옳지 않은 행동을 하는 사람들이 하는 말을 귀담아 듣고 그들과 대화하기를 시작해야 한다."*
> *- 제인 구달*

나의 인생에서는 의외의 파트너십이 발휘하는 힘을 입증해주는 가장 의미 있는 사례 가운데 하나가 2003년에 있었다. 조지 W. 부시가 대통령이었던 그해에 나는 후천성 면역결핍 증후군(HIV/AIDS)이 확산되는 문제에 대해 논의하기 위해 백악관 안의 루스벨트 룸에서 열기로 한 작은 규모의 회의에 참석해달라는 초청을 받았다. 후천성 면역결핍 증후군은 그때까지 아프리카에서 감염된 6천만 명 가운데 2천만 명 이상을 죽음에 이르게 했고, 이로 인해 1400만 명의 고아가 생겨났다. 이에 대응해 부시 대통령은 민간부문과 종교계의 지도자들을 한자리에 모아놓고 자신이 새로이 추진하려는 야심찬 프로그램에 대한 지지를 호소하고자 했다. 그 프로그램은 우간다에서 시도해서 효과를 거둔 그 전의 다른 프로그램과 유사한 것으로 세 가지에 초점을 맞춘 것이었다. 그 세 가지는 'ABC'로 불렸다. A는 Abstinence(절제)의 머리글자로 절제를 실천하자는 뜻이었고, B는 Faithful(충실)의 머리글자로 일부일처의 결혼생활에 충실하자는 뜻이었으며, C는 Condom(콘돔)의 머리글자로 콘돔을 적극적으로 사용하자는 뜻이었다.

그 회의는 순탄하지 않았다. 보수진영 쪽에서는 콘돔 사용을 장려하는 방안에 대한 우려를 제기했고, 이런 우려는 특히 산아제한에 반대하는 가톨릭교회 지도자들이 앞장서서 표명했다. 그런가 하면 진보진영 쪽에서는 질병에 대한 치료가 아닌 예방의 노력에 공적 재원을 투입하는 방안에 대해 저항하는 태도를 취했고, 특히 절제를 권장하는 것에 대해 도덕주의적이고 비효과적인 방법이라면서 그런 발상 자체를 경멸했다. 게다가 낙태에 관해 조언하거나 낙태를 위한 의료 서비스를 제공하는 비영리 기구에 대한 연방정부의 재정지원을 금지하는 내용으로 레이건 행정부 시절에 도입된 이른바 '멕시코시티 정책(Mexico City Policy)'을 둘러싼 갈등이 문제를 더욱 복잡하게 만들었다. 그날 회의에서는 멕시코시티 정책을 확대 적용해야 하는지를 놓고도, 다시 말해 아프리카에서 후천성 면역결핍 증후군의 확산에 대응하기 위해 필요한 의료 서비스를 제공하는 조직들에 대한 연방정부의 재정지원을 거부해야 하는지를 놓고도 보수진영과 진보진영이 대립했다.

루스벨트 룸에 모인 사람들은 어느 진영에 속하는지와 무관하게 각자가 모두 강한 신념의 소유자였다. 미국 가톨릭교회의 지도자도 왔고, 엘리 릴리 제약회사의 최고경영자인 랜덜 토비아스(Randall Tobias)도 왔다. 참석자 가운데 척 콜슨(Chuck Colson)은 닉슨 대통령 시절에 백악관에서 일하면서 저지른 불법적 활동으로 인해 감옥생활을 해본 경험을 바탕으로 신앙 기반의 사회운동 조직 '프리즌 펠로십(Prison Fellowship)'을 창립했으며 기독교 우파를 대변하는 인물이었다. 케이트 카(Kate Carr)는 에이즈 예방과 퇴치를 위해 활동하는 비영리 조직 '엘리자베스 글레이저 에이즈 기금'의 최고경영자였다. 이 기금은 출산할 때의 수혈로 인해 에이즈 바이러스에 감염됐던 엘리자베스 글레이저(Elizabeth Glaser)가 설립했다. 그녀는 자기가 낳은 아이가 에이즈로 사망한 지 몇 년 뒤에 사망했다. 그리고 나중에 조지 W. 부시 대통령의 비서실장이 되는 나의 친구 조슈 볼턴(Josh Bolton)을 비롯한 백악관의 주요 참모들도 그 자리에 참석했다.

그와 같이 서로 이질적인 사람들이 과연 콘센서스를 이루어낼 수 있겠는가? 처음에는 불가능해보였다. 그들은 극단적으로 상이한 관점을 대변하는 사람들이었고, 그날 백악관에 초청되어 가서 처음으로 서로 만난 사람들이었다. 그들은 누구나 그 방이 들어선 순간에 그곳의 팽팽한 긴장을 느꼈을 것이다. 그러나 그러한 긴장에도 불구하고 무언가 대책이 긴급하게 필요하다는 생각이 그 방에 모인 사람들로 하여금 대화에 적극적으로 참여하도록 했다.

우리의 대화가 교착상태에서 벗어나지 못하고 있을 때였다. 그때에 누군가가 한 말이 모두를 멈칫하게 했다. "우리가 지금 여기에서 이야기를 나누는 동안에도 사람들이 죽어가고 있습니다. 아프리카에서 여성과 아이들, 그리고 한 세대의 젊은이들이 놀라운 속도로 우리의 곁을 떠나고 있습니다. 이런 추세는 중단돼야 합니다. 우리는 함께 손을 잡고 이런 상황을 타개할 수 있는 방법을 찾아내겠다는 합의된 약속을 하지 않고는 이 방에서 나갈 수 없습니다." 그 순간에 우리는 상황의 심각성에 새삼 압도되어 침묵에 빠졌고, 그 침묵은 꽤 오래 계속됐다. 그러다가 그 방 안의 분위기에 변화가 일어났다. 어떤 대책이 가능하며 무엇을 합의할 수 있느냐는 쪽으로 대화의 방향이 기울었다. 그 회의는 여러 가지

구체적인 대책들을 제안하기로 합의하면서 끝났다. 그 대책들에 대한 합의는 우리가 그 자리에 모인 것이 승패를 가르기 위해서가 아니라는 점을 서로 강하게 의식하는 가운데 각자가 자신의 입장에서 원하는 모든 것을 다 얻지 못하더라도 서로 협력해야 한다는 공감과 의지를 갖게 됐기에 이루어질 수 있었다.

그 뒤에 결국은 부시 대통령이 후천성 면역결핍 증후군의 예방과 치료를 위한 활동에 150억 달러의 재정지원을 한다는 내용을 포함한 '에이즈 구호를 위한 대통령 긴급계획(PEPFAR; President's Emergency Plan for AIDS Relief)'에 서명했고, 나를 비롯해 백악관 회의에 참석했던 사람들 가운데 일부도 그 서명식에 참석했다. 보수진영과 진보진영의 양쪽 모두가 지지한다는 뜻을 밝히지 않았다면 이 프로그램은 아마도 의회를 통과하지 못했을 것이다.[74] 세월이 더 흐른 뒤인 2017년에는 록 스타 보노(Bono)가 부시의 텍사스 목장에 찾아가 그를 만났을 때에 그가 대통령 재임 중에 PEPFAR를 도입해 후천성 면역결핍 증후군을 퇴치하는 노력에 힘을 보탠 점에 대해 감사한다는 뜻을 전했다.

보노는 한 인터뷰에서 보수적인 정치인들과 진보적인 정치인들의 양쪽 모두로부터 지지를 얻어내려고 할 때에 의외의 협력이 가져다줄 수 있는 촉진 효과에 대해 이야기했다. "지금의 행정부는 록 스타와 학생 활동가를 두려워하지 않아요. 그들에게는 익숙해졌기 때문이죠. 그렇지만 자녀교육에 관심이 많은 사커맘과 교회에 열심히 다니는 신자들의 움직임에는 예민하게 신경을 쓰죠. 그러니 사커 맘과 열성 신자들이 록 스타와 학생 활동가들과 어울려 다니면 행정부 사람들이 우리를 정말로 주목하기 시작할 거예요."[75]

보노의 통찰과 이 장에서 소개된 그 밖의 이야기들은 핵심을 찌르는 것이다. 완전히 의외라고 여겨지는 동맹을 형성하는 것이 때로는 주목을 받고 발언권을 확보하는 방법이 된다. 무대에서 물러나 자기 자신만을 지키려고 하는 사람들이 많은 시대에는 변화를 선도하는 겁 없는 사람들이 무대에 올라가서 다른 사람들을 무대 위로 불러 올려야 한다.

18 잘하려면 같이 하라

내가 이십대 후반에 AOL에서 일하기 시작할 때에 그 경영진에는 나를 포함해 여성이 두 명밖에 없었다. 재능이 매우 뛰어난 사람들로 구성된 그 경영진은 매주 한 번씩 만나 각자가 책임진 부분에 대해 이야기하고 회사를 발전시키는 방안을 논의했다. 앞에서도 언급한 바 있지만, 그때에 나는 회사에서 내가 맡고 있는 부분에서 내가 해야 하는 리더의 역할에 대해 자신감을 가져보려고 노력했다. 하지만 나는 그 경영진의 동료들에 비해 나의 이력이 보잘 것 없다는 사실을 의식하고 있었다. 그 경영진에는 자기 회사를 경영해본 사람, 석사 이상의 학위를 가진 사람, 무슨 상을 받은 사람 등이 각각 여러 명씩 있었다. 뿐만 아니라 나는 조금도 갖고 있지 못한 경험을 수십 년 동안이나 쌓아온 사람도 있었다.

우리는 대체로 서로를 존중하는 마음을 가지고 있었고, 그래서 함께 적극적인 추동력을 만들어내곤 했다. 그러나 언젠가 상황이 좋지 않았던 시기에 그 경영진의 구성원들 사이에 신경이 날카로워지면서 갈등이 일어났다. 이에 우리는 외부 컨설턴트의 도움을 받기로 했다. 초빙된 컨설턴트는 우리가 부닥친 경영진 내부의 문제를 해결하기 위한 과정의 하나로 마이어스-브릭스(Myers-Briggs) 검사를 실시했다. 이 검사는 당시에 팀워크와 관련해 팀원 개개인의 성격유형을 점검해보는 도구로 널리 사용되고 있었다. 우리에게 적용된 마이어스-브릭스 검사 방식은 설문지를 나눠주고 각 개인으로 하여금 응답을 적어 넣게 한 다음에 회수한 응답지를 토대로 각 개인을 16가지 성격유형 가운데 하나에 해당하는 사람으로 분류하는 것이었다. 그 검사는 여러 개의 측정범주를 가지고 있었는데 그 가운데 하나는 '사고형'이냐 '감정형'이냐였다. 우리는 응답을 적으면서 이런저런 농담을 주고받았다. 그 가운데 하나는 우리처럼 테크놀로지 기업에서 일하는 사람들은 보나마나 대부분 '사고형'이리라는 것이었다. 그러니 실제 검사의 결과가 대부분 '사고형'으로 나온 것은 그리 놀랄 일이 아니었다. 오직 한 사람만 '감정형'으로 나왔는데, 그 사람은 바로 나였다.

당신도 충분히 상상할 수 있겠지만, 그런 결과에 나는 굴욕감을 느꼈다. 다른 사람들로부터 많은 놀림도 당했다. 그런데 바로 그때에 컨설턴트가 우리에게 한 말이 내 마음속에 깊은 인상을 남겼고, 그 인상은 그 뒤로 오래도록 지워지지 않았다. "감정형이라고 해서 사고를 하지 않는 사람이라는 의미가 아니고, 사고형이라고 해서 감정이 없는 사람이라는 의미가 아닙니다. 감정형과 사고형의 분류는 어떤 사람이 의사결정을 할 때에 논리에 의거해 하는 경향이 있느냐, 아니면 다른 사람들을 고려하며 하는 경향이 있느냐를 말해줄 따름입니다." 이어 그 컨설턴트는 "강한 팀이 되려면 팀원 중에 감정형과 사고형 둘 다가 있어야 한다"면서 "모든 팀원이 어느 한 쪽으로 똑같다면 의사결정을 할 때에 폭넓은 관점이 가져다주는 이득을 누리지 못할 것"이라고 했다. 그런 다음에 그는 우리 사이에 서로 다른 점이 가져다준 이득에 관해, 다시 말해 우리 사이의 차이점이 어떤 작용을 해서 부가가치를 낳아주었는지를 우리더러 돌아가며 한 사람씩 이야기하게 했다. 몇몇 사람들은 우리가 힘겨운 직원해고 과정을 거쳤음을 상기시키면서 우리 회사의 활동을 떠받쳐온 사람들과 기업문화에 직원해고가 가하는 충격적인 영향을 내가 바로 알아보고 지적해줌으로써 그 과정이 보다 부드럽게 진행될 수 있었다고 말했다. 그리고 나는 우리의 의사결정 가운데 몇 가지의 경우에 제시된 순전히 논리적인 견해가 나에게 어떤 이득을 가져다주었는지를 이야기했다. 이런 성격유형 검사와 그에 이은 대화는 우리 경영진이 하나의 팀으로서 일하는 방식에 변화를 가져왔다. 특히 우리 사이에 새로운 신뢰가 형성되면서 우리가 서로 다른 유형의 사람들이라고 하더라도 '같이 일하면 더 잘할 수 있다'는 점을 깊이 이해하게 된 것이 큰 성과였다.

우리가 우리를 둘러싼 세계와 상호작용하는 방식에 변화를 일으키려면 우리 자신이 서로를 바라보는 방식을 변화시켜야 한다. 린매뉴얼 미랜더(Lin-Manuel Miranda)의 뮤지컬 작품 〈해밀턴〉은 이런 관점을 가장 급진적인 방식으로 표현한 작품이며, 그래서 나는 이 뮤지컬을 좋아한다. 모두가 점잖고 나이든 백인으로 묘사된 '미국 건국의 아버지들'의 초상화보다 더 우리에게 익숙한 것이 있을까? 린매뉴얼은 자신이 대본을 쓰고 힙합 가수로서 직접 배우로 출연하기도 한 이 뮤지컬에서 그러한 통념을 여지없이 뒤집어엎었다. 그는 여러 인종의 배우들을 캐스팅하고 그들에게 미국 건국의 아버지들의 역할을 맡겼다. 이 뮤지컬은 알렉산더 해밀턴(Alexander Hamilton)을 중심으로 이야기를 전개한다. 해밀턴은 미국 최초의 재무장관인데, 그 자체가 대중적 관심을 끌어보려고 하는 뮤지컬의 소재로는 의외의 인물이었다.[76]

린매뉴얼은 〈해밀턴〉을 창작할 때에 이것을 도발적인 작품으로 만들려는 의도를 가지고 있지 않았다. 그러나 그는 작가 론 처노(Ron Chernow)의 800쪽짜리 전기 작품 《알렉산더 해밀턴》을 읽고 나서 처음으로 해밀턴을 '배짱과 총명한 두뇌를 가진 이민자로서 자수성가한 사람'으로 바라보게 됐다.[77] 린매뉴얼은 백악관에 초청받아 갔을 때에 뮤지컬 〈해밀턴〉에 나오는 노래 가운데 하나를 부르며 시연을 해보이기 직전에 그 자리에 참석한 사람들에게 "나는 그분이 나의 힙합을 체현한 인물이었다고 생각한다"고 말했다. 그러자 사람들이 웃음을 터뜨렸지만, 사실 그는 진지하게 그 말을 한 것이었다. 그는 이 뮤지컬의 첫대목에 나오는 노래를 불렀는데, 그 자리에 참석한 사람들은 이제는 유명해진 그 노래를 듣고 나서야 그가 한 말의 뜻을 이해했다.

뮤지컬 〈해밀턴〉은 워싱턴, 제퍼슨, 해밀턴 등을 백인이 아닌 유색인이 연기하거나 유색인으로 표현한 예술작품을 봐도 사람들이 더 이상 놀라워하지 않게 할 정도로 문화의 지평에 변화를 가져왔다. 그리고 나는 브로드웨이에서 뮤지컬 〈해밀턴〉을 보고는 풍부한 다양성과 포용성이 존재하는 시대에 그러한 나라에 산다는 것은 축복이라는 생각을 하게 됐다.

*

내가 앞에서도 이야기했지만, 매킨지가 2015년에 발표한 보고서 〈다양성은 중요하다〉에 따르면 다양성은 기업을 보다 생산적이 되게 해서 번성하게 해준다고 한다. 매킨지가 조사를 더 많이 해서 그 보고서를 증보해 펴낸 〈다양성을 통한 성과 개선〉이라는 2018년도 보고서에 따르면 많은 기업이 포용성과 다양성을 경쟁우위 요소, 특히 성장을 촉진하는 요소로 보고 있다고 한다. 매킨지는 12개 나라의 1천 개 기업을 조사해본 결과 그러한 추세가 계속되는 가운데 성과 인종 측면의 다양성과 수익성 사이에 직접적인 상관관계가 확인되고 있다고 밝혔다. 다양성이 결핍된 기업들은 그로 인한 불리함 때문에 그렇지 않은 기업들에 비해 수익성이 27% 낮은 것으로 조사됐다.[78]

　미국의 대기업들은 다양성을 확보하는 것, 다시 말해 다양한 관점과 배경을 가진 사람들을 한데 모아놓는 것의 중요성에 점점 더 많이 주목하고 있다. 미국 대기업들의 회사설명서는 자기네가 그런 방향으로 얼마나 노력하는지를 부각시키고 있다. 일터의 다양성과 포용성에 관한 딜로이트의 조사보고서에 따르면 포용적인 문화를 가진 조직이 그렇지 않은 조직에 비해 재무적 목표를 달성하거나 초과하는 실적을 낼 확률은 2배, 활동이 혁신적이거나 민첩할 확률은 6배, 총체적으로 더 나은 사업상 결과를 실현할 확률은 8배에 이른다고 한다.[79] 2018년에는 〈포브스〉가 다양성이 뛰어난 기업들의 명단을 처음으로 조사해 발표했다. 이 명단에서 1위를 차지한 기업이 노던트러스트(Nothern Trust)라는 사실에 의외라며 놀라워할 사람들이 있을지도 모르겠다. 노던트러스트는 본부가 시카고에 있고 종업원 수가 1만 7800명에 이르는 투자운용회사인데 최고위 경영진의 38%가 여성이고 이사회 멤버 가운데 23%가 흑인이다.[80]

> *"우리의 무의식 속에 있는 거대한 컴퓨터는 우리가 겪은 경험, 우리가 만난 사람, 우리가 배운 교훈, 우리가 읽은 책, 우리가 본 영화 등에서 얻어진 모든 데이터를 조용히 고속으로 처리해서 하나의 견해를 만들어낸다."*
> *– 맬컴 글래드웰*

다양성으로 가는 길을 앞장서서 가는 기업들을 향한 우리의 박수갈채는 더 많은 기업으로 하여금 그 길로 가도록 할 것이다. 그런데 다양성은 중요하다는 생각이 점점 더 폭넓은 콘센서스가 되어 가는 상황에서도 여전히 다양성의 측면에서 뒤처지는 기업이 많이 있는데, 그 이유는 무엇일까? 신생 기업이 성장하는 데 필요한 자본, 각종 지원, 네트워크에 대한 접근에서 여성과 유색인이 현저하게 불리한 것으로 많은 조사연구에서 드러나고 있다. 기업가가 되려는 모든 사람에게 동등한 기회를 제공하는 데 우리가 실패하고 있는 것이 다음 세대의 혁신을 이끌어갈 사람들의 숨통을 틀어막으면서 다양성의 제고와 확산에 장해가 되고 있을 가능성이 높다.

통계를 보면 상황이 어떠한지를 분명하게 알 수 있다. 최근 몇 년간 벤처캐피털이 지원한 기업 가운데 여성이 창업자인 경우는 10%에 불과하고, 흑인이 창업자인 경우는 1%에도 못 미친다. 벤처캐피털 전체의 75%는 캘리포니아 주, 뉴욕 주, 매사추세츠 주 등 3개 주에 투자됐다. 미국 전체에서 이 3개 주를 제외한 나머지 47개 주가 나머지 25%를 놓고 경쟁하는 형국이다. 그런데 자본이 상대적으로 훨씬 적게 투자되는 그 47개 주에서 〈포춘〉의 500대 기업 명단에 이름이 오른 기업이 몇백 개나 배출됐다. 이런 사실은 어디에서 설립된 기업이든 다 훌륭한 기업이 될 수 있음을 증명하는 것이다.

최근의 추세에 관한 통계를 보면 사업주 집단 가운데 가장 빠르게 늘어나는 부분집단은 여성이고, 흑인과 히스패닉이 그 뒤를 잇고 있다. 미국에서 여성이 소유한 사업체의 수가 증가하는 속도는 사업체 전체의 수가 평균적으로 증가하는 속도의 1.5배이고, 흑인이 소유한 사업체의 수는 더 빨리 증가하고 있다. 그리고 소수자 집단에 속하는 사람이 소유한 사업체가 그렇지 않은 경쟁 사업체보다 실적이 더 좋은 경우가 흔히 있음을 보여주는 증거가 많다. 어느 벤처캐피털 회사는 자사가 투자한 스타트업 가운데 여성이 주도하는 곳들이 남성에 의해서만 창업된 곳들에 비해 성과가 63% 더 좋은 것을 확인했다고 한다. 그렇다면 여성이 주도하는 사업체가 오늘날 미국 전역에 걸쳐 900만 개 넘게 존재한다는 것은 당연히 좋은 소식이다.[81]

투자를 하더라도 될성부른 새로운 프로젝트에 해야 한다면 우리의 시야를 넓혀 널리 살펴볼 필요가 있다. 이렇게 하면 우리의 경제에 활기를 불어넣을 기회가 우리에게 많이 있음을 알 수 있다. 그리고 아마도 그 첫걸음은 성공에 대한 우리의 관념을 바꾸는 것일 게다. 몇 년 전에 나는 케이스 재단에서 열린 어느 회의에 참석했다가 누군가로부터 '성공한 기업가'를 키워드로 해서 구글 이미지 검색을 해보라는 권유를 받았다. 그렇게 검색을 하고 보니 젊은 백인 남성의 사진들만 가득한 웹페이지가 눈앞에 펼쳐졌다. 거기에 여성은 한 사람도 없었고, 유색인도 마찬가지였다. 게다가 그 웹페이지가 유명한 기업인들의 사진을 전부 망라한 것도 아니었고, 그 가운데 일부는 대중매체에 실린 것이었다. 그날 바로 케이스 재단은 훌륭한 기업가가 배출되는 것은 장소, 성별, 인종, 민족, 이력 등과 무관하다는 메시지를 전파하기 위해 다양한 이력이나 배경을 가진 기업가들을 골고루 선정해 그들의 이야기를 널리 알리는 일을 하기로 결정했다.

더 많은 사람에게 마음을 열기 시작하려면 우리 모두의 마음속에 무의식적 편견이 견고하게 자리 잡고 있다는 것을 먼저 인정해야 한다. 이는 당신이나 나나 마찬가지다. 그리고 그렇게 하는 것은 중요한 일이다. 그 이유 가운데 하나는 우리가 벤처캐피털의 지원을 받는다고 하는 사람들에게서 발견되는 '다 똑같음'이 우리 사회의 저변에 깔려 있는 무의식적 편견과 깊은 관계가 있을지 모른다는 것이다. 그런 관계는 갈수록 분명하게 인식되고 있다. 이와 관련해 특히 100대 벤처기업에 투자한 사람 가운데 93%는 남성이고 그 가운데 압도적인 다수는 백인이라는 점이 주목된다. 남성이나 백인이 아닌 기업가가 투자자를 유치하기 위해 사업설명회에 갔는데 그곳에 자기와 비슷하게 생긴 투자자가 아무도 없음을 알게 됐을 때에 그의 마음이 얼마나 편할 수 있을까? 백인으로만 구성된 투자자 패널이 그들 자신과 다르게 생긴 사람들을 위해 그런 사람들이 추구하는 혁신의 잠재적 가치를 과연 이해할 수 있을까?

우리는 투자 대상 사업계획에 대한 평가의 기준에 포용성을 추가한 벤처캐피털들에 박수를 보내야 한다. 그들이 그렇게 한 것은 어떤 측면에서는 일반적인 상식에 부합하는 동시에 사업의 관점에서도 상식적인 결정일 수 있다. 소비재의 구매자는 대부분 여성이다. 그렇다면 어떤 새로운 제품에 대해 투자를 할지 말지를 저울질하는 투자자가 있다면 그로서는 그 제품의 잠재적 시장을 더 잘 대표하는 소비자 집단인 여성의 입장에 서보는 것이 도움이 되지 않겠는가?

우리 모두가 포용성을 더 많이 가져야 한다고 말하는 지도자가 갈수록 늘어나고 있다. 나의 친구인 멜러디 홉슨(Mellody Hobson)도 그런 지도자 가운데 하나다. 흑인 여성인 멜러디가 운영하고 있는 아리엘 인베스트먼츠(Ariel Investments)는 사회적 소수자가 소유한 투자회사로는 세계에서 가장 규모가 크다. 그녀는 자동적으로 작동하는 우리의 편견을 깨뜨리기 위해서는 피부색을 보지 않는 '컬러 블라인드(color blind)'에서 더 나아가 '컬러 브레이브(color brave)'의 태도를 취해야 한다고 제안한다. 다시 말해 우리와 모습이 다르거나 사는 방식이 다른 사람들을 의도적으로 끌어들여 우리와 함께 일하게 하자는 것이다. 그녀는 아리엘 인베스트먼츠의 투자에 이런 원칙을 적용하며, 그래서 경영진과 이사회의 구성에서 다양성이 결핍된 기업은 투자 대상에서 배제하고 있다. 또한 아리엘 인베스트먼츠 자체가 다양성의 모범이 되고 있다. 그 직원 가운데 여성은 51%, 흑인은 27%, 아시아인과 히스패닉은 20%다.

멜러디는 특출한 여성이다. 그녀는 총명하고 친절하고 강인할 뿐만 아니라 경탄할 만한 성취의 길을 걷고 있다. 몇 년 전에 여성이 다른 여성에게 성적이지 않은 의미에서 반했을 때에 사용하는 '걸 크러시(girl crush)'라는 말이 유행하기 시작했을 때에 나는 나의 딸들에게 그 의미가 무엇이냐고 물어본 적이 있다. 딸들은 웃음을 터뜨리더니 나에게 그 의미를 설명해주었다. 그러나 몇 주 뒤에 멜러디를 만나보고서야 나는 그 의미가 무엇인지를 분명하게 이해하게 됐다. 그런 그녀도 사회에서 편견에 부닥치곤 했다. 그녀는 자신의 친구이자 역시 흑인인 해럴드 포드(Harold Ford)가 2006년에 상원의원 선거에 출마했을 때에 그를 도우면서 겪었던 일을 TED 강연에서 이야기했다. 그녀는 뉴욕 시의 메이저급 언론사에서 일하는 어떤 여성에게 전화를 걸어 포드와 가벼운 점심식사를 같이 하면서 인터뷰를 해보기를 권했다. 그러자 그 여성이 응낙하고 만날 장소를 지정해주었다. 그 뒤에 벌어진 일에 대해 멜러디는 이렇게 이야기했다. "해럴드와 나는 그곳에 도착해 안내원에게 점심식사를 하러 왔다고 말했지요. 그 안내원은 우리에게 손짓을 하면서 자기를 따라오라고 했어요. 복도를 몇 번인가 꺾어가며 걸어가서 그녀가 기다리고 있는 방에 들어섰어요. 그런데 그녀가 우리를 바라보더니 '유니폼은 어디에 놔두고 그렇게 입고 있어요?' 하고 말하더군요. 그러자 해럴드가 그녀에게 성큼 다가갔고, 그녀의 코피가 터졌지요. 그녀는 아무 말도 하지 못했어요. 그때 내가 그녀를 빤히 바라보며 이렇게 말했어요. '미국 상원에 흑인이 더 있어야 한다고 생각하지 않으세요?'"[82]

*

오늘날 미국에 사는 우리는 그동안 미국인들이 창의성을 발휘해온 덕분에 실현된 삶의 질을 누리고 있다. 우리가 그러한 삶의 질을 기회로 삼아 기업의 창업과 경영을 민주화하고 기업을 보다 포용성 있게 만든다면 우리의 경제가 더욱 활기차게 되고 어디에서 온 누구라도 아메리칸 드림을 품어볼 수 있게 될 것이다. 그렇게 되려면 우리가 기존 질서를 깨뜨리는 일에 겁 없이 나서야 하며, 그것도 기업에서만이 아니라 우리의 문화 전반에 걸쳐서 그래야 한다.

위대한 지휘자 주빈 메타(Zubin Mehta)는 과거에 "오케스트라에는 여성이 앉을 자리가 없다"는 말을 한 적이 있다. 다행스럽게도 그런 그의 말에 모두가 동의하지는 않았다. 1950년대에 보스턴 심포니 오케스트라에서 신입단원을 선발할 때 커튼 뒤에서 연주를 하게 하는 방식으로 오디션을 실시해보자는 아이디어가 처음으로 나왔다. 심사위원들은 오디션에 임한 연주자를 눈으로 볼 수 없게 됐으므로 오로지 연주를 귀로 듣고 연주자로서의 재능만을 평가해야 했다. 다른 오케스트라들도 뒤따라 이와 같은 오디션 방식을 채택하기 시작했고, 오늘날에는 대부분의 오케스트라가 이와 비슷한 '블라인드 오디션'을 실시하고 있다. 그동안 연구자들이 조사해본 결과를 보면 블라인드 오디션은 여성이 1차 심사를 통과해 2차 심사를 받게 되는 확률을 50% 높였다고 하는데, 이는 결코 놀랄 일이 아니다. 심사의 모든 단계에 블라인드 오디션을 적용하면 여성이 선발될 확률이 3배로 훨씬 더 높아진다고 한다. 오늘날에는 모든 오케스트라의 단원 가운데 절반 이상이 여성이다.[83]

> "야구에서 포수가 전공인 선수들로만 팀을 구성하면 그 팀은 단결심은 강할지 모르지만 경기 실적은 그리 좋지 않을 것이다."
> - 사라 엘리슨 (MIT 대학 경제학 교수)

나는 여성으로 살면서, 그리고 남성이 지배하는 테크놀로지 산업에서 일하면서 나 자신의 경험을 통해 한 개인으로서의 여성이 주위의 남성들과 같은 대우를 받게 되기가 얼마나 어려운 일인지를 잘 알게 됐다.

그래서 나는 겁 없이 도전하는 여성의 이야기에 언제나 큰 흥미를 느낀다.

스테파니 셜리(Stephanie Shirley)는 영국에서 소프트웨어 유통 분야를 초기에 개척하는 역할을 한 여성이다. 나는 그녀의 이야기를 처음으로 알게 됐을 때에 왜 내가 그동안 그녀에 대해 알지 못했을까 하고 의아해했다. 오스트리아의 빈에서 태어난 셜리는 거의 10만 명에 이르는 유대인 아이들을 나치스가 지배하는 지역에서 영국으로 부모 없이 이송해와 구원한 '킨더트란스포르트(Kindertransport)' 프로그램에 의해 영국으로 왔다. 그녀는 다섯 살 때에 겪은 그 일에 대해 이렇게 말했다. "내가 지금 살아있는 것은 그 오랜 옛날에 관대한 외국인들의 도움을 받은 덕분입니다."

셜리는 어렸을 때부터 분명한 꿈을 갖게 됐다. 그것은 "나의 삶을 그렇게 구원할 만한 가치가 있었던 것으로 만드는 것"이었다. 그녀는 어릴 때에 여자아이만 다니는 학교에 다녔는데 그 학교에서는 그녀가 좋아하는 수학을 가르치지 않았다. 이에 그녀는 학교의 허락을 얻어 남자아이만 다니는 인근의 학교에 가서 수학 수업을 들었다. 그녀는 대학을 나오지 않았음에도 런던의 우체국 부설 연구소에 취직해 다니면서 독학으로 컴퓨터를 조립하고 코드를 작성했다. 테크놀로지에 대한 흥미를 점점 더 크게 갖게 된 그녀는 6년간에 걸쳐 대학의 야간 강의를 듣고 수학 과목의 학위를 받았다.

셜리는 1959년에 소프트웨어 회사 '프리랜스 프로그래머스(Freelance

Programmers)'를 차렸다. 그녀가 고용한 종업원은 대부분 젊은 여성이었는데, 그 가운데 다수가 결혼을 하거나 아이를 갖게 되면 직장생활을 중단했다(그녀가 종업원에게 재택근무를 허용한 점에서도 시대를 앞선 선구자의 면모를 보였음에도 그랬다). 그녀는 6파운드, 그러니까 당시의 환율로 17달러에 불과한 소액의 자본금으로 프리랜스 프로그래머스를 설립한 뒤에 그 회사를 기업가치가 몇억 달러에 이르는 대기업으로 성장시켰다. 그녀는 60살에 은퇴하고 필랜스로피스트가 됐다. 그녀는 남성이 지배하는 분야에서 편하게 활동하기 위해 '스티브(Steve)'라는 남자이름을 쓰기도 했다. 지금 그녀는 나이가 80대이지만 여전히 예리한 유머 감각을 지니고 있다. 그녀는 이렇게 말한다. "야심을 가지고 있는 여성은 머리의 모양으로 틀림없이 가려낼 수 있어요. 사람들이 잘한다고 격려하면서 머리를 쓰다듬어서 머리 위가 평평하지요. 발이 커서 개수대에 발을 넣고 일할 수도 없어요."[84]

겁 없이 도전하는 여성의 이야기로 내가 좋아하는 것 또 하나는 '플라이걸(FlyGirl)'이라는 별명을 가진 버니스 아무어(Vernice Amour)라는 여성의 이야기다. 버니스는 흑인 여성으로는 처음으로 미국 해병대의 해상작전용 비행기 조종사와 전투기 조종사로 활약했다. 그녀는 조종사 훈련소를 동급생 200명 가운데 1등으로 졸업했다. 그녀는 2003년의 이라크 공습 때에 AH-1W 슈퍼코브라 공격용 헬기를 조종했고, 이라크 해방 작전 때에 비행기를 몰고 두 차례 출격했다. 그녀의 '최초' 경력은 해병대에 들어가기 전에 이미 시작됐다. 그녀는 군인이 되기 전에 내슈빌에서 경찰관으로 일하면서 흑인 여성으로는 처음으로 경찰 모터사이클 스쿼드의 일원이 됐다. 그녀는 군에서 퇴역한 뒤에는 'VAI 컨설팅 앤드 트레이닝'을 설립하고 이를 통해 사람들이 삶에서 난관을 극복하고 돌파구를 찾도록 돕는 일을 하고 있다.[85]

나는 2016년에 하버드 비즈니스 스쿨 동창회의 초청을 받았다. 이 비즈니스 스쿨이 1963년에 처음으로 여성에게도 입학의 문호를 개방했을 때에 이 학교에 입학했다가 이듬해에 졸업한 바버라 해크먼 프랭클린(Barbara Hackman Franklin)과 함께 '여성의 역사를 기념하는 달(Woman's History Month)' 행사의 일환으로 열리는 토론회를 이끌어달라는 초청이었다. 프랭클린은 대통령이 임명하는 직위가 여성에게도 개방되도록 하는 데 획기적인 역할을 한 여성이다. 그녀는 놀랍게도 지금으로부터 꽤 오래 전인 리처드 닉슨 대통령 시절에 백악관에 들어가 그런 일을 했다.

사람들에게 역사 전체에서 여성의 권익 신장에 기여한 사람들을 꼽아보라고 할 경우에 그 명단에 리처드 닉슨이 올라갈 가능성은 별로 없을 것 같다. 그런데 〈뉴스위크〉는 1972년 8월에 "여성운동에 가장 크게 기여한 워싱턴의 정치인은 리처드 닉슨일 것"이라고 장담했다. 그가 워터게이트 사건으로 인해 대통령직에서 물러난 탓에 정부 내 여성의 역할을 증진하는 데 기여한 그의 공적이 제대로 평가받지 못하게 됐다. 그리고 그의 그러한 노력을 핵심적으로 뒷받침한 프랭클린과 같은 여성들도 덩달아 그들의 기여에 걸맞은 평가를 그동안 받지 못했다.

어쨌든 당시에 백악관에서 어떤 일이 벌어졌던 것인지를 돌이켜보

자. 닉슨 대통령이 취임한 지 한 달밖에 안 된 1969년 초의 어느 날에 백악관에서 기자회견을 할 때에 기자석의 세 번째 줄에 앉아있던 여성 기자가 질문이 있다면서 손을 들었다. 베라 글레이저(Vera Glaser)라는 이름의 그 기자가 그때에 던진 질문은 백악관 기자회견실을 넘어 훨씬 폭넓게 반향을 불러일으키게 된다. 그 질문은 이런 것이었다. "대통령님, 당신은 내각을 비롯한 고위 정책담당 직위에 지금까지 대략 200명가량을 임명했습니다. 그런데 그 가운데 여성은 고작 3명뿐입니다. 우리가 앞으로 여성의 능력이 보다 평등하게 인정받게 되리라는 기대를 가져도 되는지, 아니면 여성이 계속해서 '실종된 성'으로 남아있게 될 것인지에 대한 당신의 생각을 말씀해주실 수 있겠습니까?"

몇몇이 웃음을 터뜨리는 소리도 들렸지만 닉슨 대통령은 진지한 표정을 지으며 이렇게 말했다. "여성이 임명된 자리가 세 개에 불과하다는 사실을 나는 전혀 몰랐습니다. 그러한 불균형이 있다면 매우 신속하게 그것을 시정하겠습니다."[86]

얼마 지나지 않아 시티뱅크의 전신인 퍼스트 내셔널 시티 뱅크에서 기획담당 간부로 일하고 있었던 바버라 해크먼 프랭클린이 특채되어 '백악관 여성기용 프로그램'을 이끌기 시작했다. 프랭클린의 노력에 적잖이 힘입어 고위 공직에 임명된 여성의 수가 불과 1년 만에 세 배로 늘어났다. 또한 그즈음에 연방정부의 인력이 5% 감축되는 동안에도 1천 명 이상의 여성이 연방정부에 고용되거나 승진됐다. 당시에 그렇게 고용되거나 승진된 여성 가운데 다수가 그 뒤로 몇십 년 동안 공직자로 일했다. 그 가운데 엘리자베스 핸퍼드 돌(Elizabeth Hanford Dole)은 임기 7년의 연방거래위원회(FTC) 위원을 지낸 뒤에 노스캐롤라이나 주의 연방 상원의원에 선출됐고, 칼라 힐스(Carla Hills)는 법무부 차관보를 거쳐 포드 행정부의 주택도시개발부 장관과 아버지 부시 행정부의 무역대표부 대표를 지냈다.

고위 공직에 점점 더 많은 여성이 임명되고 있으니 그러한 추세가 앞으로도 계속해서 우상향의 곡선을 그리며 유지될 것이라고 흔히들 생각한다. 그러나 그것은 확실하지 않다. 평등을 향한 싸움은 두 걸음 전진한 뒤에 한 걸음 후퇴하는 식으로 진행될 가능성도 얼마든지 있다. 내가 이 책을 쓰고 있는 시점에 미국에서 여성은 의회 의석의 19%만을 차지하고 있다. 선거에 출마하고자 하는 여성이 증가하는 추세임에도 이 비율은 최근 정체하는 양상을 보이고 있다. 버락 오바마 대통령의 내각은 그 다양성이 역사상 최고 수준이었지만, 도널드 트럼프 대통령의 내각은 그 다양성이 30년 만의 최저 수준이다.

그러나 단 한 명의 여성이라도 여성의 지위와 관련된 상황을 개선시키는 움직임을 촉발하기에 충분할 정도로 큰 목소리를 낸다면 때로는 새로운 돌파구가 열리기도 한다는 점을 상기할 필요가 있다. 그러한 변화는 사람들이 다양성을 '우리에게 있다면 좋은 것'으로만 생각하지 않고 관련 통계가 보여주듯이 '최고의 실적을 얻기 위한 현명한 전략'으로 생각하게 될 때에 일어날 것이다.

19 협력관계를 성공의 지렛대로 삼아라

내가 20대 초반부터 속해 온 테크놀로지 부문은 미국 서부개척 시대의 서부 황무지와 같다고 여겨질 때가 종종 있다. 이 부문에는 우리가 어디로 어떻게 가야 하는지를 알기 위해 들여다볼 만한 지도가 없다. 이 부문 종사자들은 각자가 살아남기 위해 서로에게 기대는 플레이어들의 기묘한 집단일 뿐이다.

1971년에 마이크로프로세서가 등장한 뒤로 개인용 컴퓨터는 주로 뭐든지 만지작거리기를 좋아해서 자기가 구상한 조잡한 기계를 조립하기 위해 부품과 공구를 사들이곤 하는 괴짜들에 의해 만들어졌다. 내가 테크놀로지 부문에 처음 발을 들여놓은 1980년대에는 이 부문이 다소 진화하게 된다. 그러나 그때에도 매력적인(당시의 기준으로) 온라인 경험을 해보려면 적지 않은 부품, 장치, 서비스 등을 구매해야 했는데, 그 쇼핑

목록은 내용도 복잡할 뿐더러 돈도 많이 드는 것이었다. 그 목록 가운데 일부 중요한 것들만 적어보면 다음과 같았다.

- 데스크톱 등 개인용 컴퓨터: 개당 가격은 당시에 최신 유행품이었던 코모도어 64의 정가 595달러에서부터 매킨토시 첫 버전의 정가 2495달러에 이르기까지 편차가 컸다.
- 디스플레이 스크린: 당시에는 이것이 꼭 있어야 하는 것은 아니었다.
- 소프트웨어: 초기의 개인용 컴퓨터는 하드 드라이브나 기타 저장 장치를 내장하지 않은 것이 많았다.
- 모뎀
- 온라인 서비스 이용권

당시에 우리가 확실하게 아는 것이 하나 있었는데, 그것은 우리 모두가 서로를 필요로 한다는 것이었다. 컴퓨터가 없다면 소프트웨어는 무용지물이었다. 매력적인 애플리케이션이 없다면 컴퓨터는 아무런 가치도 없는 것이었다. 모뎀이 없다면 온라인 서비스는 연결할 수 없는 것이었다. 내가 무슨 이야기를 하려고 하는지를 당신도 이제는 눈치 챘을 것이다. 당시에 그런 상황이 테크놀로지 산업의 성장에 대해 가졌던 의미는 협력관계가 형성돼야 한다는 것만이 아니었다. 우리의 발전을 가속화하고, 우리의 사업적 활동을 개선하고, 우리가 혁신을 계속해나가기 위한 네트워크가 필요하다는 것도 그 의미였다. 이런 이유에서 협력은 초기의 개인용 컴퓨터와 온라인 마켓플레이스의 두드러진 특징이었고, 아마도 같은 분야의 오늘날 모습에 비해서도 훨씬 더 그랬던 것 같다. 우리는 '통신으로 연결된 하나의 세계'와 '언제든 즉시 이용할 수 있는 콘텐트'를 실현해보겠다는 큰 꿈을 꾸고 있었다.

그 시절에 내가 가지고 있었던 직함은 공동 마케팅 매니저였다. 그리고 내가 했던 일은 미국의 전역을 돌아다니면서 컴퓨터 회사, 소프트웨어 회사, 모뎀 회사, 전화 회사 등을 방문해서 파트너십 계약을 맺고, 그 계약에 따라 하드웨어 회사와 소프트웨어 회사가 자기네 제품과 우리의 온라인 서비스 이용권을 번들 상품으로 묶어 판매하도록 하는 것이었다. 그렇게 한 것은 물론 우리 회사가 제공하는 온라인 서비스의 판매를 촉진하기 위한 전략이었다.

나는 테크놀로지 부문의 이력이 더 쌓인 뒤에 AOL에 가서 자리를 잡았다. AOL에서 우리는 의외의 파트너십을 확장해 나갔다. 오마하 스테이크스(Omaha Steaks)는 AOL의 소프트웨어를 자사의 유명한 스테이크와 묶은 번들 상품을 내놓았고, 전미 자동차경주협회(NASCAR)는 AOL 로고가 부착된 자동차를 경주에 출전시키거나 자기네 행사장에서 AOL의 소프트웨어를 관객에게 나눠주었다. 콘텐트에서도 의외의 동맹이 이루어졌다. 미국 전역의 퀼트(미국식 자수 공예) 제작자들은 AOL과 손을 잡고 퀼트 제작 방법에 대한 포럼을 매우 활기차게 진행했고, 루카스필름(LucasFilm)은 AOL과 제휴해 쌍방향 온라인 게임의 초기 버전들을 만들었으며, 시사잡지 〈타임〉은 AOL과 함께 빌리 그레이엄 목사의 75번째 생일에 전국적인 온라인 콘퍼런스를 최초로 열었다.

AOL이 우리에게 심어준 교훈 가운데 가장 오래갈 것 가운데 하나는 제휴와 동맹을 지렛대로 삼으면 경쟁력을 크게 강화할 수 있다는 것이었다. 그렇다. 그렇게 하면 경쟁력을 강화할 수 있음을 우리는 실천을 통해 알게 됐다. 1990년대 중반에 마이크로소프트가 AOL에 엄청나게 위협적인 존재로 떠올랐다. 운영체제(OS) 시장을 장악한 마이크로소프트가 자사의 운영체제와 이런저런 소프트웨어를 묶어 번들 상품으로 공급함으로써 각 가정이나 사무실의 컴퓨터에서 기능상 연결된 방식으로 작동되도록 했다. 이로 인해 무엇이든 마이크로소프트의 번들 상품에 포함되느냐 포함되지 못하느냐가 그것이 성공하느냐 실패하느냐를 가를 정도로 마이크로소프트의 영향력이 커졌다. 그런 마이크로소프트가 자체적인 온라인 서비스를 개발해 윈도 95와 번들화하려고 한다는 소식이 들려왔다. 이는 AOL에서 일하는 우리에게 크나큰 걱정거리가 됐다. 우리는 마이크로소프트가 자사의 시장지배력을 이용해 컴퓨터 제조업체들에 그들이 만드는 컴퓨터 제품에 AOL의 온라인 서비스와 연결되는 기능은 넣지 말고 자사의 온라인 서비스와 연결되는 기능만 넣으라고 요구할 수도 있다고 생각했다. 이 문제에 관한 이야기는 길게 늘어놓을 수도 있지만 결론만 간단하게 말한다면, AOL의 온라인 서비스에 가입한 회원이 인터넷에 접속할 때에 마이크로소프트의 브라우저를 이용하게 하는 동시에 AOL의 온라인 서비스를 마이크로소프트의 운영체제와 번들화한다는 합의가 두 회사 사이에 이루어졌다. 이는 서로 경쟁하는 관계에 있는 두 기업이 번들화를 통해 서로 상대방 제품의 판매를 촉진해주는 '공동 번들링'이라고 할 수 있다.

이와 비슷한 일은 그 전에도 있었다. 1993년에 마침내 일반 소비자에게도 인터넷 접속이 합법화되자(그 전에는 대학, 정부, 과학연구기관 등만 합법적으로 인터넷에 접속할 수 있었다) AOL은 일반 소비자를 월드 와이드 웹에 연결해주는 길을 열기 위한 작업에 착수했다. 이런 방향에서 우리가 가장 먼저 도입한 것은 AOL의 온라인 서비스를 통해 회원들이 월드 와이드 웹을 이용할 수 있게 해주는 검색엔진이었다. 그로부터 몇 년 뒤에 우리는 구글이라는 신생 기업이 스스로 개발한 검색엔진을 소비자들에게 제공하기 시작했다는 사실을 알게 됐다. 우리는 서둘러 대책을 강구해야 했다. 우리는 구글과 협상을 벌인 끝에 구글을 AOL의 검색엔진으로 삼기로 구글과 합의했다. 그 대신에 AOL은 구글의 지분 5%를 인수하고 이후 창출되는 수익의 일부를 가져오기로 했다. 이렇게 함으로써 또 다시 우리는 힘 있는 경쟁자와 싸우는 데에 우리의 에너지를 소모하는 대신에 그런 경쟁자와 '결합'했다. 그 결과로 우리의 고객들은 더 나은 검색 서비스를 경험하게 됐고, 우리는 나중에 구글이 상장될 때에 거액의 투자이익까지 거두었다.

보다 최근인 2000년에 AOL이 타임워너(Time Warner)와 합병한 일에 대해 AOL이 자신의 울타리를 벗어나도 너무 많이 벗어난 것 아니냐고 생각하는 사람들이 있을 것 같다. 아닌 게 아니라 그 합병은 실패로 귀결됐다. 이에 대한 내 생각을 이야기한다면, 그 합병은 올바른 파트너십

전략에 따른 것이기는 했지만 조직적 융합을 제대로 이루어내지 못했다고 본다. 기업 간의 관계라는 것이 대부분 그렇겠지만 특히 파트너십이라는 관계는 사람의 문제가 그 성패를 좌우한다. AOL과 타임워너의 합병에서는 양쪽의 기업문화를 융합해야 할 때에 양쪽 다 기존의 자신을 지키려고 하면서 움직이지를 않았다. 피터 드러커가 했다고들 하는 유명한 말 가운데 "전략은 문화의 아침식사 거리밖에 안 된다"는 말이 있다. 자신의 울타리를 벗어나려고 할 때에는 기회라고 여겨지는 것을 평가하는 단계에서 그 기회를 채택하는 경우에 같이 일하게 될 사람들과 그들의 문화를 주의 깊게 살펴야 한다.

테크놀로지 부문의 혁명은 사람들이 생각을 하고, 무리를 짓고, 일을 하는 방식에 근본적인 변화를 가져왔다. 사회적 변화를 선도하려고 하는 소셜 임팩트를 추구하는 조직 가운데 하나인 모니터 인스티튜트 (Monitor Institute)는 그러한 방식에서 관찰되는 변화를 '위키스럽게 하기 (working wikily)'라고 부른다. 이는 더 높은 수준의 개방성, 투명성, 분산된 의사결정과 소셜 미디어를 활용한 집단적 행동을 특징으로 하는 사고와 행동의 새로운 방식을 가리키는 말이다.

*

어떤 프로젝트나 운동을 기획할 때에는 으레 만나게 되리라고 예상되는 사람이나 조직에 의존하게 되는 것을 피하기 위해 넓은 범위에 걸쳐 잠재적 동맹자들을 살펴보는 것이 중요하다. 때로는 동심원을 여러 개 그려보는 것이 도움이 될 수 있다. 한가운데 원에는 이해관계와 시장을 가장 많이 공유하는 잠재적 파트너들을 적어 넣는다. 이어 순차적으로 바깥쪽 원으로 옮겨가면서 당신이 뛰어들고자 하는 영역에 대해 전략적 이해관계를 갖고 있다고 생각되는 사람이나 조직들을 적어 넣는다.

예를 들어 미국의 시민권 운동에서는 마틴 루터 킹(Martin Luther King, Jr.) 목사와 그를 지지하는 사람들이 자신들의 대의를 주장하는 활동에 먼저 남부지역의 흑인을 동원했고, 그 다음 단계로 북부지역의 백인을 끌어들였다. 하비 밀크(Harvey Milk)는 샌프란시스코에서 성소수자(LGBT; Lesbian, Gay, Bisexual, and Transgender) 인권 운동을 시작할 때에 먼저 카스트로 스트리트의 게이 커뮤니티로 들어갔고, 그 다음 단계로 베이 에리어의 진보적인 일반 시민으로 활동 대상의 반경을 늘렸다. 국방부가 기능하는 방식을 변화시키는 데에 기여한 군사혁신가 존 보이드(John Boyd) 대령도 비슷한 경로를 밟았다. 그는 변화를 위한 제안을 먼저 중하위 장교단에게 브리핑했고, 그런 다음에 의회의 보좌인력, 선출직 공무원, 최고위급 장군을 순차적으로 설득하는 작업을 벌였다.

당신의 울타리 밖에 있는 사람 가운데 당신의 노력에 가속도를 붙여줄 수 있는 사람들을 찾을 때에는 당신에게 중요한 동맹자가 될 수 있거나 하다못해 당신을 위해 궂은일이라도 할 수 있는 사람들이 누구인지를 살펴보라. 그리고 당신에게 협력자가 될 수 있는지의 여부가 불분명한 사람들을 당신의 노력에 끌어들일 생각을 하라. 그렇게 하기 위해서는 라이베리아에서 일어난 일에서 교훈을 얻을 필요가 있다. 라이베리아의 보건 인프라는 장기간에 걸친 내전의 영향으로 황폐해졌다. 인구는 400여 만 명인데 그들의 건강을 돌볼 의사는 50여 명에 불과했고, 농촌지역 주민은 의료 서비스를 거의 이용할 수 없다 보니 난산을 비롯해 보통의 의료 서비스만 제공된다고 해도 살 수 있는 상태의 사람이 많이 죽어갔다. 게다가 점점 더 확산되는 후천성 면역결핍 증후군이 보건 위기를 심화시켰다. 2007년에 내전에서 살아남은 라이베리아 사람들과 보건 분야에서 일하는 미국 사람들이 피터 러코(Peter Luckow)의 선창에 호응해 힘을 합쳐 '티야티엔 헬스(Tiyatien Health)'라는 프로젝트를 출범시켰다. 그들은 이 프로젝트를 통해 종자돈 6천 달러만 가지고 라이베리아의 농촌지역을 대상으로 후천성 면역결핍 증후군의 예방과 치료를 위한 대중적 활동을 시작했다. 라이베리아의 농촌지역이 이런 활동의 대상이 된 것은 이때가 처음이었다. 티야티엔 헬스는 2013년에 가장 도움을 필요로 하는 곳은 라이베리아에서도 '가장 외진 곳(last mile)'이라는 의미에서 그 이름을 '래스트 마일 헬스(Last Mile Health)'로 바꾸었다.

래스트 마일 헬스는 도움을 필요로 하는 라이베리아의 농촌지역 가운데 적은 일부만이라도 돕는 일을 홀로 어렵게나마 계속할 수 있었을지도 모른다. 그런데 에볼라 위기가 터졌고, 그와 함께 래스트 마일 헬스의 활동을 그 울타리 너머로 확장하는 동시에 라이베리아의 농촌지역을 돕는 노력을 더욱 강화하자는 의견이 제시됐다. 래스트 마일 헬스는 보건활동에 투입할 인력을 의외의 곳에서 조달하기로 결정했다. 그 의외의 곳은 바로 에볼라가 덮친 지역이었다. 래스트 마일 헬스는 라이베리아의 보건부로부터 필요한 자금을 지원받아 라이베리아 남동부 지역의 38개 병원에서 교육을 실시해 1300명에 이르는 지역사회 보건활동 인력을 육성했다. 이렇게 해서 래스트 마일 헬스는 라이베리아 정부의 지속적인 협력과 육성된 지역사회 인력을 바탕으로 라이베리아 농촌지역의 더욱 외진 곳(이 조직의 강령에 따르면 '도와주러 가기가 너무 어렵고 도와주는 데 비용이 너무 많이 드는 지역'에 해당하는 곳)도 도울 수 있게 됐다.[87]

> *"불을 붙이려면 부싯돌 두 개가 필요하다."*
> *- 루이자 메이 올컷 (미국의 소설가)*

모두에게 이득을 가져다줄 기회에 불을 붙이려면 '두 개의 부싯돌'을 사용해야 한다. 두 개의 부싯돌을 확보하는 것이 성공적인 협력을 실현하는 비결이다. 존 도어(John Doerr)는 저서 《무엇이 중요한지를 따져보라》에서 구글이 창립된 과정을 이야기하면서 구글의 공동창업자 세르게이 브린(Sergey Brin)과 래리 페이지(Larry Page)를 이렇게 묘사했다. "세르게이는 활기가 넘치고, 흥분을 잘하고, 자기 의견에 대한 고집이 세고, 지적인 틈새를 단번에 뛰어넘을 줄 아는 사람이었다. 옛 소련에서 태어나 미국으로 이민 온 그는 영리하고 창의적인 협상가이자 원칙을 지키는 지도자였다. 그는 가만히 있지를 못하고 언제나 무엇이든 더 밀어붙이려고 했다. 그는 회의를 하다가 도중에 갑자기 방바닥에 엎드려 팔굽혀

펴기를 몇 차례 하기도 했다. 래리는 초기 컴퓨터 과학자의 아들로 뼛속 깊이 엔지니어였다. 그는 말은 부드럽게 하지만 무엇에든 순응하지 못하는 반역자로서 인터넷의 유용성을 획기적으로 끌어올려야 한다는 생각을 가지고 있었다. 세르게이가 테크놀로지의 상업적 거래를 만들어내는 동안에 래리는 상품을 개발하고 불가능한 것을 가능하게 하는 방법을 상상했다. 래리는 땅에 발을 굳게 디딘 채 창공에 상상의 나래를 펴는 사색가였다."[88] 그러므로 만약 당신이 구글의 두 공동창업자가 나란히 같이 서서 찍은 사진만 보고 그들을 그저 두 명의 젊은 백인 남성이라고만 생각했다면 그 둘 사이의 차이를 놓친 것이다. 구글을 오늘날 미국에서 가장 변혁적인 기업 가운데 하나로 만든 것은 바로 둘 사이의 그러한 차이였다. 그렇게 서로 많이 다른 두 사람이 협력했다는 것과 그 두 사람이 구글과 같은 특이한 기업을 창업하고 키워온 것은 결코 우연의 일치가 아니다.

강력한 집단들이 힘을 합치면 극적인 결과를 얻을 수 있다는 것을 우리는 알고 있다. 우리의 정치적 지도자들이 당파성으로 퇴각해 함몰되어 있는 모습을 바라보는 것이 괴로운 이유도 여기에 있다. 정치적 지도자들이 더 큰 선을 향해 당파의 경계선을 서로 넘나드는 모습을 보여준다면 그것은 좋은 결과를 가져올 수 있을 뿐만 아니라 유권자들에게 희망을 줄 수도 있다.

2004년 말에 지진과 그로 인한 쓰나미가 동남아시아의 11개 나라를 휩쓸고 지나간 뒤에 미국의 조지 W. 부시 대통령은 그 지역의 복구 노력을 돕기 위한 자금을 모으는 일에 전 대통령 두 사람을 끌어들였다. 그 두 사람은 부시 대통령 자신의 아버지인 조지 H. W. 부시 전 대통령과 빌 클린턴 전 대통령이었다. 두 사람은 소속 정당이 서로 다를 뿐 아니라 개인적으로는 집안끼리 서로 정적의 관계에 있었다. 클린턴은 1992년의 대통령 선거에서 아버지 부시를 눌러 그가 재선되지 못하게 했다. 2000년 대통령 선거에서는 클린턴 행정부에서 부통령을 지낸 앨 고어가 아들 부시에게 졌다. 그러나 두 사람은 아시아에 다녀오는 동안에 서로 친해졌고, 아들 부시가 클린턴을 가리켜 "이복형제와 같은 사람"이라고 말하기까지 했다.[89] 아버지 부시와 클린턴의 아시아 방문은 미국 사회에서 대단한 정서적 반향을 불러일으켰고, 그 덕분에 모금액이 몇백만 달러에 이르렀다. 두 전 대통령을 내세운 모금 캠페인이 워낙 성공적이었기에 2010년에는 오바마 대통령이 같은 취지로 클린턴과 아들 부시에게 부탁해서 대규모 지진 피해를 입은 아이티를 같이 방문하게 했다.

같이 하면 더 잘할 수 있음을 보여주는 사례는 차고 넘친다. 그런데도 그런 사례를 무엇이든 하나 더 알게 됐다고 해서 놀랄 필요가 있을까? 우리가 붙잡아야 할 기회를 찾는 동안에는 우리 모두 각자가 이런 질문을 던져봐야 한다. "이 자리에 우리와 함께 있지 않은 사람은 어떤 사람인가?" "우리가 사각지대를 없애고 시야를 넓히는 데 어떠한 독특한 관점이 도움이 될 것인가?"

20 자 이제, 울타리를 벗어날 생각을 매일 하라

우리 모두는 자신이 세상을 바라보는 방식을 왜곡시키는 무의식적 편견과 사각지대를 발생시키는 맹점영역을 가지고 있다. 그러한 편견은 매일같이 우리의 삶에 헤아릴 수 없는 다양한 방식으로 영향을 미친다. 그래서 우리는 종종 바깥에서 안을 들여다보는 위치에 서게 되고, 우리가 본 것이 무엇인지를 스스로 이해하지 못하게 되기도 한다. 그리고 그러한 맹점영역의 영향을 받지 않는 유일한 방법은 우리가 알지 못했던 것을 알거나 경험하기 위한 노력을 의도적으로 기울이는 것이다. 스티븐 코비(Stephen R. Covey)가 저서 《크게 성공하는 사람들의 7가지 습관》에서 권고하듯이 먼저 이해한 다음에 이해받기를 바라라.[90]

내가 남편과 함께 자동차로 미국의 여기저기를 여행하면서 알게 된 점이기도 하지만, 누구나 잘 알지 못하는 길로 여행할 때에는 그 길에서 보게 될 것이라고 생각하지 못했던 것들을 보게 된다. 내가 하나마나 한 말을 했다고 당신이 생각할지도 모르겠다. 그러나 안다는 것과 한다는 것은 다른 이야기다.

당신이 통 큰 베팅을 하려고 한다면 다양한 배경과 관점을 가진 사람들로 구성되어 다양성의 수준이 높은 팀이 그렇지 못한 팀에 비해 더 나은 성과를 낸다는 점을 상기하고 당신 스스로를 자기와는 다른 사람들로 둘러싸이게 할 필요가 있다. 그렇게 하려면 어떤 일부터 해야 할까? 당신의 팀이 가지고 있는 기존의 속성들을 열거해보라. 그 목록에 있어야 하는데 없는 것은 없는가? 당신 자신이 이미 가지고 있는 지식, 경험, 기량을 보완할 방법은 없을까? 당신이 새로운 출발을 한 지 얼마 되지 않았다면 당신의 노력을 당신 스스로가 새로운 관점에서 볼 수 있게 해줄 사람을 만나 같이 커피를 마시거나 점심식사를 하며 대화를 나눌 시간을 당신의 일정표에 끼워 넣어야 한다. 조직의 차원에서는 그러한 간극을 메우기 위해 필요하다면 자문단을 구성하거나, 관련 인력을 충원하거나, 컨설턴트를 고용할 수 있을 것이다. 당신을 불편하게 만드는 관점의 이야기를 듣게 될까봐 겁내지 말라.

당신과 동맹을 맺을 사람이나 조직을 의도적으로 찾아 나서라. 당신이 하려는 일에 관심을 갖고 있거나 당신이 바라보는 시장을 마찬가지로 바라보고 있는 다른 사람이나 조직의 목록을 작성해보라. 어떤 사람이나 조직은 그 목록에 반드시 넣어야 한다고 여겨지는 반면에 어떤 사람이나 조직은 그 목록에 넣어야 할지 말지가 분명하지 않다고 여겨질 수 있다. 록 스타나 대통령과 같은 사람과 내셔널 지오그래픽 협회나 21세기 폭스와 같은 조직은 불분명한 경우일 수 있다.

질 앤드루스와 마찬가지로 우리는 안락함을 느끼는 영역의 바깥으로 나가서 그 안에 남아있는 사람들은 결코 생각해낼 수 없는 해법을 찾아 제시할 수 있다. '에이즈 구호를 위한 대통령 긴급계획(PEPFAR)'이 수립되고 실행되도록 배후에서 서로 협력한 사람들과 마찬가지로 우리는 더 큰 선을 달성하기 위해서 각자가 가진 작은 이해관계를 포기할 수 있다. 멜러디 홉슨과 마찬가지로 우리는 우리의 경제를 더욱 강하게 만들기 위해 다양성의 수준을 높이는 일을 앞장서서 할 수 있다. AOL을 이끌었던 사람들과 마찬가지로 우리는 자신과 경쟁하는 관계에 있는 다른 사람이나 조직과 손잡을 수 있다. 조지 H. W. 부시와 빌 클린턴과 마찬가지로 우리는 해묵은 적대적 관계를 떨쳐버리고 세계를 변화시키는 일에 함께 나설 수 있다.

오늘 당신은 자신의 울타리를 벗어나기 위해 어떠한 첫걸음을 내디디려고 하는가?

원칙 5

절박함이 두려움을 물리치게 하라

21 때를 놓치지 말라

우리는 절박하게 행동에 나서기를 선택할 수도 있고, 우리에게 절박한 상황이 닥치게 할 수도 있다. 그런데 "위기는 결코 헛되이 흘려보내지 말아야 한다"라는 말을 누군가가 지어낸 데에는 이유가 있다. 막다른 골목길의 끝에 이르렀을 때에, 선택지가 제한된 상황에 부닥쳤을 때에, 시간이 자기편이 아니게 됐을 때에 비로소 머릿속에서 어떤 명쾌한 상황판단이 이루어지고 그와 동시에 자기 안에 들어있는 줄 몰랐던 대담성이 자기도 모르게 표출되는 경우가 흔히 있다. 전투가 치열해지면 병사들이 이례적으로 용감하게 싸우고, 재난이 일어나면 보통의 시민들이 영웅적인 행동을 한다. 어떤 사람들은 남아있던 시간도 다 지나갈 즈음에 아무도 상상할 수 없었던 일을 해낸다. 그들은 눈앞의 위기를 완전하게 의식하지 못했을 수도 있고, 그 위기의 충격파를 제대로 계산하지 못했을 수도 있다. 그들은 그런 것과는 상관없이 행동에 나선 것이다.

우리가 앞의 여러 장에 걸쳐 살펴본 이야기 가운데 다수는 절박성이라는 요소를 내포하고 있다. 바버라 반 달렌은 우리의 퇴역군인들이 빨리 더 나은 정신과 치료를 받아야 한다는 사실을 알고 있었고, 어니스트 섀클턴은 남극대륙의 엄혹한 환경 속에 버려진 상태에서 자기가 얼른 행동에 나서지 않으면 자기는 물론이고 같이 간 대원들도 모두 죽음을 면치 못할 것이라는 사실을 알고 있었다. 물론 위기라는 것이 언제나 그렇게 극단적이지는 않다. 브라이언 체스키와 조 게비아는 은행에 맡겨 둔 돈이 다 떨어진 상황에서 집세를 내야 하는 날이 다가오자 절박한 느낌을 갖게 됐다. 워비 파커의 창업자는 안경을 잃어버렸을 때에 새로운 안경을 저렴한 가격에 신속하게 구입해야 할 필요성을 느꼈다.

위기에 봉착했을 때 개인이나 기업이 어떻게 행동하는지를 보면 그 개인이나 기업이 가지고 있는 겁 없는 도전 정신의 수준을 정확하게 알 수 있다. 거의 모든 대기업이 각자 나름의 '위기관리' 전략을 가지고 있지만 정작 위기가 닥쳐와 긴급하게 대응해야 할 때 필요한 것은 위기관리가 아니라 용기인 경우가 많다.

기업의 용기를 상징적으로 보여주는 이야기 가운데 하나로 존슨앤존슨(Johnson & Johnson)의 이야기를 꼽을 수 있다. 1982년 9월에 미국의 시카고 시에서 네 사람이 청산가리가 칠해진 존슨앤존슨의 캡슐약 타이레놀을 먹은 뒤에 사망하는 사고가 발생했다. 그러자 존슨앤존슨의 최고

경영자 제임스 버크(James E. Burke)는 지체 없이 모든 약국에서 타이레놀을 수거하고 사람들에게 타이레놀을 사거나 먹지 말라고 알리는 대중적 홍보에 적극적으로 나서는 조치를 취했다(존슨앤존슨의 임직원은 당시에 누가 타이레놀에 독극물을 칠했는지를 알 수 없었고, 그런 짓을 저지른 범죄자가 누구인지는 끝내 밝혀지지 않았다). 유통 중인 타이레놀을 전부 수거하는 데에 몇백만 달러의 비용이 들었고, 타이레놀의 시장점유율은 38%에서 8%로 급락했다. 그런 가운데서도 존슨앤존슨은 더 이상의 생명이 희생되는 것은 막는 것을 유일한 목표로 삼았다. 존슨앤존슨이 신속한 대응으로 그러한 목표를 달성했음은 의문의 여지가 없는 사실이다. 그리고 장기적으로 보면 버크는 타이레놀이라는 제품의 생명도 구했다고 할 수 있다. 존슨앤존슨의 내부에서는 타이레놀 말고 다른 이름으로 그 제품을 다시 시장에 내놓자는 주장이 세를 얻으면서 버크에게 다소간의 압력으로 작용했다. 그러나 버크는 그렇게 하기를 거부했다. 그 대신에 그는 소비자 대중의 격정을 덜기 위해 안전에 대한 약속을 재천명하면서 타이레놀을 그 이름 그대로 포장만 바꾸어 다시 시장에 내놓았다. 새로운 포장은 유통 중에 내용물이 조작되기 어려운 형태로 새로 설계된 것이었다. 다른 제약업체들도 그가 한 대로 따라 했다. 이에 따라 시중에 판매되는 의약품이 전반적으로 종전보다 유통 중에 조작되기가 어려워져 소비자에게 보다 안전하게 됐다. 1년 만에 타이레놀의 시장점유율이 회복됐고, 존슨앤존슨은 위기관리의 모델이 됐다.[91]

> *"나는 용기란 두려움이 없는 것이 아니라 두려움을 극복하는 것임을 알게 됐다."*
>
> *- 넬슨 만델라*

나는 기업의 용기와 위기의 가치에 관한 교훈을 비교적 일찍 얻었다. 내가 나중에 AOL이 되는 스타트업에서 일할 때였다. 그러니까 그때는 AOL이 온라인 서비스를 도입하기 전이었다. 그때에 그 스타트업은 애플과 함께 온라인 서비스를 개발하면서 1년 이상의 시간을 보냈다. 그 온라인 서비스는 '애플링크(AppleLink)'로 불렸고, 그것과 관련된 소프트웨어 상품에는 애플의 로고가 부착됐다. 우리의 스타트업은 그 소프트웨어와 그것을 기술적으로 뒷받침하는 시스템을 개발하는 데에 많은 시간과 자원을 들였다. 신생 기업으로서는 상당한 부담을 감수한 셈이었다. 그런데 우리와 애플의 협력관계에는 처음부터 문제가 있었다. 애플은 자기네 회사 이름으로 판매되는 제품과 서비스를 다른 기업이, 그것도 생긴 지 얼마 안 되는 스타트업이 운영하고 관리하는 것에 대해 편안하게 생각하지 않았다. 어느 날 아침에 걸려온 전화가 우리에게 공포를 안겨주었다. 애플은 우리와의 관계를 끊겠다고 했다.

나의 남편 스티브는 자신의 저서 《제3의 물결》에서 그 전화를 받았던 일을 회상했다. 그러면서 그는 "그것은 비탄의 다섯 단계를 하루의 반나절에 한꺼번에 다 거치는 것과 같았다"고 했다.[92] 우리는 회사를 살릴 수 있는 방안이 무엇인지를 놓고 고민에 빠졌다. 선택지는 많지 않았다. 결국 우리는 우리가 개발한 그 기술을 인수해서 그것을 이용해 독자적인 온라인 서비스를 개발해 내놓기로 결정했다. 그때 스티브는 이렇게 말했다. "우리 자신의 브랜드를 만들어낼 필요가 있습니다. 비용도 우리가 지출하고 마케팅도 우리가 합시다." 하지만 애플과의 제휴관계가 깨진 마당에 그렇게 하는 데 필요한 돈을 어디에서 구한다는 말인가? 우리는 애플의 경영진과 여러 차례 만나면서 협상을 벌인 끝에 애플이 제휴계약을 파기한 대가로 300만 달러를 우리에게 지급한다는 합의에 도달했다. 오늘날에는 그 정도의 돈으로는 떠받쳐줄 수 없는 신생 기업이 많겠지만 당시의 신생 기업에는 그 정도면 의미 있는 금액이었다.

그때에 우리가 느꼈던 경쾌함을 나는 지금도 기억한다. 물론 우리가 홀로서기에 나선 것이니 어느 정도의 두려움은 있었다. 하지만 애플과의 골치 아픈 제휴관계에서 벗어나고 보니 우리에게 새롭게 에너지와 열정이 생겨나기 시작했다. 나도 마음속에 매일매일 새로운 가능성이 열릴 것이라는 희망이 깃들었다. 그때 내가 맡은 일은 그 새로운 서비스를 널리 알려서 사업규모를 확대하기 위한 커뮤니케이션, 마케팅, 브랜딩 쪽의 노력을 이끄는 것이었다. 마침내 그 이름은 '아메리카 온라인'으로 결정됐고, 그때부터 '미국을 온라인화한다(Get America online)'가 우리의 구호가 됐다. 시간은 계속 흘러가고 우리가 쓸 수 있는 자금에는 한계가 있는 가운데 우리가 개발한 그 서비스를 이제는 시장에 내놓아야 한다는 것을 우리는 잘 알고 있었다. 그래서 우리는 그 서비스를 성공시키는 일에 집중하기로 했다. 기회의 순간을 놓치지 않고 달려들면 절박함이 우리에게 아직 남아있는 두려움을 전부 몰아내줄 것이라고 우리는 생각했다.

'절박함으로 하여금 두려움을 물리치게 하는 것'이 발휘하는 힘에 관한 교훈은 기업의 위기를 겪어낸 사람들의 이야기에서만이 아니라 살면서 시련의 시기를 겪어낸 사람들의 이야기에서도 얻을 수 있다. 인간의 삶에서 시련의 시기는 두려움을 떨쳐내고 무엇인가 탁월한 일을 하게 되는 사람을 만들어낸다는 점에서 어쩌면 귀중한 시기라고도 할 수 있다.

이 책의 앞부분에서 나는 원래 독일 사람이었던 나의 외할아버지와 외할머니에 대해 이야기했다. 내가 매우 존경하는 외할아버지와 외할머니는 1920년대에 조국인 독일을 떠나 미국으로 왔는데, 그즈음에 독일에서는 추악한 움직임이 시작되고 있었다. 나치당이 생겨나더니 1차 세계대전 이후의 황폐한 경제 속에서 살아가는 독일 사람들의 두려워하는 마음에 편승해 권력을 잡았다. 나는 어릴 적에 독일의 역사를 배우기 시작하면서 궁금한 점에 관해 외할아버지와 외할머니에게 질문을 해대곤 했다. "나치당이 그렇게 급속하게 부상한 것을 어떻게 이해해야 하나요?" "나치당의 위협을 바라보기만 하고 그것을 중단시킬 방법은 찾아보려고 하지 않은 독일 국민의 무기력한 태도를 어떻게 설명하시겠어요?" "동료 시민들이 강제수용소로 끌려가거나 거리에서 총살되는 동안에 그렇게 많은 사람이 꿀 먹은 벙어리처럼 침묵만 하고 있었다는데, 그런 일이 어떻게 가능했던 거예요?" 외할아버지와 외할머니는 아무런 대답도 해주지 않았다. 그들도 조국이 겪은 일에 관해 똑같은 질문들을 스스로에게 던지면서 답을 찾느라 애쓰고 있었던 것이다.

우리 가족이 독일과 혈연상의 관계를 가지고 있기 때문이었는지 나는 그 당시에 위험에 처한 사람에게 숨을 곳을 제공하거나 나치당에 대한 저항운동에서 나름대로 역할을 한 보통 시민들의 이야기에 흥미를 갖게 됐다. 그 가운데서도 특히 전쟁 중에 자기 목숨을 걸고 유대인을 숨기고 보호해준 사람들의 이야기가 나의 관심을 끌었다. 그래서 나는 그 시기에 있었던 용감한 행동과 자기희생에 관한 이야기들을 찾아 읽기 시작했다. 그러다가 《은신처》라는 책을 읽게 됐는데, 그 저자인 코리 텐 봄(Corrie ten Boom)의 이야기가 나에게 감명을 주었다.

전쟁이 시작됐을 때에 코리 텐 봄은 50대 초반의 독신 여성으로 네덜란드의 암스테르담에서 아버지, 언니와 함께 살고 있었다. 나는 10대 시절에 그녀에 관한 이야기를 처음으로 들었는데, 그때 내가 어렸기 때문이었는지 그녀와 같이 평범한 여성이 그토록 역사적으로 의미가 있는 영웅적인 일을 했다는 것을 듣고도 믿을 수가 없었다. 나치스에 대한 저항운동에서 그녀가 겁 없이 해낸 역할은 사전 계획이 없는 상태에서 순간적으로 담대하게 나서서 이루어낸 것이었다. 그녀는 자기가 나서야 할 순간을 그냥 흘려보내지 않았다. 어느 날 오전에 그녀는 가족이 운영하는 시계점에서 일하고 있었다(그녀는 네덜란드에서 여성으로서는 최초로 시계공이 된 사람이다). 그때 길 건너편에서 시끄러운 소리가 들려왔다. 무슨 일인가 하고 창밖을 내다본 그녀의 눈에 나치 병사들이 총부리를 들이대고 유대인인 동네사람을 그의 가게에서 끌고 나오는 장면이 들어왔다. 나치 병사들은 그를 거리로 끌어낸 뒤에 다시 모두 그의 가게에 들어가 그곳에 있는 것들을 때려 부수기 시작했다. 코리는 시계점에서 뛰어나가 급히 그에게 달려갔다. 그는 무방비 상태에서 그런 일을 당해 당황한 나머지 멍하니 서있었다. 코리는 그를 데리고 서둘러 시계점으로 돌아와 그를 2층의 자기 방에 숨겨주었다.

그때의 본능적인 행동을 시작으로 코리의 이중생활이 시작됐다. 그녀는 겉으로는 사람들에게 친절한 독신녀로 보였지만 막후에서는 레지스탕스의 병사였다. 그녀는 자기 방의 벽 뒤에 대여섯 명 정도가 숨어 지내기에는 충분한 넓이의 은신처를 만들었다. 그러고는 거기에 숨겨준 사람들이 암스테르담에서 몰래 빠져나갈 수 있도록 도와줄 네트워크를 구축했다. 이러한 그녀의 노력 덕분에 몇백 명의 유대인이 죽음을 면하고 살아남았다.

이와 같은 코리의 비밀활동은 1944년 2월까지 계속됐다. 아직 전쟁 중이었던 그 달의 어느 날에 그녀가 독감에 걸려 침대에 누워있는데 나치 병사들이 들이닥쳤다. 기적적인 일이었지만 유대인들이 숨어있는 은신처는 그들에게 발각되지 않았다. 그러나 그녀는 아버지, 언니 벳시와 함께 체포되어 끌려갔다. 세 사람은 가까운 곳에 있는 정치범 수용소에 감금됐다. 노쇠한 아버지는 그곳의 가혹한 수감생활을 견뎌내지 못했다. 아버지가 죽은 뒤에 코리와 벳시는 악명 높은 라벤스브뤼크 강제수용소로 이감됐다. 그곳은 질병과 굶주림, 그리고 중노동에 따른 탈진이 일상화된 곳이었다. 그러나 그녀는 그곳에서도 점점 더 쇠약해지는 벳시와 함께 자기들보다 더 사정이 딱한 사람들을 도울 수 있는 한 도왔다. 그녀는 수용소에 몰래 반입된 성경책을 하나 얻어서 언제나 가지고 다녔다. 밤에 벳시가 그 성경책에서 희망의 메시지가 담긴 구절을 골라 주위의 사람들에게 읽어주기 시작했다. 그러자 수용소 안에 소문이 나서 밤마다 사람들이 코리와 벳시가 있는 곳으로 모여들었다. 벳시는 살아남지 못하고 1944년 12월에 사망했다. 벳시가 사망한 지 며칠 뒤에 코리가 느닷없이 석방됐다. 코리는 암스테르담에 있는 집으로 돌아와 레지스탕스의 비밀조직과 네트워크를 다시 구축해 1945년 5월에 연합군이 네덜란드를 수복할 때까지 유대인들을 구출하는 일을 계속했다.[93]

나는 열다섯 살 때에 코리의 이야기가 담긴 그녀의 저서 《은신처》를 읽었다. 그로부터 얼마 지나지 않아 이 책을 읽고 느낀 감동이 가라앉기도 전에 이 책의 내용이 영화로 제작됐고 그 영화가 개봉되는 날에 내가 사는 곳과 가까운 데에 있는 영화관에 그녀가 직접 와서 연설을 하기로 했다는 소식이 들려왔다. 그것은 믿을 수 없을 정도로 놀라운 소식이었고, 그녀가 오기로 한 날에 나는 당연히 그 영화관으로 달려갔다. 은빛 머리카락을 말아 올려 쪽을 진 80대의 할머니 코리가 연단에 올랐을 때에 나는 거의 눈물을 흘릴 뻔했다. 그녀가 연설을 하는 동안에 청중은 모두 넋을 잃은 사람처럼 앉아서 귀를 기울였다. 이 책을 쓰는 지금도 나는 그때에 그녀가 한 연설이 얼마나 감동적이고 고무적이었는지를 아주 생생하게 기억하고 있다. 영화를 다 보고 난 뒤에 나는 그녀와 직접 만날 수 있었는데, 나는 그 만남을 죽을 때까지 잊지 못할 것이다. 그녀에게서 내적인 아름다움이 사랑의 불빛인양 밝게 쏟아져 나오고 있었다. 그리고 그녀를 많은 사람에게 영웅이 되게 한 그녀 자신의 강인함과 대담함이 진실한 것으로 믿어지지 않을 정도로 그녀의 태도는 친절하고 온화했다.

*

내가 어렸을 때에 외할아버지와 외할머니에게 던졌던 질문들로 돌아가서 다시 이야기한다면, 그 질문들에 대한 답을 굳이 입 밖에 내지는 않았더라도 알기는 누구나 다 알고 있었다고 나는 생각한다. 그리고 오늘날의 우리도 모두 다 그것을 안다. 그 당시에 사람들이 침묵한 것은 두려워 겁을 먹었기 때문이었다. 두려워 겁을 먹으면 행동을 할 수가 없다. 두려움은 기존의 상태에 안주하는 태도를 만들어낸다.

　코리와 마찬가지로, 그리고 앞에서 살펴본 대로 겁 없이 변화를 선도해온 많은 사람과 마찬가지로 우리는 절박한 상황이 눈앞에 다가온 가운데 어떤 선택을 해야 하는 순간을 만나게 될 수 있다. 그럴 때에 우리는 다른 데로 눈을 돌려서 기존의 상태에 안주하는 태도가 뿌리를 내리도록 할 수도 있지만, 그 순간을 활용해 절박함으로 하여금 두려움을 물리치고 무엇인가 변화를 가져오도록 할 수도 있다.

마틴 루터 킹 목사는 1963년에 링컨 기념관의 계단에 서서 인종격리를 종식시키기 위한 투쟁에서 만난 '지금의 강렬한 절박성'에 대해 이야기했다. 그는 이렇게 말했다. "지금은 냉정해지는 사치를 부리거나 점진주의라는 진정제를 마실 때가 아닙니다." 이는 우리 모두가 마음속으로 받아들여야 하는 중요한 말이다.

22 최초 대응자가 돼라

우리는 한 나라의 국민으로서 위기가 닥치면 이미 훈련된 상태의 최초
대응자에게 의존하게 됐다. 그런데 가장 먼저 대응에 나설 것으로 우리
가 믿었던 사람이나 조직이 그렇게 하지 않거나 하지 못한다면? 때로는
의외의 사람이나 조직이 최초 대응자로 나서서 그러한 경우의 공백을
메우기도 한다.

월마트(Walmart)는 미국 전역에 걸쳐 유통의 제국을 구축해 놓고 그 점
포망을 가지고 각지의 동네 구멍가게들을 쓸어낸다는 점에서 자주 비판
의 대상이 돼왔다. 월마트는 미국에서 가장 규모가 큰 대기업 가운데 하
나로 연 매출이 몇천억 달러에 이른다. 그러한 월마트와 그 엄청난 힘에
대한 분노가 미국 안에서 생겨났다. 그런데 미국의 역사상 가장 파괴적
이었던 허리케인을 계기로 그동안 숨겨져 있었던 월마트의 진면목이 겉

으로 드러났다.

2005년 8월 29일에 허리케인 카트리나가 미국 남부의 루이지애나 주와 미시시피 주를 강타하면서 루이지애나 주에 있는 뉴올리언스 시의 대부분이 물에 잠겼다. 이로 인해 2천 명에 가까운 사람들이 죽었고, 그밖에 몇천 명의 사람들이 집 지붕 위에 올라가거나 임시거처에 가서 구호를 기다렸다. 긴급피난소가 설치된 슈퍼돔 경기장에 가까스로 도착한 사람들도 그곳의 생활여건이 열악할 뿐 아니라 식량과 물의 공급도 부족해 고생이 심했다.

자연재해에 대한 공식적인 최초 대응자인 연방재난관리청(FEMA)은 뉴올리언스에 닥친 위기를 과소평가해서 미국의 곳곳에서 내민 도움의 손길을 받아들이기를 오만하게도 거절했다. 전국의 텔레비전 방송망을 통해 재난지역의 절박한 상황에 관한 뉴스가 영상과 함께 보도되는 가운데 하루하루 시간이 흘러가는 동안에 재난관리 당국을 비롯한 정부의 미온적인 대응에 대한 미국 사람들의 불신이 커져갔다.

월마트의 최고경영자 리 스콧(H. Lee Scott Jr.)은 재난지역에 몇백 개의 점포를 가지고 있는 월마트가 이재민에게 도움을 줄 수 있음을 알고 있었다. 월마트는 트럭 2500대 분의 구호물품을 제공했고, 스콧은 재난지역의 월마트 점포에서 일하는 현장 직원들에게 지역사회에 가장 도움이 될 만한 것이 무엇인지를 직접 판단해서 보고하도록 했다. 스콧은 더 나아가 이런 지시를 각 점포의 매니저들에게 내려 보냈다. "매니저 가운데 많은 분이 자신의 직위에 부여된 권한을 넘는 판단을 해야 하는 상황에 직면해 있을 것입니다. 지금 현재 자신이 얻을 수 있는 정보를 토대로 내릴 수 있는 최선의 판단을 하시기 바랍니다. 그리고 무엇보다도 올바른 조치를 취해주십시오."

월마트의 현장 직원 가운데 선도적이고 대담한 조치를 취한 사례로는 미시시피 주의 웨이블랜드 시에 있는 점포의 부매니저 제시카 루이스(Jessica Lewis)를 들 수 있다. 그녀는 불도저를 몰고 점포 안을 돌아다니면서 물에 잠기지 않은 음식물과 의류, 식수 등을 수거해서 인근 주민들에게 나누어주었다. 나중에 스콧은 그녀의 행동을 높게 평가하면서 이렇게 말했다. "그녀는 본사에 전화를 걸어 허락을 구하느라 시간을 허비하지 않았습니다. 그녀는 올바른 일을 했고, 그녀 외에도 우리 회사의 점포 직원 몇천 명이 역시 올바른 일을 했습니다. 이렇게 올바른 일을 한다는 것이 우리의 기업문화 속에서 자라난 우리 회사의 특징이라는 점에 대해 나는 자랑스럽게 생각합니다."[94]

허리케인 카트리나에 대한 긴급대응이 일단락된 뒤에 스콧은 이사진과 경영진에게 사회적 선을 달성하는 데 기여할 수 있는 월마트의 능력에 대해 깊이 고찰해보기를 요구했다. 그는 이런 질문을 던졌다. "우리의 사업규모와 우리가 보유한 자원을 활용해 미국과 지구 전체를 우리 모두가, 다시 말해 우리의 고객과 제휴회사, 우리의 아이들, 그리고 아직 태어나지 않은 후손이 살기에 더 좋은 곳으로 만들 수 있다고 한다면 우리는 무엇을 해야 할까요? 그런 일을 하는 것은 우리에게 어떤 의미가 있을까요? 우리가 그런 일을 할 수 있을까요? 그런 일을 하는 것이 우리의 비즈니스 모델과 조화를 이룰 수 있을까요? 사람들이 우리를 비판하는 이유가 되는 것이, 즉 우리의 사업규모와 영업범위가 허리케인 카트리나로 인한 위기 때에 그랬던 것처럼 사람들에게 우리가 믿을 만한 친구나 동맹자가 되게 해줄 수 있다고 생각해보는 것이 어떨까요?"[95]

> *"행동해야 한다는 절박함이 그동안 나를 움직여왔다. 무엇을 아는 것만으로는 충분하지 않다. 우리는 알게 된 것을 실제로 적용해야 한다. 의지를 가지는 것만으로는 충분하지 않다. 우리는 행동해야 한다."*
> *- 레오나르도 다 빈치*

어떤 기업이든, 그리고 어떤 개인이든 위기의 한복판에 뛰어들어 변화를 만들어낼 수 있다. 이것이 워싱턴 디시의 유명한 셰프인 호세 안드레스(José Andrés)의 신념인 것이 분명하다.

호세는 자신을 '뉴 아메리칸 드림의 산물'이라고 부른다. 스페인에서 태어나고 성장한 그는 스무 살 때에 셰프로서 자기가 가진 능력을 더욱 발전시키고 자신의 요리기술을 활용해 주방을 넘어서는 변화를 이루고 싶다는 꿈을 안고 미국으로 왔다. 그는 1990년대 초에 워싱턴 디시에 새로 생긴 스페인 음식 전문 레스토랑 '할레오(Jaleo)'의 셰프가 됐고, 할레오는 그 뒤에 얼마 지나지 않아 워싱턴 디시에 사는 사람들 사이에서 인기를 모았다. 셰프로서의 그의 명성이 널리 알려지면서 그와 그의 사업 파트너인 롭 와일더(Rob Wilder)는 워싱턴 디시 안팎에 레스토랑을 몇

개 더 냈다.

내가 지금으로부터 15년 전에 그를 처음 만났을 때에 그는 '디시 센트럴 키친(DC Central Kitchen)'을 위한 모금행사를 주최하고 있었다. 디시 센트럴 키친은 워싱턴 디시에서 굶주림을 없애는 활동을 하는 조직인데, 그때에 그는 이 조직에 이사회의 일원으로 참여해 봉사하고 있었다. 나는 그가 추진력과 열정적인 스타일을 가지고 있음을 곧 알아차렸다. 그는 세상을 변화시키는 음식요리의 힘에 관해 대화를 나누다가도 그자리에 초청받아 온 손님의 손에 들려 있는 와인 잔이 비워지면 곧바로 자연스럽게 그 잔에 와인을 따르곤 했다.

변화를 만들어보겠다는 호세의 의욕은 그로 하여금 특이한 최초 대응자가 되게 했다. 그는 2010년에 파괴적인 지진이 아이티를 강타한 직후에 아이티를 방문한 뒤에 '월드 센트럴 키친(World Central Kitchen)'이라는 조직을 설립했다. 이와 관련해 그는 "우리는 사람들에게 우리가 만든 음식을 제공하면서 태양의 힘이 무엇을 가능하게 하는지를 보여준다"고 말했다. 그 뒤로 그는 재난구호 활동에 참여해왔다. 가장 최근에는 휴스턴, 푸에르토리코, 과테말라에 자연재해가 일어난 뒤에 재난구호 활동에 나섰다. 음식은 영양공급의 중요한 수단인 동시에 변화의 촉매제라는 생각이 그가 펼치는 재난구호 활동의 바탕에 깔려 있다. 그는 재난지역 현장에 도착해 임시 주방을 설치해 놓고 무더위와 싸워가며 매일 음식을 요리해서 주민들에게 제공했다. 그러면서 그는 현지의 상황과 자신의 활동을 비디오에 담아 소셜 미디어를 통해 널리 알렸다. 이는 재난구호에 대한 관심을 불러일으키고 재난구호를 위한 자금을 모으기 위한 것이었다. 그는 자신이 재난구호 활동을 펴나갈 수 있도록 도와준 기업이나 비영리 조직들에 대해 공개적으로 감사의 뜻을 밝히는 일도 소홀히 하지 않는다. 〈워싱턴 포스트〉는 그를 가리켜 "미국 재난구호의 얼굴"이라고 불렀다.

호세가 푸에르토리코에서 한 일은 대단한 것이었다. 허리케인 마리아가 전력공급 시설을 파괴하고 대규모의 식량과 식수 부족 사태를 야기하고 지나간 뒤에 호세는 그 섬에 가서 그곳 사람들에게 먹을 것을 공급하기 위해 요리사와 기업, 그리고 각계각층의 시민을 동원하는 일에 곧바로 착수했다. 그 목적은 신속하게 현장에 가서 가능한 한 많은 사람에게 음식을 공급하는 것이었다. 음식 공급 규모는 빠르게 확대됐다. 첫날에는 한 곳의 급식소에서 1천 끼니 분의 음식을 공급했는데 얼마 뒤에는 23곳의 급식소에서 하루에 17만 5천 끼니 분의 음식을 공급하기에 이르렀다. 호세와 그의 팀은 그 섬에 사는 수많은 사람에게 생명줄이 됐다. 최종적인 계산으로 보면 그들은 350만 끼니 분 이상의 음식을 공급했다. 〈뉴욕타임스〉는 '월드 센트럴 키친'을 가리켜 "요리사 집단이 주도한 긴급급식 프로그램으로는 사상 최대 규모의 프로그램"이라고 했다.

호세가 월드 센트럴 키친을 설립한 해에 미국 국무장관 힐러리 클린턴(Hillary Clinton)은 그를 '청결한 요리용 스토브를 위한 지구적 동맹'의 '요리대사(Culinary Ambassador)'에 임명했다. 전 세계에서 30억 명이나 되는 사람들이 적절하게 통제되지 않는 장작불을 비롯해 나무를 태워서 얻는 불로 음식을 만들거나 난방을 하는 것으로 추정된다. 이런 불에서 나오는 연기는 심장과 폐를 손상시키고 심지어 죽음까지 초래할 수 있는 건강상의 문제를 발생시킨다. 이런 불을 이용하기 위한 벌채는 산림을 파괴하고 이런 불 자체가 대기 속으로 많은 양의 탄소를 방출해서 지구의 환경에 중대한 악영향을 미치기도 한다.

호세는 미셸 오바마(Michelle Obama)의 '렛츠 무브(Let's Move)' 운동에도 적극적으로 참여해왔다. 비만아동 증가를 억제하고 아동건강을 증진하는 활동을 벌이고 있는 렛츠 무브는 건강을 위해 채소를 더 많이 먹어야 할 필요성을 강조한다. 그리고 이를 위해 채소 위주의 간편식 음식점을 열기도 했는데, 그 이름은 역설적이게도 '비프스테이크'이고 그 모토는 '고삐 풀린 채소(Vegetables Unleashed)'다. 뿐만 아니라 호세는 자신의 명성과 영향력을 적극 활용해(그는 2012년과 2018년 두 해에 〈타임〉이 선정한 '세계에서 영향력이 가장 큰 100인'에 포함됐다) 미국으로의 이민자 유입에 대한 규제의 강화에 반대하는 운동에도 참여해왔다.

호세는 큰 성공을 거둔 스타 셰프임에도 겸손한 태도를 유지하고 있다. 그는 2014년에 워싱턴 기념탑 앞에서 열린 조지워싱턴 대학 졸업 행사에서 초청연설을 할 때에 이렇게 말했다. "저는 이름이 호세 안드레스이고 직업은 요리사입니다. 크나프(Knapp) 총장께서 저에게 졸업행사에서 연설을 해달라고 부탁하셨을 때에 '왜 하필 요리사에게?' 하는 생각이 들었습니다. 제 딸들은 저에게 이렇게 말했지요. '연설을 해달라고 한 거 맞아요? 졸업생들에게 줄 점심식사를 만들어달라고 한 거 아니에요?'" 졸업생들은 웃음을 터뜨렸다. 그러면서 그저 일개의 요리사임을 자처하는 그가 발산하는 매력에 흠뻑 빠졌다.

호세는 졸업생들에게 '뉴 아메리칸 드림'에 관해 이야기하면서 이렇게 충고했다. "뉴 아메리칸 드림은 좋은 직장에 들어가 돈을 많이 버는 것, 널찍한 집에서 사는 것, 빠르게 달릴 수 있는 자동차를 갖는 것과는 아무런 관계도 없습니다. 그런 것들이 나쁘다는 이야기는 아닙니다. 그러나 뉴 아메리칸 드림은 그런 것들보다 더 큰 것입니다. 뉴 아메리칸 드림은 어떻게 해야 개인적인 성공을 거두는 동시에 이 세상에 좋은 영향을 미칠 수 있느냐 하는 문제와 관계가 있는 것입니다. 당신 자신을 위해 만들어내는 것이 다른 사람들을 위한 것이기도 해야 합니다."[96]

미국이 위기를 겪을 때면 언제나 호세가 보여준 것과 같은 종류의 겁 없는 용기를 보여주는 사람들이 등장한다. 2017년에 캘리포니아 주에 대규모 산불이 일어났을 때에 누가 시키지도 않았는데 스스로 나서서 구호활동을 벌인 사람들을 상기해보자. 그들 가운데 에밀리 퍼트(Emily Putt)와 힐러리 핸슨(Hillary Hansen)이라는 두 젊은 여성이 있었다. 두 여성은 주민들이 불을 피해 허겁지겁 대피하는 바람에 여러 마구간에 갇힌 채 버려진 말 150마리를 구해냈다. 2017년에 휴스턴에 허리케인 하비가 불어 닥쳤을 때에 구호활동을 벌인 그 지역의 소규모 상점 주인들을 상기해보자. 그들 가운데 매트리스 가게를 운영하는 짐 매킹베일(Jim McIngvale)이라는 사람이 있었다. 그는 허리케인을 피해 집을 떠난 주민들에게 자신의 가게를 임시숙소로 제공하면서 그 안에 있는 매트리스를 필요한 대로 사용하라고 해서 '매트리스 맥'이라는 별명을 얻었다. 라스베이거스에서 열린 컨트리 뮤직 페스티벌에서 미국의 현대 역사상 가장 처참한 총기난사 사건이 일어났을 때에 현장의 관람객 가운데 다른 사람들의 대피를 도운 일부 관람객을 상기해보자. 그들 가운데 조너선 스미스(Jonathan Smith)가 있었다. 그는 다른 사람들의 대피를 돕다가 자기 몸에 총탄 두 발을 맞았다. 그를 치료한 의사들은 그가 맞은 두 발 가운데 목 부위에 박힌 한 발은 빼내지 않고 그냥 놔두었는데, 이는 그것을 빼내다가 자칫 잘못하면 그의 몸에 더 큰 문제를 일으킬 수도 있다는 판단에 따른 것이었다. 매일 이 나라 미국에서, 그리고 전 세계에서 우리와 같은 보통 사람들이 보여주는 겁 없고 이타적인 행동과 그런 행동에 나서는 용기는 우리에게 희망을 불러일으켜 우리도 그들처럼 행동하고 용기를 내게 한다.

*

폴 리크호프(Paul Rieckhoff)가 보여준 삶은 그 자신이 계획한 것이 결코 아니었다. 그는 애머스트 대학을 졸업하고 곧바로 월스트리트로 갔다. 그는 나중에 애머스트 대학 동창회에서 초청연설을 하면서 이렇게 말했다. "한동안 나는 우리 세대가 살아가는 시대에는 중요한 일이 아무것도 일어나지 않을 것 같다고 생각하며 우울해했습니다. 우리가 응해야 할 소명은 없다고 생각했지요." 9.11 테러 사건이 일어났을 때에 그는 뉴욕 주 방위군에 '주말의 전사(weekend warrior)'로서 소속돼 있었다. 그 사건이 일어난 것을 보고 그는 연방 육군에 자원해 입대했고, 얼마 뒤에 이라크로 파견되어 2004년까지 그곳에서 복무했다. 귀국해서 보니 미국은 그 시기에 급증한 퇴역군인들을 받아들일 준비가 돼있지 않았다. 이라크와 아프가니스탄에 가서 임무를 수행하고 귀국한 퇴역군인들은 그들 자신에게 필요한 것과 그들 자신의 관심사를 챙기고 주장해줄 대변자가 미국에 아무도 없다는 사실을 곧바로 깨달았다.

폴이 애머스트 대학을 방문했을 때에 그는 군복을 입고 있었다. 군복 차림에 이끌렸는지 과거에 베트남 전쟁에 참여했던 퇴역군인 두 사람이 그에게 다가와 말을 건넸다. "환영합니다. 무사히 귀국하셨군요. 당신이 해주셔야 할 일이 있습니다." 그 만남을 계기로 그는 '이라크와 아프가니스탄 참전 퇴역군인 협회(IAVA)'를 창설했다.

그 뒤에도 오랫동안 그는 자기가 마치 황야에서 홀로 떠들어대는 사람인 것 같은 느낌에서 벗어나지 못했다. 미국은 해외의 전장으로 병사들을 내보낼 때에는 전국에 애국정신이 가득하지만 그들이 임무를 마친 뒤에 부상당한 몸으로 외상 후 스트레스 장애까지 앓으면서 다시 직장으로 복귀하기 위해 구직시장을 기웃거릴 때에는 아무도 관심을 기울여주지 않는 나라임을 그는 알게 됐다. 그런 가운데서도 그는 IAVA를 통해 퇴역군인을 위한 활동을 적극적으로 펼쳤다. 그 결과로 IAVA는 창설된 지 10여 년 만에 퇴역군인을 대변하거나 지원하는 조직 가운데 가장 큰 영향력을 갖게 됐다. IAVA의 회원은 오늘날 거의 50만 명에 가깝다. 그가 해외의 전쟁터에 갔다가 고국에 돌아와서 느낀 절박함과 그 뒤에 변화를 일으켜보고자 한 그의 노력이 이런 결실을 맺고 있는 것이다. 그가 그동안 사명감을 가지고 이 조직을 통해 해온 일은 퇴역군인에게 직장 알선, 정신건강 지원, 고충상담과 조언, 지역사회 적응 지원 등과 관련된 프로그램을 제공하는 것이었다.[97]

애초에 그로 하여금 사명감을 갖고 자신의 삶을 변화시키게 한 것은 9.11 테러 사건이 몰고 온 절박함이었다. 그런데 그 다음에는 자기를 버리고 나라를 위해 봉사한 사람들이 겪게 된 곤경에서 느껴지는 절박함이 그로 하여금 앞으로 더 나아가게 했다. 나는 그가 어떤 사람인지를 알기에 그는 앞으로도 자신의 사명을 완수할 때까지 쉼 없이 계속 앞으로 나아갈 것이라고 장담할 수 있다.

우리는 최초 대응자에 대해 원래부터 대담하고 앞에 나서기를 주저하지 않는 사람이며 아마도 우리 자신보다 더 용감한 사람일 것이라고 생각하기 쉽다. 이 장에서 소개된 이야기들은 어느 곳에서든 누구나 자기가 목격한 위기에 대한 최초 대응자가 될 수 있음을 우리에게 가르쳐준다. 당신의 눈앞에는 스스로 뛰어들어 행동으로 대응해야 한다는 생각이 들게 하는 임박한 위기나 진행 중인 위기가 있지 않은가?

23 생각과 분석에 갇히지 말고 행동에 나서라

절박한 마음으로 행동에 나서는 사람과 해야 할 일을 하지 않고 질질 끄는 사람의 차이는 많이 지적돼왔다. 나이키의 유명한 슬로건 "그냥 하라 (Just Do It)!"는 '하려고 하는 일에 대해 생각을 하는 데 너무 많은 시간을 들이지 말라'는 이면의 메시지를 가지고 있다. 이는 우리 대부분이 평소에 가장 많이 듣게 되는 조언과 상충되는 것처럼 여겨진다. 우리는 "서두르지 말라!"거나 "끝까지 신중하게 생각하라!"거나 하는 말을 얼마나 많이 들었는가. 그러니 "그냥 하라!"가 자연스러운 말로 들리지 않는 것이 당연하다.

나는 난생 처음으로 번지 점프를 하기 위해 공중으로 올라가 마음을 가다듬고 있을 때에 "그냥 하라!"는 말이 우리에게 주는 메시지의 가치를 깨달았다. 나의 두뇌는 나에게 "하지 마라!"는 명령을 내렸는데, 그건 어쩌면 당연한 명령이었을 것이다. 우리는 자기를 위험에 빠뜨릴 수 있는 모험에 대해서는 두뇌가 자기에게 금지하는 명령을 내려주기를 바란다. 그런데 나는 점프대 위에 서서 내가 무릅써야 할 위험이 어느 정도인지를 가늠해보았고, 그 결과로 뛰어내려도 나는 안전할 것이라고 확신했다. 그래서 "삼…, 이…, 일" 하는 카운트다운 소리에 맞춰 뛰어내렸다. 이건 거의 30년 전의 이야기인데, 그때의 내 첫 번째 번지 점프는 무사히 끝났다.

멜 로빈스(Mel Robins)는 저서 《5초의 법칙》에서 두려움이나 스트레스를 느끼거나 해야 할 일을 미루고 싶은 충동을 느낄 때에 그래도 행동에 나서서 일을 해치워버리기 위해서는 '카운트다운 접근법'이 두뇌의 간섭을 중단시키는 좋은 방법이 된다고 했다. 그 책의 머리말에서 그녀는 자신의 인생에서 아침마다 침대에서 일어나야 할 이유를 찾기 어려웠던 시기를 회상했다. 그러던 어느 날 저녁에 텔레비전에서 우주선이 발사되는 장면이 방송됐다. 그것을 보고 잠을 잔 그녀는 다음날 아침에 침대에 누운 채 큰 목소리로 "오…, 사…, 삼…, 이…, 일" 하고 카운트다운했고, "일"이라는 마지막 외침과 함께 침대에서 벌떡 일어났다. 그 순간적인 경험은 그녀의 인생에 변화를 가져왔다.[98] 잡지 〈아이앤시(Inc.)〉에 실린 인터뷰에서 그녀는 카운트다운 접근법을 다음과 같이 설명했다. "당신이 용기를 내서 행동에 나서면 당신의 두뇌가 간섭하지 않습니다. 당신의 심장이 먼저 어떤 말을 하고, 당신은 그 말을 듣게 됩니다. 당신의 두뇌 속에서 당신으로 하여금 빠르게 움직이게 하는 부분의 작용을 활성화시키는 동시에 당신으로 하여금 느리게 움직이게 하는 부분의 영향을 감퇴시키는 데에 걸리는 시간은 5초로 충분하고, 그 5초는 매우 중요합니다. 그 시간 안에 결정을 내리고 행동에 나서도록 하십시오." 이어 그녀는 행동을 하기로 결정한 다음에 다시 5초 동안에는 그동안 두려워서 하지 못한 행동을 하는 데에 초점을 맞추라고 권했다. "5초 안에 그 다음 5초를 어디에 쓸지를 결정한다면 당신은 스트레스의 악순환을 끊고 그것을 정면으로 마주할 수 있을 것입니다."

라이언 바비노(Ryan Babineaux)와 존 크럼볼츠(John Krumboltz)는 공저《빠르게 실패하고 자주 실패하라》의 '너무 많은 생각은 당신을 도중에 멈춰서게 할 수 있다'라는 제목의 장에서 여러 가지 조사연구의 결과를 소개한 뒤에 그 내용을 요약해 강조하면서 "정보를 수집하고 어떤 행동을 할 것인지의 여부를 결정하는 데에 시간을 더 많이 쓸수록 당신은 다음과 같이 된다"고 말한다.

- 더 혼란스럽고 주저하게 된다.
- 기존 상태에 더 집착하고 더 나은 선택지를 도외시하게 된다.
- 사소한 요인이 행동을 더 편향되게 만든다.
- 행동을 하거나 어려움에 직면해 버텨나갈 에너지가 줄어든다.[99]

바비노와 크럼볼츠가 일련의 조사연구 결과들을 취합해서 내린 이러한 결론은 매우 흥미롭다. 지금 당장 행동에 나서는 것 말고는 다른 대안이 없는 상황에 처한 사람이 이러한 결론을 알게 된다면 스트레스를 덜 받을 것 같다. 하나의 사례로 미국이 극심한 금융위기에 빠졌던 2008년 말의 상황을 회상해볼 수 있다. 금융위기로 인해 경제가 나락으로 곤두박질하던 그즈음에 제너럴모터스(GM)가 파산하기 직전에 이르렀다. 그해 연말에 GM의 부채는 300억 달러를 넘었다. 그러자 임기가 거의 끝나가는 조지 W. 부시 대통령이 170억 달러의 단기 구제금융 지원안을 승인했다. 이 조치는 GM이 파산하는 것은 막았지만 이 회사가 직면한 위기를 해결하지는 못했다.

백악관의 주인이 부시에서 오바마로 바뀐 직후인 2009년 2월에 릭 왜고너(Rick Wagoner) GM 회장은 백악관에 설치된 자동차산업 위기 대응 태스크포스와 만나 추가적인 도움을 요청했다. 자동차산업의 위기를 방치하면 GM과 크라이슬러와 같은 자동차회사에서 모두 몇만 명분의 일자리가 사라질 뿐만 아니라 그들의 협력업체에서도 광범위한 해고가 일어날 수밖에 없는 상황이었다. 그러나 의회는 그들에 대한 구제금융 규모를 늘리는 것에 대해 부정적인 입장이었다. 많은 사람이 GM의 위기는 경영을 잘못해서 자초한 것이며 GM은 민간기업인 만큼 잘못된 경영의 책임을 스스로 져야 한다고 생각했다.

오바마 대통령과 그의 경제 분야 보좌진은 신속하게 결정을 내려야했다. 그들은 마침내 통 큰 베팅을 하기로 결정했다. GM과 크라이슬러에 850억 달러 규모의 구제금융을 제공하기로 한 것이었다. 이 구제금융이 의도대로 자동차산업을 되살리게 될지, 아니면 성과도 없이 나라의 금고만 축내게 될지는 누구도 미리 알 도리가 없었다. 그러나 뭔가 대응하는 행동에 나서지 않을 경우의 위험은 파괴적일 것이 뻔했다. 그래서 결국은 절박함이 두려움을 물리친 것이었다.

그 구제금융은 효과를 내주었다. 오바마 대통령과 티모시 가이스너 (Timothy Geithner) 재무장관이 의지를 가지고 행동에 나선 것이 미국의 중요한 산업을 되살리고 미국 경제의 기력을 회복시켰다. 그러나 가이스너는 "어떤 결정을 평가할 때에 그 결과를 가지고 평가해서는 안 되며, 결정이 내려진 시점에 이용할 수 있었던 정보에 비추어 그 결정이 합당했는지를 평가의 잣대로 삼아야 한다"고 했는데, 이는 옳은 말이다.[100]

이와 똑같은 절박함의 정신은 오바마 대통령과 그의 팀이 팔을 걷고 나선 또 하나의 대담한 노력에서도 볼 수 있다. 오바마 대통령은 유색인 아이와 젊은이들이 직면하는 기회의 격차를 우려하고 모든 청소년과 청년이 자기의 잠재력 전부를 계발하고 끌어낼 기회를 가질 수 있도록 보장한다는 목표를 가지고 '마이 브라더스 키퍼(My Brother's Keeper)'를 창설한다고 밝혔다. 이 조직은 그러한 일을 하도록 공공부문, 민간부문, 비영리부문을 자극하는 데에서 주도적인 역할을 해왔다. 이 조직의 활동은 '엠비케이 얼라이언스(MBK Alliance)'의 창설로 이어졌다. 엠비케이 얼라이언스는 2015년에 출범한 뒤로 위와 같은 사명을 실천하는 활동을 확대된 규모로 계속했다. 엠비케이 얼라이언스는 2017년 후반에 '오바마 재단'에 그 활동 가운데 하나로 편입됐다. 백악관을 도와 이러한 노력을 이끌어줄 사람으로는 다름 아닌 케이스 재단의 마이클 스미스(Michael Smith)가 가장 먼저 기용됐다. 지금은 그가 엠비케이 얼라이언스의 집행이사로 일하고 있다. 마이클은 우리가 애초에 '겁 없이 도전하라'라는 캠페인을 개발하고 그 메시지를 널리 전파하는 과정에서 중요한 역할을 해서 우리에게 도움을 준 사람이다. 그는 어려운 환경에서 청소년 시기를 보내며 성장하는 과정에서 역경을 극복한 경험을 가지고 있어서 엠비케이 얼라이언스를 이끄는 일에는 누구보다 적임자라고 할 수 있다. 그는 진정한 혁신가이며 그를 아는 사람이면 누구나 우리의 공동체가 안고 있는 문제를 해결하는 일에 그가 얼마나 절박감을 가지고 임하는지, 그리고 그가 자기가 하는 일에서 겁 없는 도전의 정신을 어떻게 발휘하는지를 지켜보아 잘 알고 있다.[101]

'그냥 하라!'는 사고방식이 그때그때의 긴급한 위기 속에서는 자연스러운 것으로 여겨질 수 있다는 점은 누구에게나 쉽게 이해될 것이다. 그런데 위기로부터 한걸음 떨어져 있는 사람들도 뭔가 변화를 만들어내기 위해 절박한 마음을 가지고 위기 속으로 뛰어들곤 하며, 이런 사람들에 관한 이야기는 수도 없이 많다.

1954년의 어느 날에 홀트 부부는 오리건 주에 있는 어느 고등학교 강당에 가서 미심쩍어 하는 얼굴로 의자에 앉아 봅 피어스(Bob Pierce) 박사의 연설을 들었다. 아내인 버사 홀트(Bertha Holt)는 간호사였고, 남편인 해리 홀트(Harry Holt)는 제재소를 운영하는 사람이었다. 그리고 피어스 박사는 몇 년 전에 '월드비전(World Vision)'이라는 새로운 구호단체를 설립한 젊은 목사였다. 한국전쟁에 참여한 연합군 병력의 대부분은 미국인이었다. 그때에 한반도에서 미국인 병사와 한국인 여성의 사이에서 태어난 많은 아이들이 전쟁이 끝나면서 버림을 받았다. 피어스 박사는 그렇게 전쟁이 남긴 길거리 고아들의 눈물 나는 모습을 담은 영상물을 청중에게 보여주었다. 그 고아들은 '혼혈아'라는 이유로 한국 사회에서 따돌림과 손가락질을 당하고 있었다.

홀트 부부가 피어스 박사의 연설을 들었을 때에 그들의 나이는 50대의 중년이었다. 그들은 대공황으로 인해 사람들이 먹고 살기가 어려웠던 시절에 대한 기억을 가지고 있었다. 그들은 대공황이 일어나기 전에 미국 중서부 지역에서 농장을 경영하다가 실패하자 그곳을 떠나 오리건 주에 와서 제재소를 운영해 성공을 거두었다. 남편인 해리는 1950년에 심장질환을 앓고 암체어를 타야 하는 처지가 되자 제재소를 매각하고 건강을 회복하는 데 노력을 집중했다. 다행히 건강이 회복되자 해리는 아내에게 하느님이 자기에게 베풀어준 은혜에 보답하는 일을 하면서 여생을 보내고 싶다고 말했다.

홀트 부부는 한국 전쟁고아들의 참상을 담은 영상물을 본 뒤에 월드비전에 기부금을 보내기 시작했다. 그런데 한국 전쟁고아들의 절박한 상황이 그들의 마음을 붙잡고 놓아주지 않았다. 그들에게는 자식이 여섯 명이 있었고, 그 가운데는 아직 독립하지 못하고 집에 남아있는 자식도 있었다. 그럼에도 그들은 한국 전쟁고아 여덟 명을 입양하기로 결심했다. 그런데 입양에 필요한 서류를 제출하는 과정에서 그들은 법률에 의해 한 가정이 입양할 수 있는 외국인 아이가 한 명만으로 제한돼있다는 사실을 알게 됐다. 그런 규제가 완화되거나 없어지게 하려면 의회로 하여금 관련 법률을 수정하게 해야 한다는 이야기를 들은 버사는 "그렇다면 그것이 바로 우리가 해야 할 일"이라고 말했다.

남편 해리가 한국으로 가서 입양을 준비하는 동안에 아내 버사는 의회에 대한 로비 활동을 펼쳤다. 마침내 1955년에 '홀트법(Halt Law)'이라고 불리는 법이 제정됐고, 이에 따라 홀트 부부는 갓난아기를 포함한 여덟 명의 한국 아이들을 입양할 수 있었다. 그런데 그들의 노력은 거기에서 끝나지 않았다. 그들은 이듬해부터 구세군 건물에 사무실을 차려 놓고 더 많은 한국 아이들을 미국으로 데려와 입양을 원하는 미국인 가정에 보내주는 일을 했다. 그러다 보니 장애를 가지고 있거나 해서 특별한 보살핌이 필요한 아이들의 경우는 입양을 원하는 가정을 찾기가 쉽지 않음을 알게 됐다. 그러자 그들은 제재소를 매각하고 받은 돈으로 1961년 말부터 서울에 아동보호시설을 짓기 시작했다. 해리는 그 뒤로 얼마 지나지 않아 세상을 떠났으나 버사는 아동보호시설을 완성해서 잘 운영하다가 2000년에 사망했다. 버사는 생전에 한국에서 '홀트 할머니'로 불렸다.[102]

> "몇 명 안 되는 작은 집단이라도 그들 자신의 사명에 대한 불굴의 신념을 바탕으로 굳센 결의를 갖는다면 역사의 경로를 바꿀 수 있다."
> – 마하트마 간디

나는 2017년에 한국에 가서 홀트아동복지회의 아동보호시설을 방문한 적이 있다. 이 복지회를 통해 미국인의 가정에 입양됐던 나의 한 친구와 함께였다. 지금은 홀트 부부의 딸 말리(Molly)가 이사장으로서 이 복지회의 운영을 이끌고 있다. 말리도 이제는 80대의 할머니가 됐다. 나는 특히 이 복지회를 창설한 홀트 부부의 업적을 기리기 위한 홀트기념관을 돌아보고 큰 감명을 받았다. 그 기념관에 들어서자 입구 복도의 벽에 지난 세월 동안 이 복지회를 통해 미국으로 입양되어 간 한국인 고아들의 작은 사진이 콜라주의 형태로 전시돼 있었다. 그 콜라주는 '사랑을 행동으로(Love in Action)'라는 말을 표현하고 있었다. 우리가 천천히 돌아본 그 기념관에는 오리건 주에 있는 유진 시 출신의 한 겸허한 부부가 실천한 헌신과 보살핌 덕분에 인생의 변화를 얻은 수많은 사람의 이야기, 그들에 관한 기록물, 그들과 관련된 기념물 등이 가득했다. 홀트 부부의 행동은 그들만의 행동에 그치지 않고 하나의 운동으로 이어졌던 것이다.

*

마르타 가브레차딕(Marta Gabre-Tsadick)은 지난 몇십 년 동안 에티오피아 국민의 삶을 개선하기 위한 일을 해온 여성이다. 그녀는 남편 데메 테클레월드(Deme Teckle-Wold)와 함께 에티오피아 사람들과 그 밖의 다른 아프리카 국가 난민들에게 식량, 교육, 직업훈련, 보건서비스를 제공하는 비영리 조직 '프로젝트 머시(Project Mercy)'를 설립했다. 내가 2004년에 남편 스티브와 함께 마르타를 만났을 때에 에티오피아는 심각한 기근이 확산되는 위기 상황에 처해 있었다. 내가 마르타에 대해 알게 된 것은 잘 알고 지내던 빌리 쇼어(Billy Shore)를 통해서였다. 빌리는 '셰어 아우어 스트렝스(Share Our Strength)'라는 조직을 설립하고 이를 통해 미국에서 에티오피아 현지의 기근대응 노력을 돕기 위한 모금 활동을 벌이고 있었고, 우리 부부는 그의 그러한 활동을 지원하고 있었다. 나는 빌리에게 "에티오피아가 겪고 있는 문제가 얼마나 심각하고 우리의 지원이 에티오피아 사람들에게 얼마나 도움이 될지에 대해 좀 더 깊이 이해하고 싶어요"라고 말했다. 그러자 빌리는 "가서 직접 봐요"라고 짧게 대답했고, 우리 부부는 그렇게 하기로 했다.

우리가 예테본(Yetebon)이라는 에티오피아의 외진 작은 마을을 향해 랜드로버 차량을 몰고 울퉁불퉁한 길을 4시간 동안 달렸던 경험을 나는 지금도 잊지 않고 있다. 우리는 그렇게 차를 몰고 달리면서 길을 오고가는 사람들은 물론이고 소와 염소 같은 가축들도 피해야 했다. 우리는 마침내 예테본에 도착해 먼지로 뒤덮인 랜드로버에서 내렸다. 그때 마르타에게서 우리는 곧바로 정신적인 온화함과 아름다움을 느꼈다. 우리에게 환영한다는 인사를 건네는 그녀의 몸에서 그러한 온화함과 아름다움이 마치 빛처럼 쏟아져 나왔다.

우리는 그녀가 오랜 세월에 걸쳐 걸어온 인상적인 삶의 역정에 흥미를 느꼈다. 그녀는 결혼해서 두 아이를 낳은 뒤에 에티오피아를 떠나 미국으로 와서 대학에 다녔고, 1954년에 에티오피아의 마지막 황제 하일레 셀라시에가 재위하던 시기에 에티오피아의 외무부 국장을 지냈으며, 나중에 여성으로서는 최초로 에티오피아의 상원의원이 됐다. 1974년에 에티오피아에서 내전을 거쳐 공산주의 정권이 들어서면서 셀라시에 황제는 가택연금됐고, 생명에 위협을 느낀 마르타는 남편, 아이들과 함께 해외로 도피했다. 그녀는 가족과 함께 그리스에서 불안정한 망명 생활을 하다가 미국으로 건너왔다. 그들에게 미국 입국이 허용된 것은 인디애나 주 포트웨인(Fort Wayne) 시의 한 지역사회가 그들에게 관대한 후원을 약속한 덕분이었다. 그들은 그곳에서 새로운 삶을 개척하기 시작했다. 그러면서도 그들은 조국 에티오피아를 늘 염려했고, 그 연장선에서 프로젝트 머시를 설립했다.

1991년에 에티오피아에서 공산주의 정권이 무너지자 마르타는 남편과 함께 조국으로 돌아가서 프로젝트 머시를 통한 활동에 더욱 적극적으로 임했다. 이후 예테본에 있는 프로젝트 머시의 본부가 확장되면서 그곳에 학교, 직업훈련센터, 병원, 고아원 등도 들어섰다. 2013년에는 미국의 상하원 의원들과 국제개발처(USAID) 담당국장이 프로젝트 머시를 찾아와 그곳에서 펼쳐지는 중요한 활동을 직접 보고 돌아갔다. 그 뒤에 국제개발처 담당국장 라지브 샤(Rajiv Shah)는 프로젝트 머시의 보건 서비스와 영양개선 프로그램을 확충하는 일에 200만 달러의 자금을 지원하는 내용의 4개년 계획을 발표하면서 프로젝트 머시의 '통합적 접근법'을 높게 평가하는 발언을 했다. "프로젝트 머시는 에티오피아에서 활기찬 지역사회를 건설해나가는 과정에서 개인들을 수혜자로만 다루지 않고 실질적인 파트너로 대합니다. 누구든 마르타와 데메 같은 사람들을 만나보기만 하면 지역사회 개발 노력의 미래는 우리의 손에 달려있는 것이 아니라 바로 그들의 손에 달려있다는 사실을 알게 됩니다."

프로젝트 머시의 사명은 기근의 시기에 식량을 제공하거나 위기 하나하나에 그때마다 대응하는 것이 아니다. 마르타는 이렇게 말했다. "빈곤에 대항해 싸우려고 한다면 상이한 여러 방향으로 공격해서 그 뿌리를 뽑아야 합니다. 교육받은 아이들이 취업할 수 있는 일자리가 부족해서 불만을 품게 된다면 아이들을 교육하기만 해서는 안 됩니다. 인구 전반의 영양부족과 저조한 농업생산이라는 문제는 그냥 놔두고 병원에서 영양실조로 인한 질환을 치료하기만 해서는 안 됩니다. 많은 사람이 마실 물이나 몸을 씻는 데 사용할 물이 부족해 오염된 물도 마다하지 않는 상황에서 사람들에게 건강에 좋은 위생습관만 가르쳐서는 안 됩니다. 사회 전체의 경제적 여건을 개선하지 않고서는 각각의 가정에 수돗물이 공급되도록 하기가 어렵습니다."[103]

해리와 버사 부부의 삶과 마르타와 데메 부부의 삶은 둘 다 절박함에 의해 추동된 삶의 모범이다. 그들의 헌신이 몇십 년에 걸쳐 이어지고 해리와 버사 부부의 경우에는 그런 노력이 후손에게 승계되기까지 했지만, 애초에는 절박함이 그들로 하여금 그러한 삶을 살게 하는 중요한 동기가 됐다는 사실을 부인할 수는 없다. 그리고 그들의 활동은 세월이 흐르면서 축적되고 다른 사람들을 끌어당기면서 단순한 필랜스로피 이상의 것으로 발전했다. 그들의 활동이 사회적 운동의 형성으로 이어진 것이다.

하버드 케네디 스쿨의 시니어 강사 마셜 갠츠(Marshall Ganz)는 "운동이 해야 할 일 가운데 하나는 중요한 일을 절박한 것으로 만드는 방법을 찾아내는 것"이라고 지적했다. 그는 기후변화에 대응하는 일에 관해 이야기하다가 이렇게 지적했다. 기후변화는 절박한 문제인 것이 분명함에도 그것이 초래하는 결과가 오랜 세월에 걸쳐 서서히 드러나기 때문에 그 악영향을 제대로 이해하지 못하는 사람들이 많이 있다.

갠츠가 몇십 년간에 걸쳐 사회운동에 직접 참여하기도 하고 사회운동을 연구하기도 하면서 얻은 교훈 가운데 하나는 도덕적 절박성만이 개인들로 하여금 행동에 나서게 할 수 있다는 것이다. 절박성에 직면해 정의를 찾아 행동에 나서려는 열정을 마음속에 품게 된 사람들은 희망, 즉 가능성에 대한 긍정적인 의식도 갖게 된다. 갠츠는 이렇게 말한다. "그 어떤 사회운동을 보더라도 그 핵심에는 기꺼이 위험을 무릅쓰고자 하는 매우 헌신적인 사람들이 있음을 알게 된다. 그들이 이끄는 사회운동은 어떤 법률 하나가 제정되도록 하는 데 그치는 것이 아니다. 그것은 그 자체가 하나의 도덕적 개혁이다."

짙은 어둠이 뒤덮인 시기에 우리는 각자 '때가 되면 나도 용기를 내어 일어나서 행동에 나설 수 있을까?'라고 생각하면서 스스로를 저울질할 수 있다. 그러나 대문 앞에 나치스 돌격대의 대원들이 닥친 경우와 같은 순간에만 절박성이 느껴지는 것은 아니다.

시어도어 루스벨트(Theodore Roosevelt)는 8년간의 미국 대통령 연임 임기를 마친 직후인 1910년에 비판과 불평을 하는 사람들과 불리한 여건과 두려운 마음에도 불구하고 행동에 나서는 사람들을 비교하는 내용의 주목할 만한 연설을 했다.

"관람석에 앉아 비평만 하는 사람은 중요한 사람이 아닙니다. 강한 선수가 왜 헛다리를 짚었는지, 더 잘하려면 어떻게 해야 했는지를 지적하기만 하는 사람은 중요한 사람이 아닙니다. 실제로 경기장에 들어가 얼굴이 먼지와 땀과 피의 범벅이 되도록 용맹하게 싸우는 선수가 중요한 사람입니다. 그런 선수는 실수를 하고 실점을 하기를 거듭합니다. 왜냐하면 실수와 실점을 하지 않으면서 노력을 계속할 수는 없기 때문입니다. 그러나 그는 해내야 하는 일을 하려고 애씁니다. 그는 위대한 열정이 무엇인지, 위대한 헌신이 무엇인지를 압니다. 그는 가치 있는 목적에 자신을 바칩니다. 그리고 최선의 경우에는 마침내 드높은 성취에 따르는 승리감이 어떤 것인지를 알게 됩니다. 반대로 최악의 경우에는 그가 실패하겠지만, 그렇게 되더라도 적어도 그는 대담하게 도전했다가 실패한 사람입니다. 그렇기에 이제 그는 승리가 뭔지도 모르고 패배가 뭔지도 모르는 냉담하고 겁먹은 영혼들과는 수준이 다른 존재가 된 것입니다."[104]

루스벨트는 경기장 안의 '선수' 한 사람을 상정하고 이런 연설을 했다. 하지만 오늘날 그의 이 연설은 낮게 속삭이는 말이든 높게 외치는 말이든 의미 있는 메시지가 담긴 말에서 영감을 얻을 줄 아는 모든 사람에게 호소력을 발휘하고 있다.

유명한 교수이자 작가와 연설가로도 활동하고 있는 브레네 브라운(Brené Brown)은 《대담하게 도전하기: 상처를 입을 용기는 우리가 삶을 살아가고, 사랑을 하고, 자식을 기르고, 사람들을 이끄는 방식을 어떻게 변화시키나》라는 책을 쓸 때에 위와 같은 루스벨트의 말을 다시 한 번 생각해보았다. 수치심과 두려움의 파괴적인 영향에 관심을 가져온 브라운은 대담하게 도전하려면 자기 자신에 대한 의심을 내려놓아야 하며 불확실성을 이유로 머뭇거려서는 안 된다고 말한다. 그녀는 이렇게 썼다. "경기장에 들어가기 전에 자신이 완벽하게 강해지기만을 기다리는 태도로 살아간다면 결국에는 자신의 인간관계와 기회를 잃어버리고 되찾지 못하게 될 수 있을 뿐만 아니라 귀중한 시간을 낭비하면서 자신의 재능에 스스로 등을 돌리고 자신만이 할 수 있는 사회적 기여를 하지 못하게 될 것이다."[105]

이 장에서 소개한 여러 이야기들이 보여주듯이 절박성은 경기장에 겁 없이 들어가게 하는 강력한 동기가 될 수 있다. 당신에게 매우 중요해서 당신으로 하여금 절박성을 느끼고 행동에 나서게 할 만한 일이 있는가? 생명에 위협을 느끼고 조국을 떠난 마르타의 경우를 다시 생각해보자. 그녀는 도망가거나 겁을 집어먹고 웅크리고 있지 않고 조국의 다른 사람들을 위해 더 나은 미래를 만드는 일에서 절박성을 느끼고 그런 일을 돕는 행동에 나섰다. 홀트 부부는 한국 전쟁고아들의 목숨이 위태롭다는 사실을 알게 되자 그들을 돕는 일에 뛰어들어 그런 상황에 변화를 일으켰다. 시어도어 루스벨트의 유명한 연설은 곤경, 실패, 결점에도 불구하고 누구나 대담한 도전에 나서기를 선택할 수 있음을 일깨워준다. 상황의 절박성이 우리의 두려움을 몰아내고 우리로 하여금 앞으로 나아가게 해줄 것인지 아닌지는 우리 각자가 어떤 선택을 하느냐에 달렸다.

24 자 이제, '내가 먼저 하겠다'는 태도를 가져라

"우리는 우리 자신이 선택한 것입니다." 제프 베이조스는 2010년에 프린스턴 대학의 졸업식에서 초청연설을 하면서 학생들에게 이렇게 말했다. 그 연설 전체가 행동하기를 선택하는 것의 중요성에 관한 것이었다. 나는 그 연설을 나중에 글로 읽으면서 그가 '절박함이 두려움을 극복하게 하라'는 취지의 이야기를 한 것임을 알게 됐다. 그리고 그 가운데 가장 눈에 띄는 대목은 학생들이 각자 자기의 삶에서 하게 될 가장 중요한 선택들에 대해 깊이 생각해보도록 자극하기 위해 그가 던진 일련의 날카로운 질문이었다. 나는 그 가운데 일부를 여기에서 독자들과 나누고자 한다.

　- 당신은 자기의 재능을 어떻게 사용하려는가? 그리고 어떤 선택들

을 하려는가?

- 당신은 무기력한 타성이 자기를 안내하게 하려는가, 아니면 자기의 열정을 따르려는가?
- 당신은 독단적 정설을 따르려는가, 아니면 스스로 독창적이려는가?
- 당신은 편안한 삶을 선택하려는가, 아니면 기여와 모험의 삶을 선택하려는가?
- 당신은 삶이 힘들어졌을 때에 포기를 하려는가, 아니면 굴하지 않고 전진하려는가?[106]

대학 졸업생들에게 던지기에 딱 알맞은 이런 질문들을 내가 여기에서 독자들과 공유하는 것은 그 질문들이 목적이 있는 삶을 살기를 열망하는 사람이라면 누구나 스스로에게 던지고 대답을 해봐야 하는 종류의 것이기도 하기 때문이다. 위대함으로 나아가는 첫걸음은 아무런 노력 없이 그저 되어가는 대로 살아가는 사람은 되지 않겠다고 결심하는 것이다.

우리는 각자가 세계에 어떤 종류의 영향을 미칠 것인지를 자신의 책임으로 선택해야 한다. 이 책을 읽고 있는 당신은 무엇인가에 도전해보고자 하는 욕구, 다시 말해 평상적인 것을 거부하고 변화를 일으켜보고자 하는 욕구를 마음속 깊이 가지고 있는가? 그렇다면 당신이 도전할 경기장을 골라라. 변화를 일으키는 일은 사업을 통해서도 할 수 있고, 예술을 통해서도 할 수 있고, 교육을 통해서도 할 수 있고, 사회운동을 통해서도 할 수 있고, 정치적 활동을 통해서도 할 수 있다. 그리고 그 모든 것을 지금 당신이 살고 있는 지역사회에서부터 시작할 수 있다. 당신이 어느 쪽으로 길을 내면서 앞으로 나아갈 것인지는 바로 당신 자신에게 달렸다.

> *"생각이 깊은 사람 몇 명만 모이면 이 세상을 변화시킬 수 있다. 사실 그렇게 한 사람들만이 그동안 이 세상을 변화시켜왔다."*
>
> *- 마거릿 미드(Margaret Mead)*

경영 컨설턴트 톰 피터스(Tom Peters)는 저서 《탁월성 배당》에서 전통적인 조직은 행동에 나서기 전에 신중하고 세세한 분석에 매달리는 경우가 너무 많은 반면에 생겨난 지 얼마 안 되는 조직은 절박함에 의해 추동된 신속한 행동을 통해 탁월한 성과를 올리는 경우가 종종 있다고 지적한다. 성공을 거둔 신생 기업들에 관해 그는 이렇게 썼다. "거창한 계획은 없었다. 사실 계획이라고 할 만한 것은 전혀 없었다. 시작한 것이 시작이었다." 그러니 시작부터 하라. 피터스가 'WTTMSW'라고 부른 길로 가라. 이것은 '누구든 가장 많은 것을 시도한 사람이 이긴다(Whoever Tries The Most Stuff Wins)'라는 뜻이다.[107]

하버드 비즈니스 스쿨의 존 코터(John Kotter)는 자기가 기존 상태에 만족하고 있다고 인정하고 싶어 하는 사람은 아무도 없다고 지적한다.[108]

사람들은 다 바쁘게 산다. 누구든 붙잡고 무슨 일을 하느라고 그렇게 바쁘냐고 물어보면 이런저런 일들을 꼽으면서 그런 일들을 하느라고 그렇다고 하는 대답을 듣게 될 것이다. 그런데 내가 지금 당신에게 권하는 것은 그런 것과는 다른 것이다. 내가 지금 권하는 것을 실천에 옮기려면 일부러라도 자신감을 가져보려고 하고 남에게 허세로 보이더라도 나름대로 용기를 내보려고 하는 태도를 취하는 것이 어느 정도는 필요하다. 당신 자신에게 이런 질문을 던져보라. '나는 코리 텐 봄과 같은 사람의 입장에 서볼 수 있을까?' '나는 불도저를 몰고 폐허가 된 점포 안을 돌아다니며 사람들에게 가져다줄 물건들을 회수한 월마트의 제시카 루이스처럼 행동할 수 있을까?' '나는 오프라 윈프리나 애스트로 텔러와 같이 실패로부터 배운다는 정신을 가질 수 있을까?' '나는 호세 안드레스처럼 매일 직업으로 하는 일을 좀 더 큰 사명과 조화시킬 수 있을까?' '나는 홀트 부부처럼 도움을 필요로 하는 사람들을 보고 너무 많은 생각을 하기보다는 개인적으로 그들을 돕는 일부터 시작할 수 있을까?'

다음 일곱 개의 문장을 큰 소리로 읽어보라.

- 이 문제에 대한 해결책을 찾을 사람은 나밖에 없다.
- 긴급한 상황이 발생할 경우에 현장에 나타날 사람은 나밖에 없다.
- 회사가 분발할 필요가 있을 때에 큰 위험을 무릅쓸 사람은 나밖에 없다.
- 뒤처진 사람을 보살펴줄 사람은 나밖에 없다.

- 다른 사람들이 침묵할 때에 일어서서 말할 사람은 나밖에 없다.
- 누군가는 말해야 하는 이야기를 말할 사람은 나밖에 없다.
- 두려움을 억누르고 과감하게 행동에 나설 사람은 나밖에 없다.

당신은 그런 '나'가 되기로 마음을 먹을 수 있는가? 당신이 대답을 하기 전에 내가 당신에게 알려주고 싶은 비밀이 하나 있다. 그런 '나'가 되는 데에는 뛰어난 능력도, 강력한 카리스마도, 그 밖의 다른 어떠한 특별한 강점도 필요하지 않다는 것이 그것이다. 신의 은총으로 비범한 능력을 갖게 된 사람이어야만 영웅이 되는 것이 아니다. 영웅이 된 사람들을 보면 절박성을 느끼고 행동에 나서기를 선택했기에 그렇게 됐음을 알 수 있다.

우리 각자가 망설이며 머뭇거릴 것인지, 아니면 의미 있는 삶에 뛰어들 것인지를 결정할 때는 다름 아닌 바로 지금이다. 당신도 이러한 절박성을 자신의 내적인 힘으로 느끼고 앞으로 나아가는 사람들 가운데 하나가 되기를 나는 진심으로 기대한다. 그러한 절박성은 바로 당신을 부르는 소리다.

에필로그: 노멀로 돌아가서

하나의 문이 닫히면 다른 하나의 문이 열린다는 속담이 있다. 여느 속담
도 다 그렇지만 이 속담도 비유적으로 사용된다. 그런데 내가 노멀에 갈
때에 탄 비행기의 문은 실제로 이 속담 그대로였다. 워싱턴 디시에서 문
을 닫고 이륙한 비행기가 내륙지역의 작은 마을에 도착하자 다른 문이
열렸다. 비행시간은 그리 길지 않았지만 출발지의 풍경과 도착지의 풍
경은 서로 멀리 떨어진 다른 세계에 속하는 것 같았다.

　내가 그 마을에 혼자 가서 머물면서 이 책을 쓰게 된 것은 남편의 아
이디어를 받아들였기 때문이다. 그는 예상하지 못했겠지만, 나는 그 마
을에 가서 새삼스럽게 사랑에 빠졌다. 다른 사람과 사랑에 빠졌다는 말
은 물론 아니다. 새삼스러운 사랑의 대상은 그 마을이다. 그 마을은 어
린 나를 길러주었고, 내 정체성의 토대인 마음속의 가치를 처음으로 나

에게 심어주었으며, 여러 측면에서 나 자신을 형성해주었다. 그렇지만 그 마을의 환경은 내가 사춘기를 넘어서까지 그 마을에서 살기를 허락하지 않았다.

나는 나 자신에게 커다란 질문들을 던지고 스스로 커다란 대답을 찾기 위해 노멀로 돌아갔다. 그 마을에는 나의 가족과 친척 가운데 이 세상을 떠난 몇 명의 무덤이 있어서 그곳을 찾아가 보기도 했지만, 살아 있는 사람으로 그 마을에 남아있는 가족이나 친척은 이제는 아무도 없다. 하지만 에어비앤비를 통해 예약한 숙소가 한때 나의 외할아버지와 외할머니가 살았던 집과 아주 가까운 곳에 있어서 더욱 그랬는지는 모르겠지만, 나는 그 마을에 터 잡고 있는 나의 과거로부터 결코 달아날 수 없으리라는 확신이 들었다. 나는 그 마을에 도착한 뒤에 매일 이 책의 원고를 쓰다가 틈틈이 운동 삼아 탈 자전거를 하나 빌렸다. 그 자전거를 타고 외할아버지와 외할머니의 옛 집을 지나갈 때마다 나는 그 집을 향해 고개를 숙여 인사를 했다. 그러나 그 집에서 살고 있는 사람들에게 직접 인사를 하고 나를 소개하기 위해 그 집 대문을 두드려본 적은 없다. 나에게는 소중한 추억이 서려있는 집과 아주 가까운 곳에 내가 와 있다는 것만으로도 충분했기 때문이다.

내가 묵은 숙소는 100년도 넘은 오래된 건물을 아름답게 복원한 집이었다. 그 자체의 과거가 완벽하게 복원된 그 집에 묵게 된 것이 나에게는 너무나 좋았다. 그 집의 기초는 100년도 넘게 그런 구조를 지탱해올 정도로 견고했다. 그 집에서 가장 훌륭하고 특징적인 요소는 부드럽게 휘어진 유리창, 짙은 적갈색의 마호가니로 만들어진 실내 시설과 장식, 나무가 줄지어 서있는 넓은 마당을 내려다볼 수 있도록 둥그런 난간 테를 두른 테라스 등이었다. 그런 그 집의 특징적인 여러 가지 요소는 핵심적인 부분이 원래대로 유지되는 가운데 신중한 손질이 가해져서 처음 지어졌을 때에 그 집을 감돌았던 풍취를 되살리고 있었다. 어둠과 고요가 찾아드는 저녁때나 햇살이 비추기 시작하는 이른 아침에는 1900년대 초에 그 집에 살았던 한 가족의 목소리가 메아리처럼 들리는 듯했다.

그 집에서 혼자서 조용하게 지내다 보니 이런 생각이 들었다. 우리도 각자 나름대로 자신의 기초에 해당하는 특징적인 요소를 가지고 있다. 태어나면서 주어진 그런 특징적인 요소는 우리가 살아가는 동안에 긁히거나 소모되지 않도록 각자가 스스로 보호하고 더욱 발전시켜야 하는 것이다. 어렸을 적에 우리는 높은 나무를 겁 없이 타고 올라가며 놀았다. 자신의 한계는 별로 생각해보지 않으면서 새로운 것을 시도해보곤 했던 것이다. 달리다가 넘어지면 바로 일어나서 다시 달렸다. 나의 경우에는 노멀이 바로 그런 어린 시절의 삶이 펼쳐졌던 곳이다. 그러나 그런 유형의 겁 없는 삶을 사는 것은 결코 '노멀'한 것이 아니다.

그렇기에 나는 이런 질문을 던져보고 싶다. "어떻게 하면 우리가 자기 내면의 깊은 곳에서 지금의 자신에게 '한번 해봐!'라고 속삭여대는 과거의 보다 겁 없는 자신으로 되돌아갈 수 있을까?" 우리가 자기 내면의 깊은 곳으로 파고 들어가면 거기에서 만나게 되는 것은 아마도 '노멸'하지 않은 원래의 그러한 자신일 것이다.

내가 이 책을 쓰게 된 것은 6년 전부터 내가 '겁 없이 도전하라(Be Fearless)'라는 이름의 캠페인을 벌이면서 '겁 없이 도전하는 삶의 5가지 원칙'을 널리 전파하는 노력을 기울여오는 동안에 많은 사람이 나에게 그 다섯 가지 원칙이 자기에게 큰 격려가 됐다고 말해주었기 때문이다. 미국 노터데임 대학에서 MBA 과정을 밟고 있었던 어느 학생은 시민단체 쪽으로 인생행로를 바꾸었다고 했다. 자기가 사는 마을에 박물관을 개설해보겠다는 계획을 몇십 년 전부터 마음속에 품어만 왔던 어느 여성은 그 계획을 행동으로 옮겨 이제는 실제로 박물관 개설이 성사될 단계에 이르렀다고 했다. '겁 없이 도전하는 삶의 5가지 원칙'의 격려에 힘입어 대담하게 행동에 나서고, 위험을 무릅쓰고, 실패를 중요한 것으로 만들고, 꿈의 실현을 위해 앞으로 나아가면서 이 세상에 변화를 일으켜보려고 하는 기업, 기업인, 비영리 조직, 사회활동가, 보통 시민 등이 그와 같은 이야기들을 나에게 전해왔다. 어쩌면 내가 이 책을 읽은 당신에게서도 언젠가는 무언가 반가운 소식을 듣게 될지도 모르겠다.

자, 이제는 가서 이 세상을 변화시키자.

감사의 말

책을 한 권 쓰기로 결심하게 되는 동기와 원고를 쓰고 출판에 이르는 과정은 사람마다 다를 것이다. 처음으로 책을 써서 펴내는 사람이라면 원고를 완성한 뒤에 마지막으로 감사의 말을 쓸 때에 이런저런 방식으로 그 책이 출판될 수 있도록 도움을 준 사람들만 떠올리게 되는 것이 아니라 그동안 자기의 삶과 관계가 있었던 사람들을 폭넓게 생각해보는 경향이 있는 것 같다. 나의 경우가 바로 그렇다. 지금 나는 지난 6년 동안 우리와 함께 겁 없는 도전의 원칙이 생명력을 갖도록 하는 데 중심적인 역할을 한 사람들뿐만 아니라 나의 첫 저서가 출판될 날이 머지않은 믿을 수 없는 순간을 지금 내가 맞이하게 되기까지 나에게 영향과 영감을 주며 나의 인생무대에서 중심적인 배역을 맡아준 사람들도 떠올려보고 있다. 그들 가운데 일부에 대해서는 내가 이 책에서 관련된 이야기를 하면서 부각시켰다. 그 밖의 다른 사람들 가운데 내가 이 감사의 글에서 처음으로 이름을 언급하는 경우도 많이 있을 것이다.

　나에게 이 책을 쓰도록 가장 먼저 권유한 사람은 나의 남편 스티브다. 내가 그에게 겁 없는 도전의 원칙에 관한 애초의 조사결과를 처음 보여주었을 때부터 그는 이 원칙에 매료됐다. 모든 부문에 걸쳐 온갖 배경을 가진 모든 사람에게 그러한 기업가적 사고방식을 확산시켜 얻을 수 있는 잠재력을 간파한 것이었다. 그는 겁 없는 도전의 원칙에 내포된 메시지가 어떠한 반향을 불러일으키는지를 보게 되자 나에게 그것을 더욱 널리 전파하기 위한 방법으로 책을 써서 펴내는 방안을 생각보라고 제안했다. 그는 케이스 재단의 회장이다. 케이스 재단은 우리 둘이 공동으로 설립한 재단이기도 하지만, 이 재단에 대한 그의 기여가 그동안 매우 컸다고 나는 생각한다. 그는 이 재단에 자본금과 활동비로 많은 돈을 기부했을 뿐만 아니라 설립 이후 지금까지 21년 동안 이 재단이 펼쳐온 필랜스로피 노력을 발전시키는 과정에서 매우 가치 있는 통찰력을 제공해주었다. 나는 주목할 만한 지도자이자 총명한 혁신가인 그에게서 많은 것을 배우면서 그와 함께 성장하기를 계속하고 있으며, 그런 그를 내 인생의 반려로 삼게 된 것은 축복이라고 생각한다. 그는 나와 함께하는 일상생활에서도 많이 그렇게 하지만 내가 이 책을 쓰는 과정에서도 단계마다 나를 격려해주고, 나에게 도발적인 질문을 던져주고, 내가 기울이는 노력에 대해 다정한 지지의 뜻을 밝혀주곤 했다. 내가 스티브 덕분에 보다 더 겁 없고 대담하게 살게 됐다는 데에는 의문의 여지가 없다.

재혼에 따른 혼합가족인 우리 가족은 스티브와 나 외에 밀레니엄 세대인 자녀 다섯 명으로 구성돼있다. 내가 낳은 두 딸 니키와 케이티, 그리고 의붓자식 에버렛(그의 아내는 메건), 애니, 케이티가 그들이다. 나의 삶은 내가 엄마가 되면서 훨씬 풍성해졌다. 나는 나 자신이 지난 세

330

월에 걸어온 겁 없는 도전의 여정을 돌아보면서 내가 이 세상을 어떻게 보는가에 우리 아이들이 미친 영향을 분명하게 깨닫는다. 그들에게서 나는 많은 것을 배웠고, 그들로 인해 나의 생각은 변화하고 확장됐다. 게다가 아이들을 기르면서 나는 이 세상을 변화시키는 데에서 밀레니엄 세대가 갖고 있는 잠재력을 직접 목격했다. 엄마로 살 수 있었던 것은 내가 살아오면서 누린 큰 특혜 가운데 하나이고, 사랑하는 가족과 함께 살아온 하루하루에 대해 나는 감사하는 마음을 가지고 있다. 내가 낳은 두 딸의 아버지는 댄 비야누에바다. 그는 두 딸을 사랑하고 지원을 아끼지 않으며, 나는 두 딸의 삶에서 그가 해준 역할에 대해 감사하게 여기고 있다.

나는 이 책을 쓰기로 결심하자마자 우리의 소중한 동료이자 친구이며 케이스 재단의 이사로 있는 론 클레인에게 조언을 구했다. 론은 한 명도 아니고 두 명이나 되는 전 미국 부통령의 비서실장을 지낸 사람이니 그의 삶 자체가 충분히 한 권의 책이 될 수 있을 것 같기도 하다. 그는 겁 없는 도전의 원칙과 관련해 우리가 여러 해에 걸쳐 해온 일에 대해 잘 알고 있었고, 내가 이 책을 쓰고 출판하는 일을 해내는 데에 도움이 되는 값진 통찰을 제공해주었다. 그는 나에게 첫 조언으로 대담하게도 봅 바넷을 찾아가 그에게 출판 대리인이 되어달라고 요청하라고 권했다. 봅은 출판계에서 유명한 사람이며 특히 워싱턴 디시에서 명성이 높아 전 대통령을 비롯한 여러 저명한 인사들이 그에게 출판 대리인의 일을 맡긴 바 있다. 봅의 솜씨 좋은 안내와 지도는 오래 전부터 수많은 베스트셀러의 탄생에서 중요한 역할을 해왔다. 한 번도 책을 내본 적이 없는 사람의 출판 대리인을 맡아준 것에 대해 그에게 크게 감사한다. 그는 이 책이 출판되기까지 거쳐 온 단계마다 나에게 격려를 해주고, 지혜를 나누어주고, 재미를 느끼게 해주고, 소중한 전문적 식견을 제공해주었다.

나에게 공동 집필자를 구해서 그와 같이 집필 작업을 하는 방안을 고려해보라고 제의한 사람도 봅 바넷이었다. 봅은 나를 위해 출판계에서 베스트셀러 집필에 참여한 경험이 많은 이 분야의 베테랑 캐서린 휘트니와의 만남을 주선해주었다. 내가 겁 없는 도전의 원칙을 사람들에게 전달하기 위해 써놓은 이야기들을 책으로 정리해 출판하는 일에 대단한 열정을 가지고 임하고 있다는 것을 봅은 알고 있었다. 그는 내가 그 이야기들을 책의 원고로 정리하고 다듬는 일을 하는 과정에서 캐서린이 값진 의견을 제시해주고 주의 깊게 논평해줄 수 있을 것이라면서 현명하게도 그녀를 추천해주었다. 나는 캐서린을 만나자마자 우리 둘이 만나게 된 데에는 운명이 한몫을 한 것 같다는 느낌이 들었다. 그녀도 나와 처음 만났을 때부터 이 책의 폭넓게 본 취지와 우리가 부각시킬 이야기들을 널리 전파하는 일에 열정을 갖게 된 것이 분명해 보였다. 그 이야기들이 편집되고 여기저기 조금씩 수정되거나 제거된 것은 모두 캐서린의 능숙한 손길을 거쳐서 이루어진 일이었다. 또한 그녀는 최종적으로 이 책 속에서 그 이야기들의 하나하나가 놓여야 할 위치를 확정하고 짜임새 있게 배치하는 작업을 나와 함께 했다. 이 모든 과정을 거치는 동안에 나는 캐서린을 점점 더 존중하고 점점 더 좋아하게 됐다. 나는 세계적인 수준의 일류급 공동 집필자와 같이 집필 작업을 하게 된 것을 매우 다행한 일이었다고 생각한다. 나는 그녀가 나에게 종신토록 친구가 돼줄 수 있지 않을까 하는 생각을 하게 됐는데, 우리 사이가 실제로 그렇게 되기를 지금도 바라고 있다.

출판사 사이먼 앤드 슈스터의 이 책 담당 팀이 꿋꿋하게 출판의 과정을 진행해주지 않았다면 이 책이 실제로 출판되지 못했을 것이다. 그 팀의 구성원들은 이 책을 출판하는 일을 처음부터 끝까지 맡아서 해주었다. 그 가운데 특히 조너선 카프와 리처드 로러, 그리고 '활기찬 2인조' 프리실라 페인턴과 미건 호건은 나에게 안내자와 조언자의 역할을 충실하게 해주었다. 그들의 그러한 노력은 이 책이 출판되는 과정이 끝까지 문제없이 진행되는 데에 크게 도움이 된 것은 굳이 말할 필요도 없다.

제인 구달 박사가 이 책에 추천사를 써준 것에 대해 감사한 마음을 나는 앞으로도 영원히 잊지 못할 것이다. 제인의 삶은 겁 없는 도전의 탁월한 모범이며, 그녀는 어린 나이일 적부터 그런 모습을 보여주었다. 그녀의 이야기는 통 큰 베팅을 하고 나설 때에는 훈련이나 교육을 제대로 받지 못한 것이 오히려 강점이 될 수도 있다는 점을 우리에게 상기시킨다. 나는 동물과 인간에 대한 정의로움과 공정함의 실현을 평생 추구해온 제인의 노력에 깊은 감명을 받았다. 그녀가 해온 일과 같은 분야에서 그녀에 견줄 만큼 큰 업적을 남긴 사람은 거의 없다. 내가 내셔널 지오그래픽 협회에서 맡은 역할 덕분에 그녀와 관계를 맺을 수 있게 된 점에 대해 나는 감사한다.

겁 없는 도전의 원칙과 이 책에 대한 지적재산권은 나 개인에게 있는 것이 아니라 케이스 재단에 있으며, 그렇게 되는 것이 옳다. 케이스 재단의 최고위 임원에서부터 최하위 대학생 인턴에 이르기까지 우리 팀 전부의 도움과 지원이 없었다면 나는 이 책을 쓸 수 없었을 것이다. 우리는 이 책을 준비하는 과정에서 하나의 팀으로서 조사도 하고 토론도 했으며, 이 책이 단계별로 그 형체를 이룰 때마다 같이 자축했다. 이 책은 어떤 전담 위원회의 보고서와 같은 것이 아니다. 이 책은 스토리텔링을 통해 겁 없는 도전의 원칙에 담긴 중요한 메시지를 케이스 재단의 모든 구성원이 합의한 최선의 방식으로 전달하기 위한 것이다. 그 과정에서 특히 샘 헤이트너와 루이즈 스톰 두 사람의 도움과 지원이 필요했다. 이 두 사람은 마치 자기 저서를 쓰는 것과 같은 태도로 이 책의 출판을 준비하는 작업에 적극적으로 참여해주었고, 내가 그 전 과정에서 집중력을 유지하고 의욕을 잃지 않도록 값진 통찰과 초고검토 의견을 제공해주었다. 나는 사라 코크의 기여에 대해서도 감사한다. 그녀는 케이스 재단에서 나와 마찬가지로 여러 해 동안 겁 없는 도전의 원칙을 널리 사람들에게 알리는 일을 해왔는데, 그 과정에서 그 원칙의 어떤 측면이 사람들 사이에 반향을 불러일으키는지를 포착해내는 데에서 예리한 감각을 보여주었다. 그녀는 인턴인 윌 포츠의 도움을 받아가며 이 책에 소개된 이야기들에 관해 조사하는 작업을 주도했다. 제스 체츠먼은 마케팅과 소셜미디어에 대해 잘 아는 사람이고 제이드 플로이드는 우리와 함께하게 된 뒤로 지금까지 6년 동안 변함없이 헌신적인 태도를 유지해온 사람인데, 이 두 사람은 우리가 이 책에 담을 내용을 조율하는 과정에서 검토한 모든 조율 방식에 대해 중요한 의견을 내주었다. 브라이언 새스커는 오래 전부터 케이스 재단의 고위 임원으로 소중한 역할을 해온 사람인데, 그의 침착한 지도가 없다면 내가 이 재단을 통해 하는 일을 제대로 해나가기 어려울 것이다. 그는 내가 아메리카 온라인에 재직하던 시절부터 나하고 같이 일해 온 사람이다. 그는 케이스 재단의 전 동료인 마이클 스미스, 앨리 번스, 에릭 브록새스와 함께 6년 전에 케이스 재단의 첫 임원진에 가담해 나와 함께 겁 없는 도전의 원칙을 정립하는 일을 같이 했다. 어떤 의미에서 그들은 나와 더불어 겁 없는 도전의 원칙과 관련된 우리 재단의 사업에 대한 공동 창립자다. 그들은 각각 이 책의 원고가 완성되기 직전의 단계에서 값진 통찰을 제공해주었다. 지난 6년 동안 겁 없는 도전의 원칙과 관련된 사업에 열정적인 지원을 아끼지 않은 케이스 재단의 이사들, 이름을 들자면 숀 그린, 더그 홀러데이, 도너 호일, 론 클레인, 송 팩, 존 새빈, 소널 샤, 그리고 스티브에게도 감사를 드린다.

케이스 재단의 겁 없는 도전 프로젝트에는 이 재단의 구성원들 외에 라파엘 벰포래드, 브래드 루어크, 신시아 깁슨 등 세 명의 전문가도 중요한 기여를 해주었다. 브랜딩과 혁신 분야의 컨설팅 회사 BBMG의 공동 창업자인 라파엘 벰포래드는 케이스 재단에서 우리가 하는 일을 들여다보다가 '겁 없이 도전하라(Be Fearless)'라는 타이틀과 그것에 의해 포괄되는 사업 전체의 틀을 궁리해서 제안해주었다. 그 뒤에 우리는 브래드 루어크와 신시아 깁슨 박사에게 하나의 단순한 질문에 대한 답을 찾아달라고 요청함으로써 이 두 사람을 우리의 사업에 끌어들였다. 그 질문은 "어느 부문에서나 어느 시기에나 전환적 돌파가 일어난 경우들에는 어떠한 공통적인 요소가 있었는가?"였다. 두 사람은 그 질문에 대한 답을 찾으려고 자료를 뒤지다가 우리가 이 책에서 부각시킨 다섯 가지 원칙을 발견했다. 겁 없는 도전과 관련된 우리의 사업이 시작 단계에서부터 굳건한 궤도에 오를 수 있게 해준 이들 전문가 세 명의 기여에 대해 우리는 감사하게 생각하고 있다. 우리는 겁 없는 도전과 관련된 사업을 본격적으로 출범시킬 때에 각계의 대표적인 지도자들을 초청한 가운데 케이스 재단에서 출범식을 열었다. 그날 출범식에 참석해준 월터 아이작슨, 마크 워너 상원의원, 톰 티어니, 조지 W. 부시 전 대통령의 부인 로라 부시와 딸 바버라 부시에게 깊은 감사를 드린다. 우리가 케이스 재단에서 이 사업을 시작한 것과 거의 동시에 내세운 겁 없는 도전의 원칙이 각계에서 폭넓게 받아들여지는 놀라운 반응을 얻게 된 것은 그들의 덕을 꽤 많이 입은 결과였다. 그날 웹 캐스트를 통해서도 몇백 명에 이르는 협력자들이 그 출범식에 동참했는데, 그들은 그 뒤에 각자 자기의 조직과 네트워크를 통해 겁 없는 도전의 원칙을 널리 전파해주었다. 그들 가운데 다수가 지금도 이 일에 계속 적극적으로 동참하면서 열렬한 지지를 보내주고 있는 것에 대해 우리는 크게 감사하고 있다. 우리는 그때 그들이 보여준 정신을 그로부터 6년 뒤에 로스 베어드, 제네비브 라이언, 브래드 펠드에게서 다시 볼 수 있었다. 이들 세 사람은 이 책의 초고를 읽고 점검해주는 과정에서 바로 그러한 정신에서 원고의 개선에 도움이 되는 의견과 통찰을 우리에게 제공했다. 그들의 기여는 어떤 프로젝트를 추진하든 그것을 개선시킬 다른 관점을 제공해줄 수 있는 다른 사람들을 찾아 조언을 구하는 것이 얼마나 중요한지를 증명해준다.

이 책의 집필과 출판은 나를 성장시켜주고, 정신적으로 자극해주고, 사랑해주고, 격려해준 많은 사람의 애정과 지원이 없었다면 가능하지 않았을 것이다. 나는 이 책에서 나의 엄마 노마 노턴, 외할아버지 에르네스트 바움가르텐, 외할머니 안나가 나의 삶에 얼마나 크나큰 역할을 해주었는지를 독자들에게 알리고자 했다. 그들은 겁 없는 도전의 삶과 자기 개인보다 더 큰 것에 대한 헌신의 모델이었다. 내가 지금까지 살아오는 동안에 언제나 나를 뒷받침해준 남자형제 잭과 짐, 그리고 이제는 이 세상 사람이 아니지만 생전에 언제나 나를 사랑해준 여자형제 주디에게도 감사한다. 지금도 나와 거의 매일 대화를 나누는 잭은 내가 누리는 사랑과 지원과 격려의 중심적인 원천으로 여전히 남아 있다. 나는 이 책의 원고를 초고 단계에서 잭에게 보내주고 한번 읽어달라고 했다. 그는 그것을 몇 시간 만에 다 읽고는 나에게 전화를 걸어와 나를 자랑스럽게 여기는 기색이 역력한 열띤 목소리로 소중한 의견을 말해주었다. 나는 스티브와 결혼함으로써 케이스 오하나('오하나'는 그의 고향인 하와이의 말로 '가족'이라는 뜻임)와 알고 지내게 된 것을 내 인생에 더해진 또 하나의 행운이라고 생각하며 이에 대해서도 감사한다. 스티브의 형인 댄은 2001년에 뇌종양으로 이 세상을 떠나면서 스티브와 나에게 큰 상실감을 안겨주었다. 댄은 그 나름대로 겁 없는 도전의 정신을 지닌 지도자였고, 그의 삶에 대한 기억은 지금까지도 사람들에게 영감의 원천이 되고 있다. 그는 자기가 겪은 끔찍한 질병에 대한 치료법을 개발하는 노력이 더욱 촉진돼야 한다는 생각에서 죽기 직전에 아내 스테이시, 동생 스티브, 그리고 나와 함께 '뇌종양 치료 촉진 재단(ABC2)'을 공동 설립했다.

나의 가까운 친구 질 챈들러에게도 감사한다. 그녀는 한국의 고아였던 자기가 어떻게 살아왔는지를 나에게 이야기해주었다. 나는 그녀의 배려로 그녀의 훌륭한 양부모를 만나 뵐 기회를 가질 수 있었다. 미시간 주에 살고 있는 그녀의 양부모는 1960년대에 그들 자신이 낳은 세 아이를 두고 있었음에도 서울에 가서 고아인 그녀를 양녀로 데려왔고, 그 뒤로 일 년 만에 한국의 고아 한 명을 더 데려왔다. 내가 이 책의 23장에 그녀의 이야기를 부각시켜 넣을 수 있도록 허락해준 그녀에게 크게 감사한다. 그녀는 내가 아메리카 온라인에 들어가기 훨씬 전부터 나와 친구였다. 그러나 내가 그녀의 그러한 삶에 관한 이야기를 자세히 듣고 알게 된 것은 그녀와 친구가 된 지 한참 지난 뒤였다. 내가 살아온 삶의 각 단계마다 그녀는 내 옆에 있어주었다. 그녀는 혼합가족인 우리 가족을 위해서도 특별한 역할을 해주고 변함없는 지지를 보내주었으며, 이런 그녀의 역할과 지지는 나에게 이 세상의 무엇과도 바꿀 수 없을 만큼 소중한 것이었다.

다이앤 라이트는 지난 몇십 년 동안 나에게 자극을 주어온 친구다. 그녀는 잘 훈련된 유능한 변호사다. 그녀는 최근 몇 년 동안 비영리 조직과 신앙 기반 운동의 영역에서 활동하는 것을 통해 이 세상을 더 나은 곳으로 만드는 일에 지칠 줄 모르고 헌신해왔다. 그 기간에 내가 본 그녀의 그러한 모습은 나에게 중요한 자극이 됐다. 나는 포토맥 강의 버지니아 주 쪽 강변의 나무가 우거진 구간을 이른 아침에 그녀와 같이 산책하며 대화를 주고받곤 했던 기억을 소중히 간직하고 있다. 그때 우리는 우리 자신의 삶 속으로 끌어들이고자 한 겁 없는 도전 정신과 목적의식에 대해 의견을 나누었고, 다른 사람들에게 기여하는 삶을 살도록 우리의 등을 떠미는 신앙의 역할에 대해서도 같이 성찰해보는 기회를 가졌다.

돈 브록새스는 나와 18년 동안 같이 일해온 소중한 동료이자 내가 살아온 삶의 여러 단계에서 중요한 역할을 해준 사람이다. 그녀는 있는지 없는지 모를 정도로 조용히 자기의 자리를 지키면서 모든 일이 차질 없이 굴러가게 함으로써 내가 자유롭게 신축성을 가지고 급한 일을 처리하고, 여행을 하고, 가까운 사람들과 연락을 유지하면서 그들에게 필요한 지원을 할 수 있도록 해주고 있다. 그녀와 나는 미국 중서부 지역의 서민 집안 출신이라는 공통점을 가지고 있으며, 그렇기에 더욱 더 이 책에 스며든 그녀의 기여는 큰 가치가 있다.

나의 6학년 때 선생님이자 평생 친구로서 이 책의 앞부분에서도 소개된 캐롤 닐은 이 책의 원고에 대한 중요한 검토자 역할을 해주었다. 그녀가 다듬어준 구절과 전화를 통해 나한테 해준 말, 그리고 그녀의 주의 깊은 원고검토 의견은 이 책이 각계각층의 모든 사람에게 읽어볼 만한 것이 될 수 있도록 해주었다. 그녀가 매우 큰 비중을 차지했던 나의 학창시절에 대한 나 자신의 기억이 그때의 사실과 부합하는지를 확인해보는 과정에서도 나는 그녀를 믿고 의지할 수 있었다. 내가 쓴 원고를 이번에도 그녀가 점검하며 읽어보게 된 것을 놓고 우리는 웃음을 터뜨렸다. 왜냐하면 그녀는 내가 학교에 다닐 때에 선생님이었을 뿐만 아니라 내가 학교의 졸업앨범 편집부에 참여하고 있을 때에 그 편집부의 지도교사이기도 했기 때문이었다. 내가 쓴 원고에 대한 그녀의 점검은 참으로 오랜 역사를 가지고 있는 셈이다. 캐롤은 내가 비교적 어린 나이에 신념을 갖도록 도움을 준 사람이며, 다른 사람들에게 기여하는 삶의 모델로서 나를 진정으로 고무해준 사람이기도 하다.

　내가 책과 역사를 좋아하게 된 것은 고등학교 때의 영어 선생님 루스 트리피와 역사 선생님 밥 베빈의 덕분이다. 두 사람은 나에게 새로운 세계를 열어 보여주었고, 내가 흥미롭게 여기는 것과 생각하게 된 것을 겁 없이 발전시키고 글로 표현할 용기를 갖도록 해주었다. 이 세상을 떠난 켄 워크스는 나에게 목표를 세웠다면 그것을 추구해서 탁월한 성과를 거두어야 한다고 말해주었고, 그 자신이 나한테 자기규율과 인내의 모델이 됐으며, 평생 추구해야 할 더 높은 목표를 설정하고 그것을 위해

나의 재능과 기술을 사용하는 것이 중요함을 나로 하여금 깨닫게 했다.

나는 이 책의 앞부분에서도 E. 클레이 쇼 의원에 관한 이야기를 썼지만, 나의 젊은 시절에 대한 그의 영향은 아무리 과장하려고 해도 그럴 수 없을 정도로 컸다. 그는 뼛속까지 신사인 사람으로 아내를 비롯한 가족에게 성실했고, 자기가 사는 지역사회와 국가를 위해 공적인 기여를 하는 삶에 완전히 헌신했다. 많은 정치인이 그다지 품위를 지키지 못할 (특히 젊은 여성에 대해) 때에도 클레이는 개인적인 삶에서나 직업상의 일에서나 성실하고 품위 있는 태도를 일관되게 보여주었다. 그가 타계한 뒤에 나는 그를 기리기 위해 포트로더데일 시장 주최로 열린 조찬기도회에 참석해 나의 삶에서 그가 맡아준 중요한 역할에 대해 이야기했다. 그 조찬기도회에는 많은 사람의 사랑을 받았던 그를 기리기 위해 1천 명이 넘는 청중이 모였다.

내셔널 지오그래픽 협회의 겁 없는 사람들은 겁 없는 영감의 끊임없는 원천이 돼왔다. 〈내셔널 지오그래픽〉에 실린 이야기 가운데 내가 나름대로 재정리해 이 책에 실은 것들은 그동안 나의 내면에서 내가 말해주기를 기다리며 들끓고 있었다. 나는 〈내셔널 지오그래픽〉의 탐험가나 사진가들과 함께 탐사의 현장에 가서 같이 시간을 보내기도 했고, 〈내셔널 지오그래픽〉 본부의 사무실에서 그들의 활동을 널리 알리고 그들을 지원하며 스토리텔링의 힘을 이용해 그들이 탐사한 내용과 찍은 사진들에 활력을 불어넣는 일을 그곳의 편집자들과 같이 하기도 했다. 그러면서 매일 접하게 된 겁 없는 도전 정신에 나는 경외감을 품었다. 나는 영광스럽게도 내셔널 지오그래픽 협회 및 〈내셔널 지오그래픽〉을 발행하는 내셔널 지오그래픽 파트너스의 이사회 의장을 맡게 됐다. 이 두 조직에서 일하는 사람들은 그들 자신의 겁 없는 도전 정신과 헌신적인 태도로 모험을 거듭해 왔고, 불가능해 보이던 파트너십을 구축해 왔으며, 〈내셔널 지오그래픽〉을 그 어느 때보다 의미 있고 시의적절한 매체로 만들기 위한 통 큰 베팅을 해왔다. 그런 그들의 노력에 대해 나는 감사한다. 특히 존 파헤이, 게리 넬, 마이크 울리카에 대해서는 내셔널 지오그래픽 협회와 내셔널 지오그래픽 파트너스의 지도자로서 겁 없는 도전 정신이 두 조직 전반에 스며들게 하는 역할을 해주었음을 인정하지 않을 수 없다. 이와 더불어 나는 이 책에 포함된 〈내셔널 지오그래픽〉 관련 요소들을 재확인하고 검증하는 일을 도와준 엠마 카라스코, 토드 조질라스, 커트니 로우, 토드 허먼에게 감사의 말을 전하고 싶다.

케이스 재단이 하버드 비즈니스 스쿨의 '사회적 기업 이니셔티브', 스탠퍼드 비즈니스 스쿨의 '필랜스로피와 시민사회(PACS)', 조지타운 대학의 '베크 센터'와 의미 있는 작업을 함께 할 기회를 누릴 수 있게 해준 데 대해 세 곳의 지도자들에게 감사한다. 그 가운데서도 특히 여기에 이름을 밝혀두고 싶은 사람은 톰 티어니, 로라 아릴라가안드레센, 알베르토 베크와 그의 아내인 올가 마리아, 소널 셔, 킴 메러디스다. 우리는 세 곳의 훌륭한 대학 조직과 공동작업을 하면서 거기에 축적된 지식과 영감을 제공받았고, 깊은 지하에서 솟아오르는 샘물과도 같은 그러한 지식과 영감을 케이스 재단에서 우리가 하는 일에 의미 있게 통합해 넣었다. 미국의 전역에서 많은 대학이 강의실과 대규모 연설회를 열 수 있는 강당을 비롯한 캠퍼스 안의 시설에서 우리가 겁 없는 도전 정신에 관한 메시지를 전파하는 활동을 하는 것을 환영해주었는데, 나는 그런 대학들에도 감사의 말을 전하고 싶다. 그 대학들에서 이루어지는 사회적 혁신 분야의 활동을 앞장서서 이끄는 사람들 모두가 그렇지만 그 가운데서도 특히 학생들은 우리가 겁 없는 도전 정신을 앞에 내세우고 하는 일에서 항상 긴장의 끈을 놓지 않도록, 그리고 그 일의 진정성을 지켜나가도록 해주고 있다. 이와 더불어 내가 우리의 일과 관련해 관계를 맺은 그 밖의 다른 조직을 이끄는 최고경영자들로부터 얻은 영감을 여기에서 언급하지 않는다면 소홀하다는 말을 들어도 변명할 말이 없을 것이다. 그 가운데 특히 이름을 밝혀두고 싶은 사람은 브레인 트러스트 액셀러레이터 펀드의 존 레허, ABC2의 맥스 월러스, 브레인스코프의 마이클 싱어, 백악관 역사 협회의 스튜어트 맥로린이다.

　마지막으로 나는 이 책에서 연령과 배경, 성별을 불문하고 겁 없는 도전 정신을 보여준 많은 사람을 소개했는데, 그들 모두에게 감사한다. 또한 우리는 이 책 외에도 비디오 시리즈, 케이스 스터디 보고서, 강연회 등의 채널을 통해서도 겁 없는 도전 정신을 보여준 사람을 많이 부각시키거나 칭송했는데, 그들에게도 감사한다. 모든 사람이 다 그렇겠지만 나도 겁을 집어먹고 꼼짝도 하지 못하게 되는 순간들을 만난다. 그런 때에는 나 자신의 겁 없는 도전 정신을 스스로 의심하게 된다. 통 큰 베팅을 하거나, 위험을 감수하거나, 실패를 의미 있는 것으로 만들거나, 울타리를 벗어나거나, 절박함이 두려움을 극복하게 하는 사람이나 조직은 언제나 있고, 그런 사람이나 조직에 관한 이야기는 매일 어딘가에서 새로 만들어지고 있다. 나는 그런 이야기들 자체에 대해서도 감사한 마음을 가지고 있다. 그런 이야기들은 우리 모두에게 영감을 준다.

참고한 자료

1 Jean Case, "Fearless Spotlight: Barbara Van Dahlen." www.casefoundation. org, March 30, 2016; also www.giveanhour.org.

2 A'Lelia Bundles, On Her Own Ground: The Life and Times of Madam C.J. Walker. Scribner, 2001; madamcjwalker.com.

3 "How I Built This: Joe Gebbia." NPR, October 17, 2016; Leigh Gallagher, "The Education of Airbnb's Brian Chesky." Fortune, June 26, 2015; Catherine Clifford, "How the Cofounder of Airbnb Went from $25,000 in Credit Card Debt to Running His $30 Billion Company." CNBC, June 30, 2017.

4 "The Swipe Out Hunger Founder Is the Robin Hood of College Meal Plans." LA Weekly, May 3, 2017; Katie Lobosco, "She's on a Mission to Make America's Colleges Hunger-Free." CNN Money, June 12, 2017.

5 President John F. Kennedy, "Excerpt from the 'Special Message to the Congress on Urgent National Needs.'" May 21, 1961; John Geraci, "What Your Moonshot Can Learn from the Apollo Program." Harvard Business

Review, April 4, 2017.

6 Derek Thompson, "Google X and the Science of Radical Creativity: How the Secretive Silicon Valley Lab Is Trying to Resurrect the Lost Art of Invention." Atlantic, November 13, 2017; Alexandra Wolfe, "Astro Teller, 'Captain of Moonshots': The Head of Alphabet's Research-and-Development Lab X Talks about Encouraging Creativity at Work, Embracing Failure and His Company's Latest Projects." Wall Street Journal, November 18, 2016.

7 Ashlee Vance, Elon Musk: Tesla, SpaceX, and the Quest for a Fantastic Future. Ecco, 2015; Jethro Mullen, "Elon Musk Wants to Fly You Anywhere in the World in Less Than an Hour." CNN Tech, September 29, 2017; Nick Stockton, "Elon Musk Announces His Plan to Colonize Mars and Save Humanity." Wired, September 27, 2016.

8 Greg Satell and Srdja Popovic, "How Protests Become Successful Social Movements." Harvard Business Review, January 27, 2017.

9 Charlotte Alter, "The School Shooting Generation Has Had Enough." Time, March 22, 2018; David S. Meyer, "The Parkland Teens Started Something. How Can It Become a Social Movement?" Washington Post, April 13, 2018.

10 Joe Vanden Plas, "Jordyn Schara: From Teen Activist to Adult Difference-Maker." In Business, October 2015.

11 Jesse Seaver, "Businesses with Impact: The Greyston Foundation and

Their Open Hiring Policy." Huffington Post, December 6, 2017; "No Résumé? No Problem at This Yonkers Bakery." NPR, May 24, 2015.

12 Elizabeth Royte and Michel Greshko, "Chile Adds 10 Million Acres of Parkland in Historic First." nationalgeographic.com, January 29, 2018.

13 Eileen McNamara, Eunice: The Kennedy Who Changed the World. Simon & Schuster, 2018; Evan Thomas, "The Fierce Rebellion and Compassion of Eunice Shriver." Washington Post, April 13, 2018.

14 Lorettta Claiborne, "Let's Talk about Intellectual Disabilities." TEDxMidAtlantic, December 11, 2012; "Timothy Shriver's Greatest Spiritual Teacher." SuperSoul Sunday, Oprah Winfrey Network, November 23, 2014; "Aim High and Do Your Best." special olympics.org; lorettaclaiborne.com.

15 blog/nationalgeographic.org/enricsala.

16 Mary Logan Bikoff, "The Uplifter: How Spanx CEO Sara Blakely Became One of the Most Inspirational Women in Business." Atlanta, December 2017.

17 Michael Fitzgerald, "For Warby Parker, Free Glasses Equals Clear Company Vision." Entrepreneur, February 10, 2015; Sean Tennerson, "Spotlight on Social Enterprise: Warby Parker." www.casefoundation.org, February 10, 2015; B. R. J. O'Donnell, "Warby Parker's Co-Founder on Starting a Company from Scratch." Atlantic, October 5, 2017.

18 Paul Barrett, "Bryan Stevenson's Death Defying Acts." NYU Law Magazine, 2007.

19 James McWilliams, "Bryan Stevenson on What Well-Meaning White People Need to Know about Race." Pacific Standard, February 6, 2018.

20 Brad Stone, The Everything Store: Jeff Bezos and the Age of Amazon. Little, Brown, 2013; Avery Hartmans, "The Fabulous Life of Amazon CEO Jeff Bezos, the Second Richest Person in the World." Business Insider, May 15, 2017.

21 Emily Burnham, "Egyptologist from the Queen City Makes Waves in the Valley of the Kings." Bangor Daily News, October 6, 2011; Abigail Tucker, "Space Archaeologist Sarah Parcak Uses Satellites to Uncover Ancient Egyptian Ruins." Smithsonian, December 2016; Sarah Kaplan, "Meet Sarah Parcak, a High-Tech Indiana Jones, Who Just Won $1 Million for Tracking Down Antiquities Looters." Washington Post, November 12, 2015.

22 Nina Strochlic, "The Woman Who Shaped National Geographic." National Geographic, February 2017; Jennifer Pococh, "Beyond the Cherry Trees: The Life and Times of Eliza Scidmore." nationalgeographic.com, March 27, 2012; Michael E. Ruane, "Cherry Blossoms' Champion, Eliza Scidmore, Led a Life of Adventure." Washington Post, March 13, 2012.

23 Alasdair McGregor, "Endurance: A Glorious Antarctic Failure." Australian Geographic, January 22, 2015; "Shackleton's Voyage of Endurance." NOVA Online/pbs.org, February 2002.

24 The Jenner Institute. www.jenner.ac.uk.

25 The Jane Goodall Institute. jane goodall.org; Jane [the movie]. National Geographic Studios, Public Road Productions, 2017.

26 Jonas Salk took a big risk too: Charlotte DeCroes Jacobs, Jonas Salk: A Life. Oxford University Press, 2015.

27 Eric Ries, The Lean Startup: How Today's Entrepreneurs Use Continuous Innovation to Create Radically Successful Businesses. Currency, 2011.

28 "The Zappos Family Story." www.zappoinsights.com; Jay Yarow, "The Zappos Founder Just Told Us All Kinds of Crazy Stories—Here's the Surprisingly Candid Interview." Business Insider, November 28, 2011.

29 Steven Johnson, How We Got to Now: Six Innovations That Made the Modern World. Riverhead Books, 2014.

30 Nathan Chan, "How Kiva's Jessica Jackley Turned a Simple Idea into $1B in Microloans." foundr, March 22, 2018; also kiva.org.

31 Peter W. Roberts and Deonta D. Wortham, "The Macro Benefits of Microbusinesses." Stanford Social Innovation Review, January 16, 2018.

32 Andrew Ross Sorkin, "From Bezos to Walton, Big Investors Back Fund for 'Flyover' Startups." New York Times, December 4, 2017; Alex

Konrad, "A Bevy of Billionaires Join Steve Case's $150 Million 'Rise of the Rest' Startup Fund." Forbes, December 5, 2017; also Rise of the Rest Seed Fund, www.revolution.com.

33 Miriam Horn, Rancher, Farmer, Fisherman. W. W. Norton & Co., 2017; Miriam Horn, "When Industrial-Scale Farming Is the Sustainable Path." PBS NewsHour, September 6, 2016; "Meet the Unsung Conservation Hero You're Overlooking." GreenBiz, August 27, 2016.

34 Peter Gray, Ph.D., "Risky Play: Why Children Love It and Need It." Psychology Today, April 7, 2014.

35 Josh Linkner, The Road to Reinvention: How to Drive Disruption and Accelerate Transformation. Jossey-Bass, 2014.

36 Chunka Mui, "How Kodak Failed." Forbes, January 18, 2012; Pete Pachal, "How Kodak Squandered Every Single Digital Opportunity It Had." Mashable, January 20, 2012; Jeremy Miller, "Instagram Took the Kodak Moment." www.stickybranding.com, March 29, 2016.

37 Adam Richardson, "Netflix's Bold Disruptive Innovation." Harvard Business Review, September 20, 2011; Adam Hartung, "Can Netflix Double-Pivot to Be a Media Game Changer?" Forbes, April 21, 2016; Bill Taylor, "How Coca-Cola, Netflix, and Amazon Learn from Failure." Harvard Business Review, November 10, 2017.

38 Connor Simpson, "The Incredibly True (and Messy) Origin Story of

Twitter." Atlantic, October 1, 2013; Nicholas Carlson, "The Real History of Twitter." Business Insider, April 13, 2011.

39 Ben Fritz, "The 'Black Panther' Movie Deal That Didn't Get Made." Wall Street Journal, February 15, 2018.

40 Rob Haskell, "Disney CEO Bob Iger on Taking the Biggest Risk of His Career." Vogue, April 12, 2018.

41 Margie Warrell, Stop Playing Safe: Rethink Risk, Unlock the Power of Courage, Achieve Outstanding Success. Wrightbooks, 2013.

42 Jean Case, "The Painful Acknowledgment of Coming Up Short." www.casefoundation.org/blog.

43 Lucy Bernholz, "Failing Forward." Alliance, July 18, 2011.

44 Astro Teller, "The Unexpected Benefit of Celebrating Failure." TED, April 14, 2016.

45 Louis V. Gerstner Jr., Who Says Elephants Can't Dance? Leading a Great Enterprise through Dramatic Change. Harper Business, 2002.

46 Jeff Morganteen, "HP's Meg Whitman: One of My 'Big Failures' at eBay." CNBC, April 29, 2014.

47 "Winfrey's Commencement Address." Harvard Gazette, May 30, 2013.

48 Eliza Berman, "Three of Steven Spielberg's Biggest Failures, According to Steven Spielberg." Time, October 5, 2017.

49 Walter Isaacson, Steve Jobs. Simon & Schuster, 2011; Ruth Umoh, "How

Overcoming the Fear of Failure Helped Steve Jobs, Tim Ferriss and Bill Gates Succeed." CNBC, August 7, 2017.

50 Steve Jobs, "You've Got to Find What You Love." Stanford University commencement address. Stanford News, June 14, 2005.

51 Maria Popova, "Pixar Cofounder Ed Catmull on Failure and Why Fostering a Fearless Culture Is the Key to Groundbreaking Creative Work." Brainpickings.

52 Karen Rosen, "Five-Time Olympian Kelly Clark Looks Back on Her Career and Influencing the Next Generation of Snowboarders." www.teamusa.org, February 14, 2018; Jean Case, "What to Look for During the Olympics." www.casefoundation.org/blog, February 5, 2018.

53 Alp Mimaroglu, "What Richard Branson Learned from His Seven Biggest Failures." Entrepreneur, July 18, 2017.

54 J. K. Rowling, "The Fringe Benefits of Failure, and the Importance of Imagination." Harvard University commencement address. Harvard Gazette, June 5, 2008.

55 Anjelica Oswald, "Even Rockstar Author J.K. Rowling Has Received Letters of Rejection." Business Insider, July 29, 2016.

56 Linda Sue Park, A Long Walk to Water: Based on a True Story. Clarion Books, 2010; Salva Dut, "I Kept Walking." TEDxYouth@Beacon St., December 21, 2016; also waterforsudan.org.

57 Jake Wood, "A New Mission for Veterans—Disaster Relief." TEDxSanDiego, December 2011; also https//teamrubiconusa.org.

58 Jonathan Capehart, "Darren Walker: Using Privilege to Fight Privilege." Washington Post, August 30, 2016.

59 Bill and Melinda Gates Foundation, www.gatesfoundation.org.

60 Adam Kilgore, " 'It's Never Easy,' but Ted Leonsis Delivered D.C. a Title and a Team to Take Pride In." Washington Post, June 10, 2018.

61 Hershey Community Archives, hersheyarchives.org.

62 Malcolm Gladwell, "Late Bloomers: Why Do We Equate Genius with Precocity?" The New Yorker, October 20, 2008.

63 http://buffett.cnbc.com/video/2018/03/25/buffett-on-the-dumbest-stock-I-ever-bought. html.

64 Ross Baird, The Innovation Blind Spot: Why We Back the Wrong Ideas— and What to Do About It. BenBella Books, 2017.

65 Adam Grant, Originals: How Non-Conformists Move the World. Viking, 2016; Steve Case, The Third Wave: An Entrepreneur's Vision of the Future. Simon & Schuster, 2016.

66 Jean Case, "Getting in the Arena: Good Ideas and Innovations Often Come from Unexpected Places." www.casefoundation.org/blog, April 27, 2017.

67 Vivian Hunt, Dennis Layton, and Sara Prince, Diversity Matters. McKinsey

& Company, February 2, 2015, https://assets.mckinsey.com/~/media/85

7F440109AA4D13A54D9C496D86E D58.ashx.

68 Laura Parker, "National Geographic and 21st Century Fox Expand Media

Partnership." nationalgeographic.com, September 9, 2015.

69 Matt Blum, "Lego and NASA Build a Partnership for Education." Wired,

November 14, 2014.

70 Ben Mutzabaugh, "KLM MD-11 Listed as 'Spacious Airline Apartment'

on Airbnb." USA Today, November 14, 2014.

71 Paul Sullivan, "How to Invest with a Conscience (and Still Make Money)."

New York Times, March 16, 2018; Elizabeth MacBride, "Jean Case Calls

On Wall Street to Embrace Impact Investing." cnbc.com, May 17, 2018;

Ryan Derousseau, "How Impact Investing Can Put a Profitable Spin on

Charity." Fortune, December 13, 2017; Jean Case, "New Year's Resolution:

Invest with an Eye on Impact." www.casefoundation.org/blog, December

27, 2017; Jean Case, "Bringing the Last Decade of Impact Investing to

Life: An Interactive Timeline." www.casefoundation.org/blog, November

17, 2017.

72 Jessica Contrera, "How the Fight against Ebola Came to New York

Fashion Week." Washington Post, February 15, 2015; Anne Quito, "A

Wedding Gown Designer Gave the Ebola Hazmat Suit a Makeover."

Quartz, February 19, 2015.

73 "What Nonprofits Can Learn from CocaCola." TED, September 2010.

74 Harold Varmus, "Making PEPFAR: A Triumph of Medical Diplomacy." Science & Diplomacy, December 1, 2013; Myra Sessions, "Overview of the President's Emergency Plan for AIDS Relief (PEPFAR)." Center for Global Development, https://www.cgdev.org/ page/overview-president%E2%80%99s-emergency–planaids-relief-pepfar.

75 Sheryl Gay Stolberg, "The World: A Calling to Heal; Getting Religion on AIDS." New York Times, February 2, 2003.

76 Spencer Kornhaber, "Hamilton: Casting After Colorblindness." Atlantic, March 31, 2016; Rob Weinert-Kendt, "Rapping a Revolution." New York Times, February 5, 2015.

77 Ron Chernow, Alexander Hamilton. Penguin Press, 2004.

78 Vivian Hunt, Sara Prince, Sundiatu Dixon-Fyle, and Lareina Yee, Delivering Through Diversity. McKinsey & Company, January 2018, https://www.mckinsey.com/~/media/ mckinsey/business%20functions/ organization/our%20insights/delivering%20through% 20diversity/ delivering-through-diversity_full-report.ashx.

79 Juliet Bourke, Stacia Garr, Addie van Berkel, Jungle Wong, "Diversity and Inclusion: The Reality Gap." Deloitte Insights, February 28, 2017.

80 Jeff Kauflin, "America's Best Employers for Diversity." Forbes, January 23, 2018.

81 Pat Wechsler, "Women-Led Companies Perform Three Times Better Than the S&P 500." Fortune, March 3, 2015; Jena McGregor, "Why It's Smart to Invest in Women-Led Companies." Washington Post, August 2, 2017.

82 Mellody Hobson, "Color Blind or Color Brave?" TED, March 2014.

83 Claudia Goldin and Cecilia Rouse, "Orchestrating Impartiality: The Impact of 'Blind' Auditions on Female Musicians." National Bureau of Economic Research, January 1997.

84 Dame Stephanie Shirley, "Why Do Ambitious Women Have Flat Heads?" TED, March 2015.

85 "Black Female Pilot Breaks Racial, Gender Barriers." NPR, May 27, 2011.

86 Jean Case, "One Fearless Question That Paved the Way for Women in Government." www.casefoundation.org/blog, March 8, 2016.

87 Claudia Dreifus, "Dr. Raj Panjabi Goes the Last Mile in Liberia." New York Times, July 31, 2017.

88 John Doerr, Measure What Matters: How Google, Bono, and the Gates Foundation Rock the World with OKRs. Portfolio, 2018.

89 Bob Woodruff, "People of the Year: Bill Clinton and George H. W. Bush." ABC World News Tonight, December 27, 2005.

90 Stephen R. Covey, The 7 Habits of Highly Effective People: Powerful Lessons in Personal Change. Simon & Schuster, 2013.

91 Jennifer Latson, "How Poisoned Tylenol Became a Crisis-Management

Teaching Model." time.com, September 29, 2014; Judith Rehak, "Tylenol Made a Hero of Johnson & Johnson." International Herald Tribune, March 23, 2002.

92 Steve Case, The Third Wave: An Entrepreneur's Vision of the Future. Simon & Schuster, 2016.

93 Corrie ten Boom, The Hiding Place: The Triumphant Story of Corrie ten Boom. Barbour Books, 2000; www.corrietenboom.com.

94 Michael Barbaro and Justin Gillis, "Wal-Mart at Forefront of Hurricane Relief." Washington Post, September 6, 2005.

95 Lee Scott, "Twenty First Century Leadership." corporate.walmart.com, October 23, 2005.

96 Maura Judkis, "José Andrés on the Moment That Changed the Way He Thought about Charity." Washington Post, March 12, 2018; Jean Case, "Finding Light in the Darkness." www.casefoundation.org/blog, January 10, 2018.

97 Paul Rieckhoff, Chasing Ghosts: Failure and Façades in Iraq: A Soldier's Perspective. NAL Hardcover, 2006.

98 Mel Robbins, The 5 Second Rule: Transform Your Life, Work, and Confidence with Everyday Courage. Savio Republic, 2017.

99 Ryan Babineaux and John Krumboltz, Fail Fast, Fail Often: How Losing Can Help You Win. TarcherPerigee, 2013.

100 Timothy F. Geithner, Stress Test: Reflections on Financial Crises. Crown, 2014.

101 My Brother's Keeper [MBK] Alliance. The Obama Foundation, obama. org/mbka/.

102 Bertha and Harry Holt: Holt International, holtinternational.org.

103 Project Mercy/Marta's Story. www.projectmercy.org; Marta Gabre-Tsadick, Sheltered by the King. Chosen Books, 1983.

104 Theodore Roosevelt, "Citizenship in a Republic." Speech delivered at the Sorbonne in Paris, France, April 23, 1910, http://www.theodore-roosevelt.com/images/ research/speeches/ maninthearena.pdf.

105 Brené Brown, Daring Greatly: How the Courage to Be Vulnerable Transforms the Way We Live, Love, Parent, and Lead. Avery, 2012.

106 "Remarks by Jeff Bezos, as Delivered to the Class of 2010, Baccalaureate." Princeton University, May 30, 2010.

107 Tom Peters, The Excellence Dividend: Meeting the Tech Tide with Work That Wows and Jobs That Last. Vintage, 2018.

108 Paul Michelman with John Kotter, "The Importance of Urgency." Harvard Business Ideacast, August 2008.